孙志远 著

人民文学出版社

彦涵：苦难风流

人与岁月

图书在版编目(CIP)数据

彦涵:苦难风流/孙志远著.—北京:人民文学出版社,2011

(人与岁月丛书)

ISBN 978-7-02-008752-5

Ⅰ.①彦… Ⅱ.①孙… Ⅲ.①彦涵—生平事迹
Ⅳ.①K825.72

中国版本图书馆CIP数据核字(2011)第199593号

责任编辑:徐广琴
责任校对:罗翠华
责任印制:王景林

人 民 文 学 出 版 社 出 版

http://www.rw-cn.com

北京市朝内大街166号　邮编:100705

北京中印联印务有限公司印刷　新华书店经销

字数250千字　开本680×960　毫米1/16　印张23.25　插页2
2012年2月北京第1版　2012年2月第1次印刷

印数:1—8000

ISBN 978-7-02-008752-5

定价:35.00元

如有印装质量问题,请与本社图书销售中心调换。电话:01065233595

出版说明

岁月无情，人生有涯。面对滚滚奔流的历史长河，无论是叱咤一时的风云人物，还是默默无闻的芸芸众生，都难以逃脱命运的拨弄。个人永远不过是沧海一粟，在时代的演进播荡中，任何人都无法超越现实而存在。

人，是历史活动的主体、时代舞台上的主角。但是，在历史巨变或漫长岁月的迁流之中，人类的个体，常常承载着由此而来的悲喜和伤痛。个体的生命存在，以及他们的哀乐歌哭、命运遭际、希冀与无奈，这一切，构成了历史的血肉和社会进程中最鲜活生动的元素。

当个人的历史成为社会史的一部分，私人记忆与公众记忆重合的时候，个人史的抒写、私人回忆的辑录，就显示出重大的意义和无法取代的价值。基于这样一种理解和认识，才有了这套"人与岁月"丛书的策划、编辑和出版。

我们力图使之成为一套涵括面较广的传记文学丛书，主要辑入传记、自述和回忆录，其中既有私人往事、个人生活史的书写记忆，也有社会历史事件的追溯梳理实录。

丛书将分辑陆续推出。诚望得到广大读者、作者的支持和帮助。

人民文学出版社编辑部
二〇一〇年九月

目　录

序………管　桦　1

上卷　激情岁月
- 一　会考………3
- 二　学画去………12
- 三　尼姑庵里的嫂子………17
- 四　陈佛生………26
- 五　国难当头的时候………33
- 六　走路去延安………42
- 七　到前方去………51
- 八　新年画………56
- 九　根据地里的爱情………65
- 十　国统区之行………76
- 十一　木刻工场………84
- 十二　当敌人搜山的时候………91
- 十三　扫荡过后………98
- 十四　从晋东南到晋西北………106
- 十五　激情在刻刀下迸发………114
- 十六　在冀中前线………123
- 十七　在大河村土改的日子里………130
- 十八　向封建堡垒进军………138
- 十九　胜利前夕………142

下卷　磨难人生

　　一　活蹦乱跳的鱼………153
　　二　渔网骤然而落………165
　　三　检查………172
　　四　最后的权利………181
　　五　处理决定………186
　　六　下放怀来………195
　　七　奶妈李焕莲………206
　　八　沙城的"老右"们………212
　　九　顿悟………224
　　十　扼住命运的咽喉………230
　十一　趴在地上的战士………240
　十二　祸起插图………250
　十三　月亮悄悄走过………258
　十四　少写了一个"0"………266
　十五　重握画笔………274
　十六　"黑画"事件………281
　十七　封杀………293
　十八　探日………300
　十九　丙辰清明………304
　二十　春潮………309
二十一　平反………318
二十二　劫后重逢………324
二十三　衰年变法………329
二十四　巴黎,巴黎………339
二十五　像烟花一样迸裂开来………348

　　后　记………360

序

管 桦

　　我和彦涵是老朋友。说起他这一辈子,真可谓历尽坎坷、饱经磨难,并且充满了传奇色彩。他出身贫寒,性格刚直,一生都不曾平静过。中学时,他因反对教育当局不合理的规章而被学校开除,后在亲友资助下才得以进入国立杭州艺专。他本想静心学画,将来当一名乡村美术教师,可是抗战爆发,为宣传抗战,他两次领导学生闹学潮,而后又放弃了上大学和出国深造的机会,奔赴延安,从此开始了他的革命艺术生涯。在艰苦的战争年代里,他一手拿枪一手握笔,创作了大量优秀的反映人民革命战争和土改运动的木刻作品,是一位勇敢而优秀的人民画家。解放后,由于他的仗义执言,一个又一个灾难降临到他头上,他被打入社会底层,但是他从来没有消沉过,更没有自暴自弃,而是顽强地与命运进行抗争。在长达二十一年的逆境中,他一面忍受着精神上的巨大痛苦,一面手握刀笔默默耕耘,被人称为"趴在地上战斗的战士"。最为令人钦佩的是,在冤案平反之后,艺术上早已功成名就的他仍然不停息地奋进,大胆地超越自我,变革画风,开始了"衰年变法",在艺术上取得了令世人瞩目的成就。

　　由此可见,彦涵的一生是很不平凡的。谁都明白,世界上有种种人生,而不同的人生有"含金量"高低之不同。在我看来,即便是做了社会名流的人,也未必每个人都生活得那样充实,那样积极,那样富有价值,因为在社会上日益汹涌的追名逐利的浪潮下,那些随波逐流者虽然把自己包裹在浮华的装饰之中,却很难说是真正活出了什么意义。所以我一向认为,并不是所有的名人都配得上一本关于他本人的名人传记的，但彦涵却无疑属于那种值得传记作家大书特书的人。这道理其实是很简单的，因为对于这部传记作品而言，彦涵的经历坎坷、一波三折、引人入胜，这很重要，但并不是关键因素；彦涵的艺术造诣精深、成就超群、硕果累累，这也很重要，但仍不是决定一部传记的题材可否成立的根本内因。我以为，这本书之所以值得写也值得向广大读者推荐，是因为作者发现并展示了彦涵这位当代著名艺术家的高尚人格和艺术情操，是因为书中的故事时时刻刻都在显示着彦涵的一种令人尊敬、令人感佩的无私无畏的精神，以及不屈不挠地追求真理、孜孜不倦地追求艺术的完美境界的精神。说得具体一点，这种精神就像彦涵创作的那幅惊世骇俗的作品《探日》所表现的那样，彦涵本人就像那位前往太空探日的勇士，为了追求太阳的光和热，哪怕被烈日灼伤甚至焚毁也在所不惜。这种大气磅礴、大义凛然的献身精神，难道不正是激励着我们这一代知识分子走上革命道路并始终不渝的信念吗？因此我要说，正是由于有了这种精神作为内在的支柱，这本书才具备了思想的力度和容量：它实际上是以一位艺术家半个多世纪以来的心路历程，相当深刻、相当准确地概括出了老一代中国知识分子的心灵史；用彦涵一个人的具体的生活故事，折射出中国社会的一部风云变幻的当代史。

从文风上看，这本传记写得相当朴素，相当平易近人。作者不像时下一些摆花架子的作家那样喜欢玩弄令人眼花缭乱的技巧，而是本本分分，扎扎实实，不雕琢，不卖弄，不搞哗众取宠。他总是力求客观地记述彦涵的经历，严格地走现实主义创作的路子。听彦涵说，本书的作者与他是忘年交，两人相知甚深，而作者花在这本书上的时间，累计起来大概也有六七年之久。为著其传而先知其人，这是非常必要的，到底是功夫不负有心人，本书的分量明眼人一望而知，是不需要多说的。尽管它看起来似乎不那么时髦，不那么"现代"，但是作品中洋溢的强烈的艺术感染力，却是扑面而来、感人至深的。许多细节具有催人泪下、震撼人心的艺术效果；许多画面生动逼真，连缀起来，那便是一幅浓墨重彩的当代社会生活画卷。我想，这才是作品真正的艺术价值之所在。所以我很欣赏这句话：真正的技巧在于不去专门地使用技巧。这也就是人们常说的"大智若愚"、"大巧若拙"的道理。我觉得，这本书便是以相当朴拙的形式创作出的一部具有相当艺术水准的作品，它同时也证明了现实主义的生命力是永存的。

最后我想谈谈它的书名。本书名为《感谢苦难》（本书初版书名——编者注），初初一听有些费解，但细细想来，又以为它别有意味，似乎包括着某种哲理。人所共知，追求幸福是人的天性，恐怕很少有人会甘心情愿地忍受苦难的。但是，人们为了追求幸福，却往往不可避免地要经历苦难，不管他情愿不情愿。于是，在现实里，苦难总是在摧残和毁灭着人，也总是在造就和磨练着人。被苦难摧残和毁灭的人将会诅咒它，被苦难造就和磨练的人将会感谢它。伟大在于不幸。

我想，感谢苦难的人注定属于生活的强者。

一九九六年十一月

上卷　激情岁月

一 会 考

讲述彦涵,应从一九三五年夏天的会考开始。正是那次会考,将他最初的人生理想,化为了泡影,并改变了他此后的命运。

彦涵就读的学校,名为江苏省立东海师范学校,分附中和师范,各读三年。一九三五年夏天,彦涵已经读完了三年附中,就要升入师范了。附中三年,费用自理,到了师范,不仅免交学费,还管吃管住。

这对家境贫寒的彦涵来说,意义实在重大。它意味着,多年的苦日子终于熬到了头,从今往后,他再不用为学费发愁了,父亲也不用到处借债,又到处躲债了。以后的事情,已经看得清清楚楚:再过三年,师范毕业,他就可以当个小学老师了。

这是他当时最高的理想。

从附中升师范,有个毕业考试,合格了才行。彦涵的学习成绩,在班里向来数一数二,他有绝对把握考试合格,而且一定名列前茅。

所以,一九三五年夏天,彦涵是以轻松的心情,并怀着美好的憧憬,来迎接考试的。

他完全没有想到,考试前夕,事情却突然发生变化。

离考试仅剩三天的时候,学校突然贴出布告,说,接省教育厅通知,今年的附中毕业考试,一律按江苏省教育厅的统一试题进行。

学校立刻一片哗然。

师范学校与普通中学相比,教材有很大不同,因此,多年以来,附中毕业考试,一直由学校出题,从未搞过全省会考。根据往年经验,学校的试题比较容易,一般都能及格。现在改为会考,试题内容很可能超出所学范围,结果就很难说了。而且,只剩三天时间,让人措手不及。

学校还制定了一个《会考规章》,其中规定:一门功课不及格,即取消升学资格。

同学们议论纷纷,都为能否通过会考而担心。

彦涵比别的同学更担心。万一有一门不及格,他就全完了。他比不了那些家境富裕的同学,升不了师范,还可以考别的高中。他不行,家里不可能再供他上学了,升不了师范,只能就此中断学业。唯一的出路,就是回到富安村里,养家糊口打零工,像他的父亲一样。

果真如此,他就太愧对父亲了。

彦涵的父亲是个老实厚道的乡下人,念过几年私塾,年轻时曾与人合伙,开过一个小麻绳铺,本小利微,又不善经营,在彦涵很小的时候就倒闭了。虽然家在乡下,却地无一垄,父亲只好到离富安村不远的新浦码头上,给人家打零工。

富安村一带盛产鸡蛋,常有外地商人坐船来收购,先在码头上点数装箱,然后装上船,顺着村外的蔷薇河,运往上海。父亲就在码头上帮人家数鸡蛋。父亲是数蛋的高手,两手同时抓去,一手正好五个,又快又准。春秋是鸡蛋的旺季,数一天最多能挣五六毛钱,可以买回几斤糙米甚至白面。这是一年中最好过的日子。淡季就惨了,几乎挣不到钱,家里经常吃了上顿没下顿。

父亲在外打工,经常回不来,家里的事情,全由母亲一人操持。母亲一共生了六个孩子,前两个死了,剩下三女一男,都张嘴要吃的。沉重的生活,使她变得性情暴躁,遇到不顺心的事,经常骂骂咧咧。唯一能使她平静下来的事,就是烧香拜佛,祈求佛祖大发慈悲,以改变家中贫困的现状。

父亲不信佛,他把希望寄托在唯一的儿子身上。他希望儿子能识字记账打算盘,将来有个体面的营生,不要再像他那样,苦挣苦熬大半辈子,却连个家也养不起。为此,彦涵七岁那年,父亲毫不犹豫地把他送进了学堂。父亲还给他起了个学名,刘宝森。

刘宝森是彦涵的本名。彦涵是他参加革命以后的名字。

彦涵先在村里念了几年私塾,识字没什么问题了,但是私塾不教算术,他还不会打算盘。也就是说,还无法实现父亲的梦想。后来,听说新浦镇上开办了新学堂,乡下人叫它洋学堂,洋学堂里教算术,父亲咬咬牙,带他去上洋学堂。洋学堂叫普爱小学,入学要考试,按彦涵的国文水平,考个四、五年级没问题,可他不会算术,结果考了个三年级。这年,彦涵十二岁。

彦涵的母亲颜素枝、父亲刘振禄。

他在洋学堂里上了四年学,也受了四年罪。

首先,住宿是个大问题。新浦镇与富安村之间,隔着蔷薇河,往来要坐渡船,实在不方便,家里有钱的同学,都住学校。彦涵住不起,靠着父亲一个朋友的帮忙,借宿在学校附近的澡堂子里。每天放学后,彦涵就去那个澡堂子,父亲也从码头上赶过来,陪他一起住。天天如此,像回家一样,却绝不像回家那么随便。

住澡堂子,要等客人走光了,才能进去,而澡堂子要到晚上八九点钟才关门,他就和父亲一直坐在门口的台阶上等,有时要等两三个钟头。不管刮风下雨,还是下雪,父子俩就一直坐在外面等着,吹着、淋着、冻着。彦涵常常是坐着坐着,就睡着了。澡堂子里的床铺是给客人准备的,老板怕弄脏了不让睡,父子俩只能睡在湿乎乎的地上,呼吸着永远浑浊的空气。

父子俩在澡堂子里睡了三年多,直到六年级的下学期,彦涵才搬到学校去住。

吃饭更是个难题。学校有伙房,彦涵吃不起,父亲找到两个朋友,一个是炸油条的,一个是卖麻绳的,请他们帮忙。这两个朋友,以前曾得到过父亲的帮助,答应让彦涵每天到他们家里吃饭,一家管一顿,但只管早饭和午饭,晚饭就得自己想办法了。父亲挣到钱时,就买两个烧饼带给他,挣不到钱,只好饿肚子。

别人家的饭碗不是好端的。头一年,彦涵人小,饭量不大,人家还算热情,后来个子长高了,饭量也随之增大,人家的脸子就越来越难看了。他看出了这一点,不敢多吃,只好经常饿肚子。到了小学六年级,人家的脸子奉拉得越来越长,长得让他不敢端碗,便死活不去吃了。父亲只好去找在学校伙房做饭的马师傅,马师傅和父亲是朋友,答应彦涵到伙房吃靠饭。吃靠饭就是不交伙食费,吃伙房里的剩饭。每回开饭,等入伙的同学吃完了,马师傅就把锅里的剩饭剩菜盛给他。剩饭有多有少,他还是经常吃不饱。

正是这种寄人篱下的生活,使彦涵深感自己上学的不易,因此学习格外用功,不敢有丝毫偷懒。

高小毕业,他考了个全校第二名。

父亲很是心满意足,说:"行啦,这几年的罪总算没白受,念了这些年的书,打个算盘记个账,足够用啦!过几天,你就到码头上去卖香烟,学着做买卖吧。"

说着,将一个盛香烟的木盘子递到他面前。

彦涵嗫嚅地说:"先生要……要我去海州考中学呢,说我一定能考上。"

父亲摇摇头:"考上了咱也上不起啊,这些年,供你上学,家里借了不少债,现在还没还清呢。"

彦涵沉默了一会儿,对父亲说:"考上了我可以不上,但我要考一考,看看我的成绩到底怎样。"

父亲不忍伤他的心,问:"考中学也要花钱吧?"

彦涵说:"要花一块钱。"

家里只有一块钱,父亲给了他,说:"那就去考考玩玩吧,考上考不上,也就死了心。"

彦涵并不想考考玩玩,他是想考上之后,再慢慢说服父亲。

他拿着这一块钱,想来想去,报考了江苏省立东海师范学校附中。

东海师范附中在苏北一带很有名气,一般人很难考上,但只要考上,也就是苦三年,以后升到师范阶段一切就不用愁了。他觉得这比上普通中学强得多。普通中学,初中高中都得交学费,得交六年,考上了也不能上。他估计,如果是上师范,父亲或许能同意。

结果一考就考上了。整个普爱小学,只有他一人考上了这个学校。

父亲又是高兴,又是犯愁,沉默半天,问:"一学期要多少钱?"

"四……四五十块白洋。"

"四五十块?"父亲吓了一跳,"我一年也挣不了那么多钱哪!"

彦涵忙说:"四五十块是包吃包住,我可以不在学校吃住,光学费有十几块就够了。"

"十几块我也拿不出啊。再说,你现在是个小伙子了,吃住靠朋友帮忙,谁也负担不起呀!"

这确实是个大难题。师范学校在县城——海州城里,与富安村相距十来里地,吃住都得在城里解决才行。

刚嫁到海州的二姐,听说弟弟考上了师范,特意赶回来,对父亲说:"宝生(彦涵小名)吃饭我包了,三顿饭都在我家吃。"

父亲的心思活动了,第二天去了海州,找到一位远房亲戚孙二奶奶,请她帮忙。孙二奶奶没儿没女,孤身一人,住着两间房。她满口答应:"让宝生来吧,来了还有人跟我做个伴儿。"

吃住解决了,父亲又到处找亲戚朋友,借钱交学费。父亲的亲戚朋友都很穷,谁也拿不出钱,直到快开学了,学费仍没着落。父亲叹着气说:"唉,算了吧,还是到码头上卖香烟去吧。"

望着父亲爬满皱纹的脸,彦涵不忍心再提上学的事了。

但开学报到的那天,他还是背着父亲去了学校。他知道上学没了指望,可他还是想到学校报个到——报了到,就说明自己是个中学生了。念不起,那是另一回事。

在一间教室门口,他和新生们一起排队报到,排到跟前才知道,报

7

到就得交学费。他交不出,很尴尬地站在那里。

负责报到的老师,是教务处的张松年先生。他问了彦涵的名字,和交不出学费的原因,又查看了他的考试成绩单,说:"你先回去吧,开学时你来上课就是了。"

当天晚上,张先生赶了十来里路,找到彦涵家,对他父亲说:"这孩子很聪明,不读书太可惜了。学费一下子交不出那么多,可以一块两块地慢慢交。如果你同意,我出面向学校担保。"

彦涵这才上了师范附中。

为了每学期十几块钱的学费,父亲到处借债,每次借上两三块,彦涵就交两三块。旧债没还上,新债又欠下了,利息又高,总也还不清。每年一到除夕,债主逼门讨债,父亲就不敢待在家里。彦涵上了三年附中,父亲连着三年没敢在家过除夕,一到除夕晚上,就躲到蔷薇河对岸的野地里,直到下半夜才敢回来——过了除夕,债主就不再登门了。这是讨债的规矩。

彦涵上初二的那年除夕,债主们等到下半夜,仍等不到人,一个个走了,母亲让他到河边去喊父亲回家。父亲在寒风中待了大半夜,手脚已经冻僵,回到家里还没暖和过来,债主杀了个回马枪,又登门讨债了。

父亲赶紧赔着笑脸说好话:"有了钱一定还,有了钱一定还。"

债主死活不依,说:"今天要是拿不到钱,我就不走了!"

无论父亲怎样说好话,都无济于事。

脾气一向温和的父亲被逼急了,一把撕开棉衣,用手捶着胸膛,大声嚷道:"我没钱你不能要了我的命啊!"

父亲悲哀无助的喊声,像鞭子抽在彦涵心上。那一刻,他真想对父亲说:我不念书了,我去卖香烟,家里太受罪了!

可他忍住了。三年附中已经念了一半,中途退学,什么工作也找不到,前面的罪等于白受了。不管怎样,一定要熬过这三年,只要熬过这三年,一切就好办了。

一九三五年夏天,三年终于熬了过去,眼看就要升入师范了,却突然来了个会考!

事情猛然间变得让彦涵心里没了底。

就在布告张贴出来的当天,他从孙二奶奶家里搬出来,住进了学校宿舍。他想省去来回跑路,抓紧时间复习,以保证会考顺利通过。

明天就要会考了。

宿舍里早已熄了灯,大家忧心忡忡,躺在黑暗里,商量着如何应付明天的会考。商量了半天,谁也没个好主意,于是唉声叹气。

彦涵一直没说话,这时忽地坐起,说:"光唉声叹气有什么用!既然学校对我们不负责任,我们就让它考不成!"

当夜,彦涵和几个同学悄悄溜出宿舍,溜进了白天刚刚布置好的考场……

第二天一早,同学们来考试了。

一进考场,全都愣了:整个考场遍地纸屑,一片狼藉。所有贴在课桌上的考生座位编号,都被撕掉了,墙上的《会考规章》也化为碎片,就连挂在黑板两侧的"救国必须读书,读书便是救国"的条幅,也被撕下扔在地上,上面踏满了脚印。那是江苏省教育厅长周佛海,在这年视察东海师范时,为学校亲笔题写的校训。

全校顿时哗然。考场里里外外挤满了人,七嘴八舌,一片混乱。会考显然无法进行了。

校长闻讯,怒气冲冲赶来,一进考场,脸色顿时铁青:"这是谁干的?站出来!"

没人回答。

"谁干的?站出来!"

校长目光逼人。

依然没人回答,胆小的同学吓得不敢抬头。

"那好,我只好报告县党部,请他们来人调查了!"

校长转身就要往外走。

张松年先生慌忙叫住他。他是来监考的,胳膊底下还夹着试卷,他对校长说:"还是不要报告了吧,这件事我会调查清楚的。"

张先生怕把事情闹大,对学校和学生都不利。

"马上查清,尽快恢复考试!"

校长怒气冲冲地走了。

同学们一个个被张先生叫了出去。叫两三个人之后,叫到了彦涵。

"有人说是你干的,是真的吗?"

"是我干的。"彦涵承认得很干脆。

"还有谁?不可能是你一个人干的吧?"

张先生似乎是想减轻他的责任。

"就我一个人。"

彦涵一口咬定。他不想牵连别的同学。

张先生叹息一声,不再说什么。

彦涵被叫到了校长办公室。

校长满脸怒气:"你为什么要破坏考场?"

事已至此,彦涵豁了出去,说:"因为学校的规章不合理。由省里出题我们已经很难及格了,学校又作出这样苛刻的规定,必然会使许多同学被淘汰。一旦淘汰,家里没钱的同学只能失学,还有什么前途可言?"

"放肆!太放肆了!"校长气得浑身发抖。

"还有,"彦涵说,"这次会考的目的,说穿了,就是逼迫我们学生死读书,而死读书是不能救国的。"

那时,学潮不断。"九一八"以后,学生们纷纷罢课游行,要求抗日。尽管教育当局一再大讲"读书救国"的道理,让学生们老老实实读书,学潮仍然此起彼伏,弄得当局实在头疼。统一会考,便是省教育厅为阻止学潮,而采取的一项措施,以迫使学生们埋头读书。彦涵受高年级进步同学的影响,认为"救国必须读书,读书便是救国"的口号是错误的,与蔡元培先生的"读书不忘救国,救国不忘读书"的含意和出发点,完全相反。这也是他带头破坏考场的一个原因。

校长惊愕地瞪大了眼睛:"你……简直反动!"

此时门口围了很多同学,纷纷嚷道:

"规章就是不合理,应该取消!"

"马上考试了,才宣布要会考,这是对学生搞突然袭击!"

校长大怒,厉声喝道:"回去!统统回到考场去,准备考试!"

却没人动,而且人越聚越多。

彦涵胆子更大了,几乎是在一瞬间,脑子里产生了一个不计后果的想法,并脱口说出:"我们可以考试,但是,学校必须保证每个同学都能毕业,并且升入师范。不然,我们就罢考!"

话一出口,立刻得到许多同学的响应,纷纷嚷着要罢考。

校长愕然,看着情绪激动的学生们,一时不知如何是好。

张先生赶紧出来解围,说:"大家先回去,都先回去,校长会考虑大家的要求的。"

学生们这才散去。

校长害怕学生真的罢考,把事情闹大。事情闹大了,上面必定会怪罪下来,摘掉他的乌纱帽。于是立即召集老师们开会。会上经过一番激烈的争论,最后,校长无可奈何地答应了学生们的要求:保证全部考生升入师范。

当天下午,恢复了考试。

几天以后,学校贴出红榜,上红榜者升入师范。

六十多名同学全部榜上有名。

却唯独没有彦涵。

彦涵的名字写在另一张布告上,贴在红榜的旁边。是个处分决定。上面列举了他"破坏考场,带头闹事"的罪状。最后是学校的决定:革除学籍,以儆效尤。

他被开除了。

这个结局,是彦涵完全没有料到的。

彦涵离开学校那天,张松年先生把他叫到办公室,惋惜地说:"唉,按照你的学习成绩,是完全可以升入师范的。你不该……唉,可惜了,真是太可惜了!"

"学校的规定,就是不合理!"

他依然无悔。

二　学画去

彦涵在新浦码头上,卖起了香烟。

守着冷清的烟摊,他常常独自发愣。难道这辈子就这样下去了?到头来像父亲一样?他实在是心有不甘。可是,不甘又能如何?想着这些,便越发地痛苦而茫然。

一天下午,彦涵守着烟摊正发愣,师范附中的两个同学忽然跑来找他,说他俩不想上师范了,要去考上海美专,想邀请彦涵一起去。

"我?"

"你那么喜欢画画,画得又那么好,全校都出名,你太应该去学美术了!"

彦涵苦笑着摇摇头。这是不可能的事。他掏不起学费。

"是王先生让我们来找你的,他说你一定能考上,还再三嘱咐我们,一定要说服你,让你去学美术。"

王先生是师范附中的美术老师。因为彦涵画画好,深得王先生的喜爱。彦涵对王先生也十分敬重。

两个同学劝了半天,最后说:"这可关系到你今后的前程啊!难道你真想卖一辈子香烟?"

这话碰到了彦涵的疼处。他有些动心了,沉默了半天,问道:"你们什么时候走?"

"上海美专现在正招生,再过一个来月就要考试了,我们准备三四天后就动身。"

彦涵说:"只要能解决学费问题,我一定去。"

"好!一言为定,三天以后,我们到你家找你。"

两个同学匆匆走了。

一个在彦涵内心深处埋藏已久的愿望,被点燃了。

彦涵喜欢画画,是从民间年画开始的。

富安村这一带,因为有蔷薇河,有新浦码头,还有陇海铁路,水陆交通十分方便,所以每年快到春节的时候,都有不少外乡人,涌到这里卖年画。他们在镇子上搭起席棚,绳子上挂满了来自各地的年画,有苏州桃花坞的,有山东潍坊的,也有天津杨柳青的。内容更是丰富,什么《五谷丰登》、《年年有余》、《开市大吉》、《招财进宝》,还有《老鼠出嫁》、《八戒招赘》……弄得满街满巷红红绿绿。

每年卖画的一来,彦涵便和两个姐姐,攥着平时积攒的零钱,跑去买回几张,贴在家里的墙上。他对画似乎有种天生的迷恋,经常对着墙上的年画,呆呆地看上好半天。大战长坂坡的赵子龙,倒拔垂杨柳的鲁智深,还有驱邪纳福的两位门神——秦叔宝和尉迟恭,都会引起他许多遐想。

就是这些年画,萌发了他对画画的兴趣。

开始读书以后,有了纸和笔,他就看着墙上的年画,在纸上摹画。没人指导,完全是照葫芦画瓢。墙上的年画临摹完了,又临摹他所能看到的各种书里的插图,《三国演义》、《水浒》。这样画了四五年,等到上了高小,临摹得已有几分相像。他把画拿到学校去,在同学们中传来传去地看,有的同学还用铅笔橡皮之类的小玩艺儿,换他的画,这使他很开心。那时,他还不懂

木刻组画《生活》:童年画画 1983年

什么叫美术,只是觉得好玩儿。那时的小学不教美术,到了师范附中,才有了美术课。

美术课的老师叫王秉衡,是从上海美专毕业的。王先生教学生们画素描,带他们到野外写生。彦涵渐渐懂得一些画画的基本方法,画得也越来越好,这引起王先生的注意。王先生藏有不少上海出版的画册,大都是中外名画,平时锁在箱子里,上课讲到有关内容时,才带到课堂上,举在手里让同学们欣赏一下,下了课又立刻锁起来。他的画册从不借人,唯独对彦涵例外。王先生时常悄悄地把彦涵叫到宿舍,拿出那些画册,一页一页翻给他看,边翻边讲些美术方面的知识,有时还允许他拿回去临摹。

渐渐地,彦涵不再满足于临摹,而对写生发生了兴趣。星期天,他经常独自跑到白虎山、锦屏山,或是海边,去那里写生,画山、画河、画船、画海……

他的画得到了王先生的赞赏。每回装饰教室或者布置会场,王先生都要把他的画挂出来,而且挂在最显眼的地方。王先生曾鼓励他说:"你应该到美术学校去专门学画,将来搞艺术。"

彦涵也曾动过这个念头,可是一想到学费,觉得根本不可能,便不再想。

一九三五年夏天的那个下午,对于深陷痛苦与迷茫中的彦涵来说,是一个重要的人生时刻。深埋已久的愿望如同地下的奔泉,一旦被掘开,便喷突如柱,再也压抑不住了。既然不甘心这样下去,既然要上学,既然一样交学费,莫不如干脆去学画!将来当一名小学或是中学的美术老师,就像王先生那样。

可是,学费怎么解决?

他又被这个老问题缠绕上了。

他知道,学美术要花很多钱,比普通高中还要多,家里就是砸锅卖铁,也拿不出来。他不想把这件事告诉父亲。不能再给父亲增加负担了,他要自己想办法来解决。

他苦苦想了三天。他想过向亲戚朋友借,可是把所有的亲戚朋友,挨着个儿地想了个遍,也没想出谁会有钱借给他;也想过向有钱的人家借高利贷,可是,谁愿意替他作保呢?再说,就算真的有人借给他,父亲以后的日子就没法过了,天天都会被债主追得不能安生。

他吃不下饭,睡不着觉,想得头都痛了,也没想出个所以然。

三天一晃就过去了,学费的事毫无着落。那两个同学急得团团转,却帮不了忙,又等了两天,仍不见有什么希望,只好起程去上海了。

那两个同学走的时候,彦涵去到火车站送行。看着同学兴致勃勃的样子,彦涵心里一阵悲哀,深感命运的不公,却又无奈。

然而,冥冥之中如有神助,就在开往上海的火车启动的一瞬间,彦涵的脑海里忽然一闪,犹如一道电光划过,猛然地想起在上海的一个人——他的一个舅舅。

彦涵听母亲说过,他有个舅舅,名叫颜秀五,十七岁的时候,因为挨了父亲一顿打,负气离家出走,投奔了北伐军,当过排长。队伍打散以后,流落到了上海,后来做起了生意,据说发了大财。母亲说,舅舅在家的时候和她的关系非常好。他想,如果舅舅肯帮忙,学费不就可以解决了吗?

彦涵兴奋得心里咚咚直跳。他决定给舅舅写封信,向舅舅求援。可是,他从未见过舅舅,也未通过信,连舅舅的地址也不知道。

他匆匆回到家,向母亲打听二舅的地址。

父亲问其缘由,彦涵只好将事情的来龙去脉细细说了一遍。父亲思忖良久,说:"人往高处走,去外面闯闯也好,总比窝在家里强。只要你舅舅肯出学费,想去就去吧。"

可是,母亲也不知道舅舅的地址。母亲不识字,舅舅从来没给她写过信。舅舅离家以后的事,母亲是听娘家的人说的。也就是说,舅舅和母亲的娘家人有过联系,那么娘家人一定会有舅舅的地址。

彦涵想去母亲的娘家打听地址,但他不认识去那里的路。彦涵还没出生的时候,姥姥就去世了,母亲从未带他回过姥姥家。

母亲理解儿子的心情。第二天,身材高大的母亲就颠着一双小脚,顶着盛夏七月的太阳,匆匆去了娘家。母亲是赣榆县沙河人,娘家离富安村约三十里,一去一回六十里,全靠两条腿。

三天后的晚上,母亲满脸灰土、满脸汗水地回来了,带回了舅舅的地址。

当天夜里,彦涵开始给舅舅写信。他知道这封信事关前程,不敢丝毫轻率。为此,绞尽脑汁,斟字酌句,反复修改,足足花了两天时间,才把信写好。然后,用毛笔恭恭敬敬抄写一遍,这才寄走。

信一寄走,他的心立刻悬得更高了。他从未给舅舅写过信,头一回写信就开口求援,是不是太冒失了?舅舅有没有能力帮助他?即便有能力,愿不愿意帮助他?如果舅舅拒绝了,他该怎么办?如此这般,如同热锅之蚁,整日坐立不安。

等了一个星期,终于等到了舅舅的回信。

当彦涵从邮差手中接过信的时候,紧张得手都发抖,屋都没进,便迫不及待地撕开信来。一边看,一边喘着粗气,渐渐地,眼睛便越睁越大,放出了很亮的光,泪也流了下来。接着,猛地跳起来,呼爹喊娘地奔进屋里,大声喊道:

"舅舅同意啦!舅舅同意啦!"

全家人惊喜地围过来,父亲眼里放着光,催促说:

"快念念,你舅舅到底怎么说?"

彦涵就把舅舅的信念了一遍。其中一句,让彦涵牢记终生:"只要我有黄金的时代,定给予你黄金的帮助!"

父亲似乎没听懂,忙说:"再念一遍。"

"只要我有黄金的时代,定给予你黄金的帮助!"

父亲这回听懂了,乐得嘴都合不拢:"这下好啦,你舅舅在外面发了大财,你也跟着沾光啦!"

舅舅还寄来了路费,让彦涵马上起程去上海。

第二天,彦涵跑到镇上的邮局,取回了舅舅寄来的路费。整整五十块光洋!

父亲哗啦哗啦地摸着光洋,感叹地说:"唉,我一辈子也没见过这么多的钱哪!"

彦涵拿出一半,留给家里,让父亲还债,另外再给妹妹做件新衣服。妹妹已经十几岁了,还没穿过新衣服呢。

母亲当天到镇上扯了一身布,点灯熬油地给儿子缝制新衣。

几天以后,彦涵穿着母亲缝制的土布制服,背着简陋的行李和画夹,踏上了开往上海的火车,也怀揣梦想,踏上了他的人生之旅。

三 尼姑庵里的嫂子

离家之前的一个下午,彦涵特意去了一趟海州。

他去看嫂子。他差不多有十年没见嫂子了。这么多年,虽然他一直都非常想念嫂子,想去看看她,但是他不敢,怕嫂子见到他,就会想起他的哥哥。那样,嫂子会更加痛苦!

嫂子在尼姑庵里当尼姑。

彦涵小的时候,嫂子虽然已经进了尼姑庵,但是还没削发,所以经常可以回家。

在他童年的记忆里,嫂子每次回来,都要在佛龛前烧上一炷香,然后披上又宽又大的黑袈裟,盘坐在香火前,一边捻着挂在脖子上的佛珠,一边闭着眼睛嘟嘟囔囔祷告什么。

每逢嫂子烧香念经,他就趴在床上,两手托着小脑袋,一动不动地看着,觉得很新奇。

青烟缭绕中的嫂子,就像一个谜。

彦涵跟着母亲去过尼姑庵,发现别的尼姑头上都是光光的,只有嫂子梳着又黑又长的辫子。他不明白这是为什么。

母亲说,嫂子虽然出了家,却还留恋着家里人,想时常回来看看,所以没有削发。削了发就表示六根净除,彻底脱离尘世,再也不能回家了。这是佛门的规矩。

彦涵听了吓一跳,心想,亏了嫂子没削发!

他希望嫂子经常回来。嫂子比姐姐大不了几岁,也没上过学,可她会讲故事。每次回来,烧完香,便把他搂在怀里,讲故事给他听。讲的都是佛经上的故事,因果报应,轮回转世,听得他两眼发直。嫂子讲故事的声音很好听,细细的,柔柔的,不紧不慢。嫂子人也长得好,细高个,大眼睛,很秀气。母亲说,嫂子以前很爱笑,笑起来前仰后合,半天止不住。

彦涵却从没见嫂子笑过。他不明白嫂子为什么不笑,而且总是一副很忧郁的样子,更不明白,嫂子为什么总要烧香,嘴里还要嘟嘟囔囔说个没完。

"嫂子,你在说什么呢?"

"噢,我在念经。"

"在尼姑庵里也念吗?"

"念,天天都念。"

"念经干什么呀?"

"超度你哥哥的灵魂。"

"哥哥不是早死了吗?"

嫂子身子动了一下:"人死了,还有灵魂。"

"灵魂是什么呀?"

没有回答。

但是他不再问了,因为他看见两行亮晶晶的泪水,正从嫂子的脸上流下来。

彦涵的哥哥是堂哥。堂哥比他大二十一岁,彦涵没见过他。在彦涵出生的前一年,他就离开人世了。

刘家的祖籍原本在山东沂水白茆镇。相传祖上是两兄弟,清末"两丁抽一",老大被屯兵到了苏北东海县,解甲之后,在当地富安村安家落户,娶妻生子,繁衍生息下来。据说,彦涵曾祖父那一代,曾开过麻绳店,做些渔船上用的麻绳生意,家境尚好。不幸的是,有一次曾祖父在大街上被人拉去赌钱,一夜之间,将家产全部输光,家道从此败落下来。

富安村靠近黄海,周围有大片盐田,村里不少人靠晒盐或卖盐为生。彦涵的祖父既没家产,又无土地,只能靠卖盐养家糊口。祖父快七十岁的时候,彦涵的堂哥已经长大成人,谋生无路,也去卖盐。

所谓卖盐,就是背个小布口袋,装上一二十斤盐,走村串户地叫卖,赚个辛苦钱。这叫贩私盐。

富安村常年驻有一队武装税警,专门缉拿贩卖私盐的人。贩私盐的人只要被税警抓住,轻者没收,定打不饶;重者绳子捆了,送进县大狱,乃至砍头。

当时整个东海县的盐业,都被县里商会会长所把持。商会会长和税警串通一气,如何处置贩私盐的人,他的话是极有分量的。

商会会长姓刘,也是富安村人,家住村子东面,村里人背后都叫他"东大门"。在苏北一带,大门,就是大户人家的意思。"东大门"是东海县一带有名的大地主,富安村大部分土地和盐田都在他的名下。外村,甚至临近几个县,也有他大片的土地和庄园。除此之外,他还开酒厂,做买卖。他家后院有块几十亩大的菜园,全部收入不过是他家老太太的零花钱。他女儿出嫁时,陪送嫁妆的队伍排得老长,分着两天过门,其中有三张桌子,每张桌上放一块用红绸子包着的土坯,代表一百亩土地,三块土坯就是三百亩田。

据说,"东大门"的祖上并没有给他留下多少家产,他是如何发起来的,村里人不大摸底,但是大人孩子都知道东大门常说的一句话:不杀穷人不富。

"东大门"有钱有势还有枪。他家庄园四周,挖有深水沟,围着铁丝网,高墙大院的四角上,筑着四座炮楼,养着三四十个持枪的家丁,俨然是这一带的土皇上。他家还设有私牢,不少交不起地租和盐税的人,都在这里被吊打过,有的被打之后,还没抬回家就断了气。

彦涵的堂哥因为贩私盐,被税警和"东大门"手下的人毒打过多次,一次比一次狠,打得他几天下不了床。堂哥年轻气盛,性情刚烈,实在咽不下这口气,寻机要报复"东大门"。他发现,"东大门"晚上时常到新浦的一个土娼家里过夜,便找了几个同伴,闯进土娼家,想把"东大门"堵在屋里狠狠揍一顿。不料,这天晚上,"东大门"偏偏没来,几个人便把火气撒在了那个女人身上,先是一顿打,接着又砸了梳妆台,算是出了一口气。

堂哥年轻,不懂厉害。没过几天,县里来了一支小队(北洋军阀时期的兵),呼啦啦闯进彦涵家的院子,一条绳子就把堂哥捆走了,直接拖进了"东大门"的私牢。

家里立刻乱了套。彦涵的祖父听说孙子被抓,跌跌撞撞赶到"东大门"家,扑通跪在地上,连连磕头。祖父一辈子刚强,为了孙子,他豁出去了。他"老爷老爷"地连连叫着,苦苦哀求"东大门"开恩,放了他孙子。

"东大门"正大摆宴席,陪着那些兵们喝酒。他指着祖父开口大骂,骂他对孙子管教不严,竟敢在太岁头上动土!然后一拍桌子,几个喝得醉醺醺的兵呼啦站起来,一阵枪托皮带,便把祖父打倒在地,打得满脸是血。祖父还没爬起来,又被按跪在桌子底下,接着被一条麻绳反捆住双手,拴在桌子腿上。"东大门"和那些当兵的,就在桌子上面继续喝酒,划拳猜令,又说又笑。

祖父是宁折不弯的汉子,哪里受得了这个侮辱,就在桌子底下仰头大骂:"'东大门'!你欺人太甚!人,我不救了,要杀要剐随你便!"

骂完,咔嚓一声,挣断麻绳,跟跟跄跄离开了"东大门"的家。回到家后,就病倒在床,昏睡数日,不吃不喝,没过多久,便悲愤而死。

堂哥被抓的时候,结婚还不到一个月。按乡下习俗,婚后三天,新娘子要回娘家住上一个月,所以嫂子当时正住在娘家。婆家人跑来报信时,她正在地里挖野菜,当时把菜篮子一扔,一路哭号着去找"东大门"要人。"东大门"早已吩咐过,不许放任何说情的人进来。嫂子就在大门外面,哭天喊地,疯了一般地拍打着大门,嗓子喊哑了,额头撞出了血,仍不停歇。

把门的家丁看她太可怜了,说,不是不让你进,老爷怪罪下来,我们担当不起呀,你还是回去想别的办法吧。

嫂子不回去,哭喊道,见不到我男人我死也不回!

嫂子仍扑在大门上,疯了一般地拍,疯了一般地喊,疯了一般地撞。大门硬是死死不开。最后,嫂子昏倒在地上,被人抬了回去。

彦涵的父亲几次去求"东大门",都被看门的轰了回来,后来送了礼,才放他进去。父亲常在镇上混,到底见过一些世面,就赔着笑脸,弯腰作揖说好话。

"东大门"正在打牌,被父亲说得不耐烦了,顺手写了个条子,扔给他,说:"人已经押到县里去了,你去县里吧,见了我的条子,他们就会放人。"

父亲千恩万谢,怀揣着纸条,匆匆赶往县城。走到半路,碰见一位刚从县里回来的同乡,同乡流着泪说:"不要去了,人已经过铁了!"

过铁就是砍头的意思。父亲一听,差点晕倒,方知受了骗,气得捶胸顿足,把"东大门"的纸条撕了个粉碎,然后踉踉跄跄赶往县城去收尸。官府却不让,说要悬首示众三天。堂哥躺在荒野里,身上五花大绑,头已经没了。

堂哥是条铁铮铮的汉子,打人的事情是几个人干的,全被抓去,但他把一切责任都揽了过来,说,好汉做事好汉当,事情是我挑的头,要杀要剐我顶着,与别人没关系!于是,别的人被打了一顿之后,放了,堂哥被砍了头。堂哥当时只有二十岁。

堂哥的头高悬在海州城的城门顶上:钢牙紧咬,怒目圆睁。彦涵的父亲只朝城门顶上望了一眼,顿时泪如雨下!

此时,嫂子已知道彦涵的父亲去了县里领人,急忙坐上独轮车,匆匆赶往县城,要接男人回家。走到蔷薇河边,正碰上父亲往回走,便急忙问:"人呢?怎么没一起回来?"

父亲流着泪说了实情。话还没说完,嫂子就"啊"了一声,瘫倒在河边,不省人事。等父亲连摇带晃把她叫醒后,就见她变得两眼发直,呆呆地盯着滚滚的河水,一句话也不说,目光一点一点暗下去,最后变成绝望的死灰。父亲见了不禁有些害怕,连连叫她的名字,说你怎么啦,你说话呀!

嫂子像是没听见,呆呆地盯着滚滚的河水,忽然,猛地站起身,大声叫

21

着她男人的名字:"常守——!"就朝河里扑去!

就在那一瞬间,父亲和推车的汉子几乎同时伸出手,一把将她死死拖住。嫂子疯了一般地挣脱着,一边挣脱一边哭喊:"天哪,让我跟他一起去——让我跟他一起去了吧!"喊声在水面上回荡,十分凄惨。

父亲后来说,当时嫂子的力气好大好大,要不是推车的汉子帮忙,真怕拖不住。

后来,嫂子挣脱得没劲了,一屁股坐在地上,哇地哭出声来,哭得十分悲惨。连推车的汉子也忍不住蹲在一旁跟着啪嗒啪嗒地掉泪。嫂子一直哭到天黑,才被连劝带拖地用独轮车推回了家。

从此,嫂子就像变了一个人,整天发呆,跟没了魂似的。家里人都很同情她,却不敢安慰她,一提她男人,她就哭。村里人说,她的心跟着她男人走了。

那时,家里有人被杀是奇耻大辱,外人瞧不起,整个家族的人抬不起头来。嫂子更是觉得没有脸面,在承受着内心痛苦的同时,也承受着世俗的压力。终于有一天,嫂子离开了家,走进了尼姑庵。

木刻组画《嫂子》:青灯古佛旁　1981年

嫂子出家的时候,还不到二十岁。彦涵刚出生。

大约是从彦涵读小学五年级的时候开始,嫂子回家就越来越少了。以前每隔十天半月回来一次,渐渐地间隔到一个月。

那年,一个夏天过去了,嫂子也没回来过。他问母亲:"嫂子怎么老不回家了?"

母亲叹气说:"你嫂子每次

见到家里人,都要勾起伤心事,不回来,心会静一些。"

彦涵可怜嫂子,希望她高兴,他决定画张画送给嫂子。嫂子喜欢看他在纸上画画。

暑假的一个夜晚,全家人都睡了,他还在油灯下画画。他画的是一个小孩骑着奔跑的高头大马,一手挥舞大刀,一手举着牙边旗,杀向他想象中的"东大门"家。

那是个凄风苦雨的夜晚,他永远忘不了。外面大雨哗哗,冷风呼呼,吹得灯苗直晃悠。

正画着,忽然,响起了敲门声。这么晚了,怎么还会有人来?他心里害怕,不敢开门。敲门声又响了几下,父亲起来了。彦涵跟在父亲的身后,想看看到底是什么人。打开门,不要说彦涵,连父亲也吓了一跳:黑暗中,一个浑身水淋淋的人影,一动不动地站在门口。一道闪电划过,彦涵看见一张惨白的脸和一双目光呆滞的眼睛。

"嫂子!"他惊喜地叫了一声。嫂子好像是没听见,也没看见,依然呆呆地立在门口。

父亲叫着嫂子的名字:"你怎么啦?快进屋吧。"

连叫几声,嫂子才如梦方醒。她看了父亲一眼,什么也没说,目光呆滞地进了屋。家里人都起来了。彦涵的母亲又惊又喜:"怎么这么晚才到家?"

嫂子呆呆地坐在凳子上,两眼依然发直:"我迷了路,"她指了下彦涵,"多亏了他大哥,我才找到家……"

嫂子说,天还没黑的时候,她就从尼姑庵出来了,想回家看看。可是因为雨大迷了路,转悠到天黑也没找到家。后来发现,前面有个人也在赶路,仔细一看,竟是她的男人!她就跟在她男人后面往前走。四周一片漆黑,雨骤风狂,可她男人走到哪里,哪里就一片光明,雨住风停,脚下的路也是干干的。她想追上她男人,跟他说说话,可不知为什么,她走得快,她男人也快,她走得慢,她男人也慢,怎么也追不上。就这样,她一直跟着她男人走到家门口。她看见她男人站住了,正要上前说话,却忽然不见了。

"唉,他是来为我引路的呀……"嫂子说这事的时候,神情恍恍惚惚,好像真的见到了她男人。

全家人听得目瞪口呆。"那是他大哥显灵了呀……"母亲说。母亲迷信,相信这是真的。

嫂子仍然沉浸在幻觉里,自言自语地说:"我看得清清楚楚,他就在我的前头走,怎么走到家门口就不见了呢?他应该进屋坐一坐呀……"

全家人都默不作声,只是唉声叹气。母亲背过身子悄悄擦泪。

彦涵依偎着母亲,望着目光呆滞的嫂子,心想,哥哥不是死了吗,嫂子怎么还会看到他?他想不明白。

嫂子看看家人,似乎从幻觉中醒过来,神情一下子变得痛苦不堪,喃喃地说道:"都是我命不好,都是我命不好哇……"说罢,放声大哭。

屋外,大雨滂沱,电闪雷鸣。

这天夜里,彦涵躺在床上好久睡不着,迷迷糊糊中,听见父亲和母亲在劝慰着嫂子。父亲说:"尼姑庵的日子太清苦了,还是还俗回来吧,反正还没有削发。"

母亲说:"家里虽然也苦,总可以说说心里话。"

嫂子翻来覆去只有一句话:"这是命,这都是命啊……"

接着是呜呜的哭声,声音很低,极悲伤又极压抑。嫂子的哭声和着外面的雨声,深深浸透在彦涵心里,多少年过去,还会时常在耳边响起。

第二天早晨,彦涵醒来后,发现嫂子不见了。母亲眼圈红红的,说是嫂子走了,一早走的,再也不回来了。彦涵一听,转身朝外追去,一直追到村外,追到蔷薇河边。嫂子已经坐摆渡到了河对岸,在朦胧的雾气里,正孤零零地往远处走着。

彦涵站在河边大声喊道:"嫂子——嫂子——"

嫂子回过头,呆呆地朝对岸望了一眼,又转身朝前走去,渐渐消失在雾气里。

"嫂子……"彦涵忍不住哭了。

从那以后,嫂子再也没有回来过。嫂子回到尼姑庵后,便削发受戒,永远留在了尼姑庵。

尼姑庵在海州城里。彦涵到海州城里上了师范附中以后,每回路过尼姑庵,都会不由地想到嫂子,都要朝尼姑庵大门里望一望,看看嫂子在不在。有好几次,他都走到了门口,想进去看看嫂子,又怕引起嫂子的伤心,犹豫再三,最终还是难过地离开了。

彦涵远远地望见了尼姑庵。夕阳西下,又小又破的尼姑庵,孤寂而凄凉。

他从尼姑庵的后面绕过来,只要拐过墙角,就是尼姑庵的大门了。想到马上就要见到嫂子,彦涵心里不由得咚咚直跳。他在墙角站住,强迫自己平静下来,又把想对嫂子说的话默背了一遍,这才朝前门走去。刚刚拐过墙角,却又突然站住了。

他看见了嫂子!虽然有好几年没见过嫂子了,虽然嫂子离他很远,但他还是一眼就认了出来——她的背影,她的步态。嫂子没有看见他。嫂子在尼姑庵门前那片空旷的野地里,正孤零零地挖野菜。

在看见嫂子的那一刹那,他真想大叫一声:嫂子!然后跑过去。可是不知为什么,他犹豫了,先前的勇气一下子跑光了。

他急忙退回到墙角,躲在后面偷偷地远望。嫂子比以前瘦多了,也老多了。她弯腰挖着野菜,动作有些呆滞。挖着挖着,忽然停住手,缓缓直起腰,木然地望着远处,一动不动。晚风掀动着她的衣角,暗红色的晚霞在她身上愈来愈重。她就那么一动不动地站着,望着,想着,好久好久。她一定又在想堂哥了。堂哥已经死了二十年,她还在想。嫂子就是在没有任何希望的苦想中,一天一天熬着,她已经熬了二十年,以后还要熬下去。

彦涵心里一阵阵发酸,一阵阵冲动。有好几次,他冲动得就要跑过去了。他有许多许多话要对嫂子说。他想说:嫂子,回家去吧,这里太苦了,家里人都很想你呀!他想说:嫂子,我明天就要去上海了,去学美术!还想说:嫂子,我一定要好好学,将来挣了钱,我来养活你,再也不能让你受苦了!

可是他忍住了，他怕嫂子伤心。他只能含着眼泪，远远地看着。

暮色越来越重，嫂子依然弯着腰，仰着头，一动不动地站在野地里，孤零零的身影单薄极了，仿佛一眨眼就会被暮色吞掉；几只乌鸦在她头上飞过，发出凄凉的叫声。

彦涵早已泪流满面。他不敢再看下去，抹着眼泪，从远处绕开了那片野地。他边走边回头，直到再也看不到嫂子的身影，才转身跑开。他跑到河边的一片小树林里，又朝尼姑庵的方向望了一眼，大叫了一声："嫂子！"便放声大哭。

十四年后，一九四九年夏天，彦涵回了一趟老家。他想把嫂子从尼姑庵里接出来。

母亲流泪告诉他，嫂子两年前已经去世了。母亲说，嫂子去世的前几年，经常一个人到堂哥的坟地去，跪在坟前祈祷、流泪。嫂子最后一次去坟地时，曾有人看见她抱着堂哥的墓碑，哭得死去活来，昏天黑地。从坟地回去以后，就病倒了，再也没有迈出过尼姑庵的门槛。没过多久，就死了，还不到五十岁。死的时候，家里人不知道，她身边没有一个亲人。后来彦涵的父亲去了，求人打了一口薄薄的棺材，把她埋了，就埋在堂哥的坟旁。

又过了三十多年，八十年代初，彦涵完成了木刻组画《嫂子》。

彦涵刻的时候，依然泪流满面。

四　陈佛生

彦涵的舅舅家在上海法国租界地，一幢三层小洋楼，独门独院。院内卵石铺路，两边种着花草。屋里铺着红漆地板，擦得一尘不染，古色古香的雕花红木家具，亮得能照见人影。屋里屋外，好几个用人进进出出,忙忙碌碌。打扫的,做饭的,养花的,皆有专人。

舅舅在上海开一家不算小的织袜厂,同时还有一些别的买卖。彦涵做梦也没有想到,自己家会有这么一门阔亲戚。

舅舅对他十分喜爱,吃饭时,不停地给他夹菜。还说,以后在上海读书,就住在家里吧。彦涵告诉舅舅,他不想报考上海艺专了,而是想去杭州,报考杭州国立艺专。

来上海之前,彦涵曾向王秉衡先生辞行,王先生向他介绍了几个艺术学校的情况。南方有上海、苏州、杭州三个艺术学校,上海和苏州是私立的,学费很高,杭州是国立的,师资雄厚,学费也低一些。他想报考杭州国立艺专,主要是考虑学费问题,不想给舅舅增添太多负担。

舅舅对于彦涵报考上海还是报考杭州,并不在意,说:"读书的事情我不懂,你自己决定好了。"

又说:"其实,人要想有出息,不一定非要上学不可,我一天学也没上过,连封信也写不了,还不照样发了财!"

彦涵有些奇怪。不久前,舅舅还给自己写过信呢,不仅字写得好,文辞也十分讲究,便问舅舅是怎么回事。

舅舅哈哈笑起来:"我哪里写得了信哪,那是你陈叔叔替我写的嘛!"

"陈叔叔?"

"噢,我的一位同乡,他叫陈佛生。"

舅舅告诉他,陈佛生和他是从小一起长大的,很早就离家出去读书,后来两个人在上海碰到了。现在就住在舅舅家里,帮他照看生意上的一些事。这几天陈佛生出去办事了,过些日子就回来。

"那可是个了不起的人哪,满肚子的学问。以后,你见了他,就知道了。"

舅舅说起陈佛生,脸上飞扬着敬佩的神采。彦涵很高兴,没想到舅舅还有这么一位有学问的朋友。

舅舅谈兴正浓,说:"你知道吗,你能上学,还多亏你陈叔叔呢!"

彦涵看看舅舅,不明白是什么意思。

舅舅说:"按我的意思,本来是想让你跟着我学做买卖的。你要是

27

1935年,彦涵在上海结识了舅舅的同乡陈佛生。陈佛生自称是生意人。几年后,彦涵才知道陈佛生的真实身份。

学做买卖,我有这方面的现成条件,可以多帮你一把。要是学画嘛,我就帮不了更多的忙了。再说,画画到底不是个正经营生。你来信说要学画,开始我是不大赞成的。后来你陈叔叔看了你的信,说,宝生是个读书的材料,还是让他上学去吧,将来会有出息的。要不是他劝我,我真想你去做买卖啦!"

原来是这样!彦涵很是感激这位没见过面的陈叔叔。

彦涵在上海住了两天之后,便坐上火车,去了杭州,参加杭州国立艺专的招生考试。

考试是画素描、画水彩和作文,都是他的强项。数天之后,一份录取通知书送到了他住的小旅馆。他捧着通知书,欣喜若狂,立刻写信向父母禀告。

离开学还有个把月,别的外地考生,大都住在旅馆里等着开学,彦涵舍不得花那个钱,尽管他住的是家小旅店,已经便宜得不能再便宜了。他坐上火车,返回了上海,仍旧住在舅舅家里。

就在这时候,他见到了陈佛生。陈佛生年近四十,风度儒雅,待人十分诚恳和善。确实如舅舅所说,是个很有学问的人,能诗善文,通晓史书,讲起历史典故,滔滔不绝。毛笔字也写得极好,舅舅的许多信柬,都由他代笔,而且,还下得一手好象棋。

陈佛生很喜欢彦涵,没事时,常和他一起聊天、下棋。他是个生意人,替舅舅跑买卖,他在上海没有家,所以住在舅舅家里。

彦涵发现，舅舅对陈佛生非常尊重，许多事都与他商量，几乎言听计从。两人经常关在三楼上舅舅的屋子里聊天，一聊就是好半天。他还发现，陈佛生整天都忙忙碌碌的，经常很晚很晚才回来。彦涵觉得这个生意人不一般，对他十分尊敬。

可是没过两天，他却和陈佛生吵了起来。

那天晚上，彦涵正在楼下的小屋里画画，陈佛生从楼上下来，一边看他画画，一边和他聊天。

"宝生，现在如果让你上别的学校，不学画画，不知你愿意不愿意？"

彦涵一愣，不明白什么意思。

陈佛生说："这个学校不收学费，管吃管住，每月还发给零用钱，三年毕业，出来保证有工作。"

"这是什么学校？"除了师范，彦涵还未听说过有这么好待遇的学校。

陈佛生迟疑了一下，说："听说过上海龙华警官学校吗？"

彦涵吃了一惊："警官学校？是培养警察的？"

"对，你愿意吗？"

彦涵当然不愿意，便推托说："我……我考不上。"

"你不用考，我会有办法让你进去的。"陈佛生说得很有把握。

彦涵愣了一下，支吾着："我……我已经考上杭州艺专了呀！"

"考上了也可以不去嘛。"

"可是……可是舅舅同意我去学画的呀！"

"我和你舅舅刚刚商量过，他也同意你去警官学校。"

彦涵顿时急了："这……这么说，你们已经决定让我去当警察了？"

"先别急嘛，这只是我的想法，去不去由你自己决定。"

"我不去！"

没等陈佛生把话说完，彦涵就把画笔啪地一摔，大声嚷道，"除了学画，我哪儿也不去！你们要是不同意的话，我可以回家！明天就走！"说着，真的就唏里咔嚓收拾东西。

陈佛生一见，急忙劝阻，彦涵却依然吵吵嚷嚷。

29

舅舅被惊动了,慌忙从楼上跑下来,见到这般情景,连忙劝道:"宝生,有话好好说嘛,吵嚷什么!陈叔叔是在和你商量,并没有让你非去不可嘛!快把东西放下!"彦涵这才停止吵闹。

舅舅看看陈佛生,无可奈何地说:"唉,算了吧,既然他不愿意,就别勉强了,还是让他去学画吧。"

陈佛生苦笑着摇摇头,随舅舅上楼去了。

彦涵听见陈佛生上楼时,对舅舅说:"没想到他的脾气这么火暴。"

这天夜里,彦涵躺在床上还在生气:陈叔叔对自己那么好,怎么会让自己去当警察呢?实在叫人想不通。

睡了一觉,第二天早晨,彦涵已经冷静下来,觉得昨晚未免有点无礼,见了陈佛生有些不好意思。

陈佛生却像什么事都没发生过一样,对他一如往常,只是再也不提警官学校的事了。

学校就要开学了。离开上海去杭州的头天晚上,彦涵正在屋里收拾东西,陈佛生来到他的房间。

陈佛生手里拎着一个用彩带包扎着的纸盒子。他把盒子放在彦涵面前,说:"宝生,你明天就要走了,这个算是我送给你的开学礼物吧。"

彦涵高兴地打开盒子,原来是几盒水彩和一套很高级的画笔,不禁喜出望外。

前几天,他在南京路上的大商店里,曾看到过一套画笔,和眼前的这套一模一样。当时喜欢得不得了,可是又觉得太贵,在柜台前来来回回转了好几圈,最终也没舍得买。

他再次感到那天晚上对陈叔叔的无礼了。

"陈叔叔,那天晚上,我对您实在太不礼貌,您可千万别生我的气。"

陈佛生听了,一笑:"也怪我没把事情说清楚。好了,过去的事情不再说了,希望你到了杭州好好学画,如果你愿意,以后我们可以多通信。"彦涵高兴地点点头。

陈佛生随手拿起桌上的一张画,端详着。那是彦涵的一张写生,画的是舅舅家幽静的庭院。

"宝生,"陈佛生忽然说道,"你就要走上艺术的道路了,可是你知道艺术的作用是什么吗?"

"艺术的作用?"

彦涵愣愣地看着陈佛生,半天回答不出,他第一次听说艺术还有作用,他不懂。

陈佛生笑笑,认真说道:"艺术,不光应该给人以美的观赏,还应该对社会进步起作用,帮助大众摆脱贫困。"

彦涵又是一副愣愣的样子。他又是第一次听到这样的话,虽然还不完全明白,但是帮助大众摆脱贫困,他很赞成。可是艺术怎么能帮助大众摆脱贫困呢?

他忽然想起,前几天在报上看到的一条消息,说是河南发了大水,何香凝在上海举办画展,卖画救济灾民,便说:"我学画学好了,将来也可以像何香凝那样,卖画救济灾民,救济穷人。"

陈佛生笑了:"你的想法很好,可是太简单了。"

"怎么是太简单了呢!"彦涵一副很认真的样子,"我用卖画得来的钱救济穷人,不就是帮助大众摆脱贫困吗?"

陈佛生笑笑,说:"这个问题,以后你也许会明白的。"

这年夏末,彦涵进了国立杭州艺专。杭州艺专是全国颇负盛名的艺术学府,尤以美术著称。校长林风眠是从法国留学回来的,其他教授中,有不少人都留学过欧洲,因此,欧洲的文艺思想对学校影响很大。各种思潮,各种流派,充溢着校园,为艺术而艺术的空气相当浓厚。

彦涵一进校园,便被这浓厚的艺术空气陶醉了。他从绘画系预科念起。预科是打基础的,三年,然后是大学本科。预科主要学习中西美术史论、素描、水彩、国画和油画。

1936年，彦涵在国立杭州艺专。

教素描和水彩的是从法国留学回来的方干民先生。

方先生在素描训练上强调体面，讲究单纯，在色彩方面则要求对比强烈。他要学生们整天画石膏，画了一年多，然后开始画裸体素描。这种严格的训练是枯燥的，但对培养学生的基本功却极有好处。许多年后，彦涵谈起这段时间的基本功训练，对方先生仍怀深深的感念之情。

基础课之外，预科学生每人可选学一门专业画种课。彦涵对中国画和油画都很喜欢，相比之下，更喜欢油画，觉得油画的表现力更丰富。但油画花钱多，油彩、画布都很贵，他买不起。思量再三，他选学了中国画。

他的国画老师是大名鼎鼎的潘天寿先生。在杭州艺专，国画似乎不大景气，学国画的学生不多，课堂上经常只有三五个学生，有时只有彦涵一个人。潘先生讲课十分认真，即使一个学生，也一丝不苟。每回走进教室，潘先生照例向他点点头，然后操着浓重的浙江口音开始讲课。

潘先生要学生从临摹《芥子园谱》入手，学画兰竹山水。因为学生少，潘先生有足够的时间进行辅导。学生做课堂练习时，潘先生就站在旁边很认真地看着，不时指点几句，有时还拿过笔来做示范。

彦涵每回画完，照例拿给潘先生看。潘先生看得很认真，看到他有微小的长进，脸上便会露出笑容，然后拿起笔来，在他的作业上题诗落款，加盖印章。这是潘先生对他所喜爱的学生，给予勉励的一种独特方式。

彦涵深知自己上学不易，学习格外用功，课余时间，很少上街，甚至没怎么看过电影。一是没钱，二是舍不得时间。他常常背上画夹,到西湖或是灵隐寺去写生,要不就关在宿舍里临摹古画。

转眼一年过去。

彦涵拿出一年来画的所有的画,从中挑选了几张自己最为满意的,寄往上海。他要向舅舅和陈叔叔汇报一下这一年的收获。

很快,陈佛生回信了。信上说了许多鼓励的话,信的末尾,写了两句对彦涵的希望:"希望你不要只画风花雪月,而要多绘沧海桑田。"彦涵把这两句话反复看了好多遍,始终不解其意。

五　国难当头的时候

1937年,抗战爆发前。

人的梦想会因环境的不同而改变。

进入杭州国立艺专之前,彦涵的梦想是当一名小学或是中学的美术老师,这既能改变家中贫困的现状,也可满足自己的兴趣爱好。

进入艺专以后,尤其是在开始接受法国艺术的启蒙教育之后,他的梦想渐渐发生了变化。巴黎是成千上万艺术学子的心中圣地,世界上几乎所有的绘画大师,都与巴黎有过不解之缘。林风眠、方干民也是从法国回来的。他梦想毕业之后,能到法国巴黎留学深造。

学画之余,他已经开始学习法语了。却没料到,抗战的爆发,改变了一切。

日军长驱直入,国土大片沦丧,杭州

33

1937年,抗战爆发,彦涵与艺专同学上街募捐,支援抗战。

已朝不保夕。一九三七年十一月中旬,杭州艺专的师生们在林风眠的带领下,仓促撤离,如逃难一般,搭船乘车,经浙江诸暨、江西贵溪,一路西迁,于三八年一月初,辗转到了湖南长沙。

彦涵后来人生道路的改变,正是从长沙悄然开始的。

来长沙之前,彦涵和罗工柳、杨筠、王文秋等同学,曾发起组织了抗日救亡宣传队,制作了队旗,还聘请方干民教授担任指导。到了长沙以后,他们扛着梯子,拎着颜料桶,整天在大街上画漫画,写标语,作演讲,进行抗战宣传。宣传队越搞越红火,一些教授也参加了进来。可是没多久,学校接到上面的指令,说是因感世态复杂,学生不得进行宣传活动,以免误入歧途。宣传队被勒令解散。

苦闷与茫然中,彦涵走进了生活书店。在这里,他看到了一些过去从未看到过的书:苏联小说《铁流》、《毁灭》、《母亲》,还有《钢铁是怎样炼成的》。他拿起《钢铁是怎样炼成的》翻了翻,立刻被吸引住了,咬咬牙,买了一本。这本书只有上半部,下半部还没有出版。他知道这种书属于"禁书",只能偷偷看。

一连几个夜晚,他躺在四面透着冷风的校舍里,把被子蒙在头上,再掀开一个角,借着微弱的光线,偷偷地读着,读得热血沸腾。他感到了从未有过的振奋,也产生出从未有过的思索。他向往保尔所经历的战斗生活,渴望走上保尔那样的道路。

接着,又看了《母亲》,看了《大众哲学》,还看了共产党的《新华日报》。这些书和报纸,不断给他的思想带来新的变化。

国难当头,匹夫有责。他渴望能用满腔的热血,报效灾难深重的祖国。可是,怎样报效,又到哪里报效?

一天下午,大学同学卢鸿基突然来找他,悄悄告诉他说,明天下午,徐特立有个演讲会,希望他去听一听。

彦涵问:"徐特立是谁?"

卢鸿基说:"共产党的元老,八路军驻湘办事处的代表。"

第二天下午,彦涵早早去了。会场是在长沙一所中学的一间大教室里。进去的时候,里面已经挤满人,几乎全是青年学生,哪个学校的都有。他看到了卢鸿基,同时发现罗工柳、杨筠、王文秋等同学也来了。

那时,彦涵对于共产党还相当陌生,还带有几分好奇。他挤到教室的最前排,座位离徐特立很近。他要看看共产党是怎样一种人。

原来是个身材矮小的小老头,鬓发斑白,胡子稀疏,门牙还掉了两个,穿一身灰布棉军装,腰里勒一根皮带,脚下穿着普通士兵的皮鞋,看上去就像个军中老伙夫。

可是,就是这个看似伙夫的老人,讲起话来却慷慨激昂,生动有趣,一开口,就把年轻人抓住了:"对于日本帝国主义,想和平是不可能的,绝对不可能的!唯有从抗战中求得解放,才是我们真正的活路。这是整个中国的活路,也是我们每个人的活路!"

老人讲的是湖南话,彦涵不能完全听懂,但主要的内容还是听明白了。他讲了八路军,讲了八路军在华北的抗战,讲了平型关大战,讲了领导八路军的共产党,最后,讲了延安。

徐特立为青年学生们描绘了一个崭新的世界。在那个世界里，聚集着成千上万的爱国志士、优秀青年，他们一边学习工作，一边战斗生产；那里没有剥削，没有压迫，人与人之间是平等友爱的同志关系；那里没有"恐日的软骨病"，没有"光说不练的嘴把式"，人民被真正地组织起来了，勇敢顽强，团结一致，为抗战贡献着自己的一切；那里的生活是艰苦的，但人们的精神却是富有的，乐观、向上。总之，那是一个充满光明、充满进步、充满希望的世界。

彦涵被这个世界一下子吸引住了。对比着国民党政府的腐败无能，军队的节节败退，延安让他看到了希望。

徐特立挥着手臂，向青年学生们发出热情的召唤："革命需要你们青年，抗战需要你们青年！欢迎你们到延安去！"就在那一刻，彦涵产生了要去延安的念头。

长沙面临敌人轰炸的危险，杭州艺专再次向西迁移。一九三八年二月，师生们在湘西沅陵的老鸦溪落下了脚，并与南迁到这里的北平艺专合并。

老鸦溪坐落在沅江边上，山清水秀，林木葱翠，战火一时还没有蔓延到这里，偏远安宁，很有一些世外桃源的味道。

学校在江边上包了旅馆的几所竹楼，勉勉强强开了课。然而，这里的一切好像与抗战无关。画的依然是湘西风情、沅江景色、人体模特。彦涵觉得，民族正遭蹂躏，国家危在旦夕，自己却躲在这世外桃源，画风景，读死书，实在没什么意思。

不久，他发现卢鸿基、罗工柳和杨筠等同学，都悄悄离开了学校，不知去了什么地方。

他又一次动了去延安的念头。可是怎样才能去延安，找谁联系，他不知道，又找不到可以商量的人，心里十分苦闷。

一天，王文秋突然来到竹楼找他，约他到江边去一趟，说有事情商量，样子很神秘。卢鸿基他们走后，与彦涵最能谈得来，而思想又很接近的同学，就是王文秋了。王文秋是大家闺秀，性格内向，平时少言寡

1938年，杭州艺专西迁至湖南沅陵，与北平艺专合并，引起学潮。彦涵当选学生会主席，将学潮引导到抗战洪流中。前排左四为彦涵。

语,心里却很有主意。

彦涵跟着王文秋,来到沅江边上。坐下之后,王文秋从衣袋里掏出一封信,递给他说:"杨筠来信了。"

信是写给王文秋的,杨筠和王文秋是最要好的朋友。杨筠在信上说,她和罗工柳已经从武汉到了延安,准备进鲁艺学习,她希望王文秋也到延安来。信中还附了一份延安鲁艺的招生简章。

彦涵看罢,极其兴奋:"原来他们去了延安哪!"

"你觉得怎么样?"王文秋问他。

彦涵回答很干脆:"一、离开学校,投身抗日。二、到延安去,去延安鲁艺。"

王文秋也很干脆:"那好,我们一起走。"

"什么时候走?怎么走?"

"这个你不用管了,我来负责找人联系。"

"找谁?"

"找卢鸿基。他现在在武汉三厅,他会有办法的。"

"那好,我等你的消息。"

回到校舍,彦涵立刻给上海的舅舅写了一封信,向舅舅禀告了要去延安的事,并请舅舅尽快寄一笔路费来。

约摸过了半个月,舅舅的汇款到了,五十块钱。对他要去延安的事,却只字未提,估计并不赞成。

接到舅舅汇款的第二天,王文秋又来找彦涵。从她脸上喜悦的表情上看,彦涵已经猜到卢鸿基有消息了。果然,来到江边后,王文秋掏出一张纸条递给他,说:"卢鸿基回电报了!"

彦涵连忙打开,上面只有四个字:轻装速来!他兴奋不已。这就是说,去延安没问题了。

两个人当即商量决定,尽快动身,越早越好,明天就过江去买汽车票,先去长沙,再转往武汉。

彦涵想多一些同学一起走,多去一个同学,就多一份抗战力量。他想到了同班同学陈角榆。陈角榆是回国华侨,为人正直,心地善良,和彦涵是很要好的朋友。彦涵估计陈角榆会去延安的,便把这件事悄悄告诉了他。果然,陈角榆一听,马上说:"我也跟你们一起去!"

七月初,彦涵和王文秋、陈角榆到了武汉,一下火车,便直奔昙华林,去找卢鸿基。

卢鸿基已经在武汉三厅工作了,搞抗战美术宣传。正是"七七"抗战周年前夕,三厅忙着准备纪念活动。卢鸿基让他们先住下来,等忙过这一阵,就帮他们联系去延安的事。王文秋住在三厅的招待所,彦涵和陈角榆住进了昙华林客栈。

从沅陵经长沙到武汉,一路吃住行,舅舅寄来的五十元钱已经所剩不多,下一步要去延安,路费肯定不够。所以住下之后,彦涵马上给上海写信,写给上海的另一个舅舅。

彦涵在上海有两个舅舅。资助他读书的是二舅,名叫颜秀五,另一个是四舅,名叫颜一山。二舅在上海开袜厂,生产出来的袜子主要在河南许昌一带销售,四舅就在许昌替二舅收账。

路费的事,彦涵不好意思再向二舅开口,只好求助于四舅了。他在信里告诉四舅说,他准备由武汉经西安去延安,希望能尽快寄些路费来。

他相信四舅一定会解囊相助。因为母亲与四舅有着特殊的感情关系。彦涵的姥姥去世时,四舅刚会走路,全靠姐姐,也就是彦涵的母亲,用米汤一勺一勺喂大。彦涵的母亲把四舅一直带到十七岁,直到他离家去上海谋生,姐弟俩情同母子一般。因为有了这层特殊的关系,四舅对彦涵也就格外地喜爱,偶尔也会寄钱给他。也算是他对姐姐的间接回报。

没几天,四舅的回信就到了。彦涵喜出望外,拆开一看,却不禁呆住。

四舅几乎是用命令的口气说:哪儿也不许去,老老实实待在武汉,别动!四舅说,过几天,他会专程从许昌赶到武汉,然后带他经香港回上海,让他到上海继续上学,或者是找个工作。还说,如果彦涵愿意,他可以出钱,送他到法国去留学。总之,就是不许去延安。

四舅怕他不辞而别,一分钱也没寄给他。

彦涵心里一阵烦乱。他没想到四舅对他要去延安一事,反应如此强烈,并煞费苦心为他谋划出路。他知道,四舅列出的这几条都是出自真心,也是四舅可以办得到的,但是,国难当头,他已不再考虑这些了。他去延安的决心已定,谁也改变不了。

没钱不要紧,他可以当衣服、当行李。眼下最要紧的是,赶快离开武汉。说走就走,越快越好,不然,四舅来了,肯定会有一场麻烦。当然,四舅到了武汉,找不到他,一定会大发雷霆,那也只好对不起了。

这样决定之后,彦涵马上去找陈角榆和王文秋,商量何时启程。陈角榆却不在,一早就出去了。

彦涵又匆匆赶到三厅招待所,去找王文秋。王文秋却病倒了,正在发烧,已经躺好几天了。

"你看看我这样子,恐怕……现在走不了……"

彦涵看着身体虚弱的王文秋,暗暗发愁。病成这个样子,确实没法走,如果勉强启程,路上那么辛苦,病情肯定会加重。

王文秋和他商量说:"要不,再过些日子,等我病好了,我们再一起走。"

这当然好,可是彦涵等不及了,也许明天或是后天,四舅就会赶到武汉来。另外,他身上也没什么钱了,再在武汉住下去,店钱恐怕也交不起了。

彦涵想了想,说:"这样吧,你先安心养病,等病好了再走。好在武汉有卢鸿基,有什么事他可以帮忙。我和陈角榆先走,你看怎么样?"

王文秋说:"只能这样了。"

又说:"去延安的事,卢鸿基正在和八路军办事处联系,明天就会有结果,你明天再来一趟吧。"

彦涵又匆匆回到昙华林客栈,想和陈角榆商量立即启程的事。陈角榆仍然不在,足足等了一下午,也不见他人影。彦涵急得要命,心想,这家伙每天早出晚归往外跑,都忙些什么呢?

终于,吃晚饭的时候,陈角榆兴致勃勃地回来了。彦涵立刻把他舅舅要来武汉,王文秋病倒的事说了一遍,希望陈角榆能和他一起尽早动身。

"这……这,这太突然了。"陈角榆有些支支吾吾。"这有什么突然?"彦涵有些奇怪,"我们在武汉等了这么多天,不就是为了去延安吗?"

"可是……我在武汉还有事没办完,现在走不了呀。"陈角榆表情有些不自然。

彦涵更奇怪了:"你在武汉有什么事?"

"我……"

陈角榆支吾了半天,终于说了实话,有人给他找了工作,他想留在武汉。

彦涵心里很生气,这么大的事,怎么能说变就变,而且事先一点招呼都不打。又一想,人各有志,不能强求,他忍住了火气。

陈角榆说:"其实,在武汉也可以抗战……要不……我们一起留下来?"

"不,要留你留,我不留!"

彦涵转身走出客栈,在街上毫无目的地走着。他心里很乱。他没有想到,在武汉停留了这些天,出了这么多麻烦,当初三个人一起出发,现在却只剩下他一个人了。一个人去延安,身上无钱,路途遥远,还有一道道国民党军队的封锁线,困难和危险可想而知。怎么办?去还是不去?

现在,面前有四条路供他选择:一是按着原计划去延安;二是留在武汉找工作;三是回杭州艺专,继续学画;四是跟四舅回上海,然后出国留学。他在街上走了很久,想了很久,最后还是不改当初:去延安!一个人也要去延安!

第二天,他再次来到三厅招待所。王文秋拿出一封信,交给了彦涵,说:"这是卢鸿基让我交给你的,明天,你拿着这封信到八路军办事处去办手续吧。卢鸿基替你找好了人,陪你一起去。"

彦涵打开信一看,是写给八路军驻武汉办事处的,介绍他去延安,请办事处的同志尽快办理。再看介绍人的签名,竟是徐特立!

第二天一早,彦涵拿着这封介绍信,乘船过江,到了八路军驻武汉办事处。陪他去的是位女士,后来知道,是力群的爱人刘平度。一位秘书热情地接待了他。卢鸿基事先已经把彦涵的情况向办事处做了介绍,秘书一见面,就笑着握住了他的手,说道:"欢迎你到延安去!革命需要各方面的人才,也需要搞艺术的人才呀!"

秘书从抽屉里拿出一封事先写好的信,交给彦涵,是给延安鲁艺副院长沙可夫的介绍信。秘书让他到延安以后,拿着介绍信,直接到鲁艺报到。

办完了手续,秘书说:"你一个人走不安全,还是等一等吧,有了伴儿一起走。"彦涵心急如火,说:"没关系,我想还是早点走。"

秘书说:"等不了几天,这里经常有人去延安。你先回去吧,明天或者后天你再来一趟,看看有没有去延安的。"

事情就是那么巧,彦涵离开接待室,下楼梯的时候,正好迎面有人上楼,两个人的目光一对,都禁不住惊喜地叫起来:

"刘宝森!"

"杜芬!"

杜芬是杭州艺专的一位男同学,绘画系预科的,比彦涵低一年级。

"你怎么在这里?"杜芬问。

"我要去延安,刚办完手续。你呢?"

"嘿呀,真巧!我也是来办手续的。"

彦涵顿时喜出望外,话也顾不上说,一把拉起杜芬的手,返身噔噔噔地上了楼,对秘书说道:

"我有伴儿了,我们明天一起走!"

六　走路去延安

从武汉到西安,彦涵和杜芬乘坐着火车,一路上为躲避日机的追逐、轰炸,走走停停,停停走走,最后总算到达。

两人下了火车,先奔七贤庄,在西安八路军办事处办理了转接手续,然后在一家小旅店里住下来,准备第二天启程去延安。

从西安到延安,全程八百里,不通火车,得坐汽车。彦涵身上只剩下六块钱,杜芬更惨,身无分文。这六块钱,不要说坐汽车,就是吃饭、住店也不够。

思来想去,只能当东西。彦涵只留下被子和一些书籍,把秋冬季穿的衣服,连同皮箱,统统送进了当铺。皮箱是他上杭州艺专时,二舅特意买了送给他的。

杜芬除了几件换洗的衣服外,再就没什么可当的了。他离开学校的时候,想法浪漫而天真,既然是去革命,带着行李太累赘,所以几乎是赤手空拳跑出来的,连被子也没带。

当铺老板看了看他们递上来的一堆东西,摸出三块钱,扔到柜台上。

"三块钱?这么多东西才三块钱?"彦涵有些急了,"你仔细看看,这皮箱都是上等好皮子做的,光皮箱也不止三块钱哪!"

"要当,就三块,嫌少,请拿回。"当铺老板乘人之难,狠狠杀价。彦涵毫无办法,咽了咽气,拿起那三块钱。

"请看看这个。"杜芬从兜里掏出一支口琴,放在柜台上。

杜芬是学画的,画画的水平一般,但口琴吹得特别好,在杭州艺专颇有一点名气。彦涵经常看见,他在黄昏的时候,依靠在宿舍的窗台上,忘情地吹口琴,一边吹,还一边用脚打着节拍。

老板拿起口琴看看,见是外国货,正要开口给价,彦涵一把夺回口琴,塞到杜芬手里:"留着,路上好吹!"拉起杜芬就往外走。

三块,加上原来的六块,一共九块钱,还是坐不起汽车。杜芬发愁地问彦涵:"怎么办?"

"走路!走路去延安!"

"走路去?八百里路,要走多少天哪?"

"人家红军为了北上抗日,整整走了十个月,走了两万五千里,我们走八百里算什么!"

杜芬被鼓动起来,说:"好,走路去延安!"

43

走路去延安,说说容易,真要走起来,可没那么简单。上路的第一天,两个人就尝到了长途跋涉的滋味。

七月酷暑,烈日悬空,光秃秃的黄土路面被烤得发烫,一走一冒烟,人也被烤得头昏脑涨。由于路上人家稀少,走上一二十里路,也喝不上一口水,嗓子像是着了火。但是两个人的情绪,还是十分高涨。一路上,两个人有说有笑,休息的时候,彦涵会兴致勃勃地画上一阵速写,杜芬还掏出口琴,吹上一阵。

第一天下来,差不多走了七八十里路,照这个速度,十天就可以到达延安。两个人都很高兴。

第二天,情况出现了一点变化。经过一夜的歇息,两个人浑身酸痛,走起路来一瘸一拐,速度也慢下来。到了下午,杜芬的情绪显得有些低落,琴也不吹了,一下午都没怎么说话。两个人脸上晒暴了皮,脚底也磨出了泡。

晚上,没找到旅店,住在老乡家又腥又臭的驴棚里。两个人躺在草料槽下,听着毛驴嚓嚓的吃草声,和哗哗的撒尿声,翻来覆去,一夜没睡好。彦涵听见杜芬在唉声叹气。

第三天一上路,杜芬就叫苦叫累,磨磨蹭蹭,走了没多远,一屁股坐在地上,不走了。

"怎么啦?走不动了?"彦涵问。

杜芬愁眉苦脸,半天才吞吞吐吐地说:"宝森,昨天,我考虑了一夜,我想……我们还是回去吧……"

"回哪儿去?"

"回沅陵去,回到学校继续上学。"

"延安不去了?"

"我不是不想去,我实在是走不动了,整天这么走路,哪一天才能走到?"

彦涵半天没说话。出发前,对于途中可能碰到的困难,路远、天热、疲惫、饥渴、没钱、国民党哨兵的盘查,甚至被扣留,等等等等,他都想到了,却偏偏没想到杜芬会动摇。他挺生气。这么点儿苦都吃不了,还革什么命,抗什么战!又一想,也难怪,杜芬生长在小康人家,没吃过苦,头一回走这么远的路,不要说杜芬,自己也得咬着牙,才能坚持下来。

他耐着性子,给杜芬讲道理。说,要革命就不能怕吃苦,将来遇到的苦比现在多着呢,现在正好是磨练的机会。又说,你回哪儿去?回到哪里也不安宁,抗战不胜利就没有个人前途。现在,我们别无出路,无论如何也要坚持走下去,坚持到底就是胜利!

讲了半天,杜芬却一点儿听不进去,摆出一大堆理由和彦涵辩论。

"回到后方也一样革命嘛!"杜芬振振有词。

"你回后方是因为你怕苦,怕苦到哪里也革不了命!"彦涵一针见血。

杜芬说不过他,干脆说:"反正延安我是不去了,要去你一个人去好了,我现在就回去。"说着拎起背包,真的就往回走了。

彦涵火了,追上去,一把夺过杜芬的背包,说:"我不许你回去!走,跟我往回走!"

杜芬索性坐在地上,说:"背包我不要了,我就是沿路讨饭也能回去!"

彦涵更气了,指着杜芬大声说:"告诉你杜芬,我就是不让你回去,我就是拖,也要把你拖到延安去!"说着,把杜芬的背包往身后一背,腾出两只手,真的就去上前拖他。

杜芬没想到彦涵会来这一手,他是广东人,又小又瘦,哪里拗得过又高又大的彦涵?只好唉叹一声,嚷着:"我自己会走!"跟在后面乖乖走了。

又走了一天,走到耀县的时候,突然遇上一场大暴雨。旷野上无遮无盖,找不到避雨的地方,两个人在暴雨中磕磕绊绊,走了大半天,直到天黑,才找到一户人家住下来。

当天夜里,杜芬病倒了,发起高烧,烧得满脸通红。彦涵一夜没睡,守在杜芬身边,不停地往他额头上敷湿毛巾。可是不管用,杜芬的额头仍烫得吓人。天一亮,彦涵便急忙跑到镇子上,卖了仅剩的一件衣服,请来了一位老中医。老中医说,是感冒,发发汗就会好,留下一服药,走了。

彦涵赶紧烧火熬药,一匙一匙给杜芬喂下去,又请房东做了一大碗面条,趁热喂给杜芬吃了。晚上,杜芬出了一身大汗,烧退了。彦涵这才松了一口气。

杜芬高烧刚退,有些弱不禁风。彦涵本想让他休息一天再走,可是多耽搁一天,就得多花一天的饭钱和店钱,他身上只剩下几块钱了,顶多还够维持两三天的,而后面还有四五天呢。所以杜芬退烧的第二天,两人又上路了。

杜芬身体非常虚弱,走起路来摇摇晃晃,彦涵背着两个人的全部东西,搀扶着杜芬,一步一步往前挪。此时,彦涵也已精疲力竭,又搀着个病人,每走一步都很艰难。

一路上,杜芬仍叫苦不迭,嚷嚷要回去。彦涵心里清楚,杜芬只是嚷嚷而已,就凭他那个虚弱的身体,身上又无分文,让他回去他也回不去。

又走了两天,钱快花光了,吃饭已经成了最大的问题。考虑到还有几天的路程,两个人每顿只敢吃半饱。由于腹中无食,体力不支,两个人走起路来摇摇晃晃,不得不拄起了树棍。

彦涵准备卖掉被子,这是唯一可卖的东西了。他已经做好准备,只要能到延安,就是光着身子睡驴棚,也心甘情愿。

真是天无绝人之路,就在彦涵要卖被子的那天,路上的情况发生了变化:国民党军队的哨卡不见了,取而代之的是八路军兵站。原来他们已经进入了洛川,从洛川以后,就是八路军控制的地区了。

八路军兵站主要负责过往八路军人员的食宿,同时也接待去延安的青年学生,吃住都不要钱。这下解决了大问题,彦涵悬了多日的心踏实了下来。杜芬的体力和情绪也渐渐恢复,悠扬的口琴声又在黄土路上飘荡起来。

过了洛川是鄜县,鄜县八路军兵站没有招待所,兵站管理员把他俩安排在一个骡马大车店里住下。就在这个大车店,发生了一个小插曲。

大车店的房间很大,一溜土炕上睡二十多人,大都是赶牲灵和跑买卖的。刚住下,一个脸色又黄又瘦的汉子走进来,用满口的山西话搭讪着:"二位兄弟要去哪呀?"

因为是在八路军的地盘上,用不着保密了,所以彦涵说:"我们要到延安去。"瘦黄脸凑到跟前,低声说:"延安离这里还远着呢,你们要抗日,不一定非要去延安不可,其他地方也一样嘛!"

杜芬说:"我们是到延安学艺术的。"

瘦黄脸说:"既然要学艺术,以兄弟之见,莫不如去山西大学,那里条件好,吃穿不花钱,过了黄河就是。只要你们愿意去,路上的一切花销兄弟我包了。也用不着你们走路,我可以雇上两头毛驴,驮着你们走。"

彦涵觉得有点奇怪,就问:"你说的那个山西大学,是哪里领导的?"

"山西大学嘛,当然归阎锡山长官领导啦。"

彦涵说:"谢谢你,除了延安,我们哪儿也不去。"

"哎,现在抗日了,各党各派都联合了,阎长官有钱有势……"

彦涵转过脸,不想再听。瘦黄脸仍不死心:"二位兄弟再好好考虑考虑,考虑好了可以找我,我就住在隔壁。"

这时,兵站的管理员走进来,瘦黄脸慌忙站起来,嘻嘻一笑。管理员没理他,瘦黄脸闹了个没趣儿,哼着梆子出去了。

"这是个什么人?"彦涵问管理员。

"这家伙是给阎锡山干事的,专在路上拉骗青年学生。"

第二天一早,彦涵和杜芬又上路了。走出不远,三个骑毛驴的人从后面赶了上来。前面是瘦黄脸,后面是一男一女两个青年学生。

瘦黄脸从他俩身边经过时,嘻嘻一笑:"二位兄弟,怎么样?跟我们一起走吧,我可以替你们雇毛驴,哈哈哈……"彦涵和杜芬理也不理他,继续向前赶路。

从西安出发的第十一天的下午,彦涵和杜芬终于走到了延安。两个人在西北旅舍安排好住处后,便匆匆去鲁艺报到。

正走着,迎面看见一个青年学生模样的人,仔细一看,竟是罗工柳!罗工柳一个多月前就到延安了,已经进了鲁艺美术系,正等着八月份开学。听说他们要去鲁艺报到,罗工柳非常高兴,马上说:"走,我带你们去!"

47

在一间窑洞里，一脸和气的沙可夫，从桌子后面站起身，热情地伸出手："欢迎欢迎，欢迎同学们到鲁艺来！"彦涵连忙掏出武汉八路军办事处的介绍信，交给沙可夫。

沙可夫看完信，向彦涵和杜芬介绍了一下鲁艺的情况。鲁艺是一九三八年四月份才建立的，是一所综合性的艺术学校，分戏剧、音乐、美术、文学四个系。学制分三个阶段进行。第一阶段，先学习三个月；第二阶段，到抗日根据地和部队实习，也是三个月；第三阶段，再回到鲁艺学习三个月，前后共九个月。所学课程，除专业外，主要是政治理论和文艺理论。

沙可夫说："你们来得正好，鲁艺第一期已经结束，第二期再有两天就开学了。你们参加第二期的美术系吧。"

从沙可夫那里出来，彦涵和杜芬回到西北旅舍。十多天来，两人没有睡过一个安稳觉，现在终于可以舒舒服服地睡上一觉了。这一睡就睡到了大天亮。

起床后，院子里有人喊："开饭了，开饭了！"屋子里的其他人就去饭堂里吃饭。经过一夜的歇息，他俩感到饿极了，正想去饭堂，却发现，别人去吃饭时手里都拿着饭票，心里就嘀咕，怎么没人给我们送饭票呢？他们以为，到了延安，就像到了八路军兵站一样，随便什么地方都可以吃，可以住，不用花钱，饭票会有管理员送来。

等了半天，别人吃饭都回来了，仍不见有人给他们送饭票。一问才明白，旅舍和兵站不一样，吃饭要买饭票，住宿要交店钱。

这下，两人傻眼了。他们早已身无分文，别说交店钱，眼下这顿饭也没了着落。两人就在屋里干坐着，不知如何是好。

忽然，彦涵听见院子里有人说话，其中一个是家乡口音，听着十分耳熟。他不由得站起身，走到窗前朝外看去。院子里，几个青年学生，正围着一个身穿八路军军服的人在说话，说得很热烈。讲家乡话的正是那位八路军。

当彦涵看清他脸的时候，惊讶得几乎呆住了。嗨呀！这不是陈佛生叔叔吗？不，看错了吧，怎么会呢？陈叔叔是个生意人，怎么可能在延安呢？而且穿着军服。可是，仔细看看，确实很像啊，个头儿、年纪、长相、神态，以及说话的声音，一切一切，都很像陈叔叔。

彦涵立刻跑出去，跑到院子里，站在那群人的旁边，把那位八路军又仔细打量了一下。没错，就是陈叔叔！于是上前试探着问：

"请问，您是不是……陈佛生叔叔？"

那位八路军愣了一下："我是陈佛生，你是……"

"陈叔叔！我是宝生，刘宝森啊！"

"宝生？"陈佛生打量着彦涵，"哎呀，真的是你！"一把抱住彦涵，"三年不见，我都认不出来啦！走走走，到我屋里去。"

又对那几个青年学生说："我们以后再聊，我来了个小老乡！"说着，热情地把彦涵拉到房间里。

"你怎么会在这里？"坐下后，陈佛生问。

"陈叔叔，我现在已经参加革命了，进了延安鲁艺，过几天就要开学了。"彦涵就把为何来延安的想法说了一遍。

陈佛生非常高兴，说："我就知道，你早晚会走上这条路的。刚才我和那几个青年学生聊天的时候，还想到了你，心想，那个宝生现在在哪儿呢？没想到，想着想着，你真就来了！"

"我也没有想到，会在这里碰见您！"彦涵又是兴奋，又是奇怪，"陈叔叔，你不是在上海做生意吗，怎么也……"

陈佛生哈哈笑起来："我哪里是什么做生意的，那不过是个掩护手段，我也是搞革命的嘛！"

"原来您是……"

"我是从事地下工作的老共产党啊！"

陈佛生年轻时离家读书，早年加入共产党，一直从事地下工作。三十年代初，被派到上海，利用同乡关系，住在彦涵的二舅家，以做生意为掩护，搞兵运工作。后来离开上海到了西安，在国民党西北军里从事革命活动。抗战爆发后，到了西安八路军办事处。现在，被调回延安党校学习。

彦涵忽然想起一件事，问道："陈叔叔，有件事情我一直不大明白，当年,您为什么要让我去龙华警官学校呢?"

陈佛生笑了,说:"那是想让你打入警察内部,为党做地下工作嘛。不过当时你对共产党还不了解,我不好把事情讲明,结果你大耍了一顿脾气。"

彦涵恍然大悟,说:"如果我知道是这样,也许我会去的。"

陈佛生笑了:"革命工作是多方面的,搞艺术也是很重要的革命工作嘛。"

聊了一会儿,陈佛生忽然说:"哎,你还没吃饭吧?走,先吃饭去。"

彦涵不好意思地说:"我们……没钱了,还没买饭票呢。"

"怎么不早说,我这里有。"

陈佛生一下子给了他七八张饭票,"快去叫上你的同学,一起吃饭去。"彦涵拿着一把饭票,兴高采烈地回房间去叫杜芬吃饭。

一进门,发现满屋子都是人。细一看,竟然都是杭州艺专的老同学,有罗工柳、杨筠、黄薇、张晓菲,这些同学都是先到延安的,也进了鲁艺美术系。他们听说彦涵和杜芬来了,就一大早从鲁艺跑来看望他俩。

热闹了一阵之后,罗工柳对彦涵、杜芬说:"哎,我们几个还没吃早饭呢,你们俩刚从后方来,有钱,应该请客!"

其他人就跟着起哄说:"请客请客,让他俩请客,请我们吃肉!"

彦涵晃动着手里的饭票,说:"好好好,我请客,让你们好好解解馋!"

到了饭堂,彦涵把手里的饭票全都交给了服务员,说:"所有的饭票,全部吃光!"

这顿饭又是鸡又是肉,吃得大家满嘴油光光,边吃边聊,说,好久没吃过这么好的饭了。饭后,罗工柳他们说说笑笑回去了。

中午开饭时,又没饭票了,彦涵只好再去找陈佛生。

"怎么,一顿全吃光了?我给你的是两三天的饭票啊。"

"我全给请客了。"彦涵不好意思地说。

陈佛生又给了他几张饭票,笑着说:"这里你们可住不起,赶紧搬到鲁艺去住吧。"

搬家得先结账,可他没钱结账,他不好意思再向陈佛生开口了,硬着头皮跑到鲁艺,向沙可夫说明了情况。

沙可夫笑眯眯地说:"西北旅舍?你们可真敢住,那可是延安最高级的旅店呀。"然后写了个条子,让他到会计那里领一块钱,赶快结账、搬家。

下午,彦涵和杜芬拎着行李,从西北旅舍搬往北门外的鲁艺宿舍。走到半路上,竟意外地碰见了王文秋和陈角榆!他俩是坐汽车来的,三天就到了。两人刚下汽车,脸还没来得及洗,正要去鲁艺报到。真是巧事连连。

彦涵说:"太好啦,你们到底还是都来了!"

陈角榆不好意思地说:"想来想去,还是来延安的好。"

陈角榆后来表现十分出色,解放战争中在一个骑兵团里当政委,屡建战功,解放后曾任广东茂名市第一任市长。这是后话。

当天下午,四个人搬到了鲁艺。新的生活,由此开始。

七　到前方去

彦涵的木刻生涯,是从鲁艺开始的。

鲁艺美术系只有两个画种:木刻和漫画,而在这两个画种中,又以木刻为主。在延安,由于敌人的封锁,画画用的笔墨纸砚、油彩、画布很难运进来,这就使得油画、国画乃至水彩画,都受到极大限制。相比之下,木刻所需的木板、刻刀、油墨、纸张,延安基本上都能解决,加上木刻印刷简便,一次可以印好多张,可以像锌版或铜版那样,直接印在报刊上,木刻便成了延安美术界的宠儿。一些原先搞油画或国画的美术家,也纷纷拿起了刻刀,鲁艺美术系的大部分学员,更是把木刻作为自己的必修课。

木刻在延安盛行还有一个原因,就是鲁艺美术系的教员大都是三

木刻组画《生活》：在鲁艺 1983年

十年代的上海左翼木刻家，如沃渣、胡一川、马达、江丰、陈铁耕等人。他们也是中国第一代新兴木刻家，曾在鲁迅先生的指导和帮助下，创作过不少反映劳苦大众现实生活的木刻作品。抗战爆发后，他们陆续来到延安，也把新兴木刻带到了延安。

进入鲁艺，彦涵很快就喜欢上了木刻。木刻简洁、刚健，有股浓烈的战斗气息。这正好符合他的性格与气质。他从系主任沃渣那里领来了几把刻刀和几块木板，学起了木刻。

快毕业的时候，沃渣主任要学员们每人刻一张毕业作，内容自选。

彦涵躲在北门外的一座寺庙里，在深秋的瑟瑟寒风中，穿着唯一的一件单衣，从清晨一直刻到中午，完成了他平生的第一张木刻作品——马克思头像。马克思的头像，大胡子，特征明显，容易刻得像。

毕业了，学员们面临着工作分配。在延安举行的六届六中全会刚刚开完，中央号召干部到抗日前方去，开辟和发展抗日根据地。

一二〇师师长贺龙将军也来延安参加了中央全会，在返回晋西北之前，应鲁艺的邀请，在抗大的礼堂里，给学员们作了一次报告。

贺龙向学员们发出热情的召唤："鲁艺的同学们，欢迎你们到前方来，前方需要你们！前方的材料实在丰富得很、生动得很哪,四面八方都是材料,你们要搞艺术创作,那里是大有用武之地的!"听得大家热血沸腾。

听完报告回来后,彦涵立即向领导写了申请,要求到前方去。许多同学也纷纷报名。

很快,分配到前方的人员名单公布了。许多同学都被批准了:罗工柳、杨筠、王文秋、杜芬、陈角榆……有的去太行山,有的去晋察冀。

却没有彦涵。怎么回事?是不是把他漏掉了?他急急去问领导。

领导说:"怎么会漏掉呢,不让你去前方是想把你留在延安,另有任务。"

"什么任务?"

"留你在美术系里当干事。"

彦涵很失望。他喜欢轰轰烈烈的战斗生活,渴望横刀立马,驰骋疆场,杀敌报国。便说:"我是党员,我应该到最艰苦的地方去,到前方去。"

此时,他刚刚入党。和他一起入党的还有罗工柳。

领导说:"你的要求很好,但总不能人人都去前方啊,留在延安也是革命需要嘛。"既然是革命需要,他只能服从,心里却很懊丧。

分配名单公布后,去前方的同学都忙着收拾行装,准备出发。看到同屋的人进进出出、忙忙碌碌的样子,彦涵觉得心里空空落落,什么事情也没心思干。又正好赶上星期天,便到中央党校去看望陈佛生。

进了鲁艺以后,他常去看望陈佛生,坐一坐,聊聊天儿。他觉得陈佛生不仅是长辈,也是良师益友。

有次聊天,他想起陈佛生曾对自己说过的那两句话:不要只画风花雪月,而要多绘沧海桑田。他一直不大理解,就问陈佛生,沧海桑田指的是什么?

陈佛生说:"沧海变桑田,桑田变沧海,这是大自然的变迁哪。引申其意,就是社会的变革,就是轰轰烈烈的革命,在今天,就是我们正在进行的民族解放运动嘛!"彦涵豁然开朗,从此将这两句话当做创作的座右铭。

中央党校在延安东面。延安刚刚下过头场雪,漫山遍野全被大雪覆盖了。他踩着积雪,刚刚穿过北门洞,忽然传来一阵呜呜的警报声——是防空警报!

他心里一惊,急忙抬头朝天空望去。十几架日本的轰炸机,正朝延安城上空飞来!街上立刻大乱,人们惊慌地四处奔跑。

彦涵返身跑回了城门洞,刚贴墙根儿蹲下,一串炸弹在城中爆炸了。紧接着,一串串炸弹从空中倾泻而下,中间夹杂着机枪扫射声。顷刻之间,延安城内一片硝烟弥漫,火光冲天。

这是日军第一次轰炸延安。大约十几分钟后,敌机飞走了。彦涵从地上站起来,向东一望,延安城内已是满目疮痍。

他急忙跑回鲁艺。鲁艺的半山坡上也落了几颗炸弹,弹坑很深,向外翻着黄土。在一个弹坑的旁边,围着一些人,眼睛里含着泪。他知道有人牺牲了。

他走过去,看见两个女同学倒在血泊里,周围的雪地被染红了。她们是那么年轻,脸上还带着孩子气。其中一个女同学的一只鞋跑掉了,掉在离她倒下不远的地方。彦涵捡回那只鞋,默默地替那个女同学穿在脚上。

中午有消息传来,说中央党校那边遭到的破坏最严重,不少人牺牲了。彦涵听了,心情顿时紧张起来。他惦记着陈佛生,下午,又急匆匆赶往中央党校。

延安城内,弹坑累累,一些店铺和房屋被炸塌了,还冒着青烟。因为是在星期天,上街赶集的人很多,敌人在空中朝人群扫射,死伤了不少人。人已经被抬走了,留下一片惨状。路上到处丢着踩扁的篮子、破碎的瓦罐、沾满雪泥的核桃、红枣、泥娃娃、大大小小的鞋。几头血肉模糊的毛驴倒在路边,有的还未断气,在雪地里痛苦地嚎叫着,主人却不知去向……

彦涵看了,又难过,又愤怒。

到了中央党校一看,破坏得更厉害,人们脚步匆匆,清理着废墟,一片忙乱。他穿过忙乱的人群,来到陈佛生的窑洞前。门前的空地上有个很深的弹坑,门窗已被炸飞。屋里空空荡荡,散乱着炸碎的土块和木头。

彦涵的心一下子被揪起来,急忙拦住一个人,问:"同志,同志,陈佛生同志在哪里?"

"他受伤了,被送到医院去了。"

"哪个医院?"

"说不清,现在都乱套了。"

"他伤势怎么样?"

"还好,受了一点外伤,没有生命危险。"

彦涵这才稍稍松了口气,但仍放心不下。陈佛生现在躺在哪个医院里呢?他无论如何得去看看。延安就那么几家医院,只要一个医院一个医院地去找,总能找得到。

这时,天已渐渐黑了下来,就在他准备一个医院一个医院去找陈佛生的时候,突然又改变了主意,立即返回了鲁艺,直奔沃渣的窑洞,推门而入。他再次提出申请,坚决要求去前方。

事情终于发生了转机。就在去前方的同学要出发的头一天,胡一川正式通知彦涵,说他的要求已被批准。并告诉他说,系里成立了一个木刻工作团,要随部队去太行山根据地,开展敌后木刻活动,彦涵是木刻团的正式成员。

彦涵兴奋得简直要跳起来。战火硝烟,刻刀画笔,正是他想往的战斗生活!

胡一川说:"赶快去领棉衣,收拾背包,明天部队就要出发了!"

十一月了,很多人还穿着单衣,整天冻得哆哆嗦嗦。

木刻团只有四个人,团长是胡一川,团员有彦涵、罗工柳、华山。论年龄,胡一川大一些,但也只有二十八,彦涵和罗工柳都二十二,华山最小,才十八岁。都是精力充沛、风华正茂的好时候。

第二天早晨,鲁艺木刻团随同一支八路军大部队,浩浩荡荡开往太行山抗日根据地。彦涵一去便是四年。

八　新年画

　　木刻团到前方的任务很明确,就是要用木刻这种艺术形式,揭露敌人,鼓舞民众,宣传抗战。但是如何开展,以前没搞过,谁也不摸门儿。

　　木刻团从延安出发的时候,带了一大箱子木刻,准备在根据地里搞木刻巡回展览。这些木刻,大部分是马达、力群等人在武汉时,从全国各地征集来的,曾在"全国抗战木刻展览会"展出过,武汉失守前,由马达带到了延安。还有少部分是延安的作品。加在一起,差不多有二百来幅。

　　行军途中,路过晋西双池镇,木刻团曾到附近的山西抗战决死队驻地,搞过一次展览。木刻到前方,毕竟头一回,加上天冷,效果不是很好。到达根据地之后,又到沁县、长治搞过两次,效果就更差了。

　　大家听到了群众的一些意见,集中起来主要有两点:一是说没啥名堂,指作品内容与解放区军民的生活距离较大,看着不亲切;二是说不大好看,指形式风格比较欧化,看着不习惯。

　　大家渐渐明白,要想让群众喜欢木刻,就必须

1939年1月,鲁艺木刻工作团在山西沁县举办木刻巡回展。此为全体成员合影,从左至右依次为:彦涵、华山、胡一川、罗工柳。

考虑群众的欣赏习惯。老百姓爱听故事,爱看戏,喜欢有情节的东西,看画也希望有头有尾。大家想到了连环画,于是,开始搞木刻连环画。

这时,木刻团整个调入了华北版的《新华日报》,为报纸刻报头、刻插图。大家就在《新华日报》上,办了个画报,起名《敌后方木刻》,发表木刻连环画,随同报纸一起发行,不识字的人也能看懂,很受部队欢迎。

彦涵刻了一套反映民兵生活的连环画。在从延安开赴太行山的行军途中,以及到达根据地以后,他听了不少民兵打鬼子、保家乡的故事。他把这些零散的故事集中起来,安在了一个民兵身上,一会儿让他抬担架、送鸡毛信,一会儿让他埋地雷、炸岗楼,一会儿又让他袭击鬼子,最后戴上大红花,光荣地参加了八路军。这套连环画,一共有四十几幅。

刻好之后,还没有起名字。这时,胡一川和华山也都刻了一套,胡一川的那一套叫《太行山下》,华山的那一套叫《王家庄》。彦涵说:"你们用地名,我用人名。"于是起名《李大成》。

《李大成》本来要在《敌后方木刻》上发表,版面都已经排好了,正赶上敌人夏季大扫荡,印刷厂遭到破坏,负责印刷的同志不幸牺牲。刚出了三期的《敌后方木刻》,便停了下来。

扫荡过后,八路军晋东南鲁艺分校成立,彦涵被调去当美术教员,但仍是木刻团成员,木刻团有任务仍要叫上他。

转眼到了一九四〇年年初。忽然有一天,胡一川和罗工柳从报社来到了鲁艺分校。报社在辽县的后庄,艺校在武乡县的果烟垴,两地相距一百多里。两个人满头大汗,兴冲冲地来找彦涵。

彦涵马上猜到:"是不是又有任务啦?"

胡一川说:"不光有任务,还是紧急任务!"

"什么任务?"

"搞年画,搞新年画!"

原来,年底的时候,木刻团总结工作的时候,展开了关于大众化问题的讨论。讨论来讨论去,胡一川和罗工柳忽然想到了年画。在农村,每逢过年,不管穷富,几乎家家都要贴年画。老百姓说,有鱼有肉不是年,贴上年画才是年。两个人想用年画的形式,宣传抗战的内容,来个旧瓶装新酒。

胡一川立刻向北方局宣传部部长李大章做了汇报。李大章连连称好,指示说,从现在开始,木刻团的主要任务就是搞新年画,搞它一批,通过组织渠道,散发到部队和农村去,用新年画占领旧年画的阵地,而且要快,一定要抢在春节之前搞出来。

为了集中力量,除了华山留在报社外,其他人全部集中到果烟垴,一起搞年画,而且,又增加了两个成员,一个是杨筠,一个是艺校副校长陈铁耕。彦涵听了,非常兴奋,觉得是个好主意。

当天下午,木刻团聚在窑洞里开会,讨论新年画创作的一些问题。大家情绪高涨,讨论十分热烈,几个人都报了各自的创作计划。

除创作之外,还要找房子,建立印画作坊,要购买大批颜料、纸张,还要找懂得年画印刷的师傅,学习印刷技术等等,需要做的事情很多。

这时,离春节只有一个来月的时间。按民间传统,年画一般在小年之前就要上市,这样一算,搞年画的时间实际上只有二十几天。这二十几天,要做这么多事情,确实相当紧张,但是大家信心很足,说,无论如何也要在小年之前,把新年画全部印出来,散发下去。

一散会,大家立即行动。首先是解决工作的地方。他们在老乡那里找了一间房子,架上长条木案子,又借来一些盛水的大缸和装颜料的盆盆罐罐,一个年画作坊就算建成了。

纸张问题比较困难,武乡解决不了,只好请新华日报社帮忙。新华日报社很重视,派人化装成老百姓,跑到敌占区里买了一批纸,先运回报社,然后让木刻团去人,用毛驴驮回来。

罗工柳和杨筠自告奋勇去驮纸。可是他俩从未赶过毛驴,毛驴根本不听吆喝。有时,不管怎么拉怎么拽,毛驴就是不走;有时让它往东,它偏往西,急得俩人又拉又拽,浑身直冒汗。他俩冒着风雪,翻山越岭,连去带回,走了好几天。

快到木刻团住地的那天晚上,因为天黑地滑看不清路,毛驴滚下了山沟,他俩也被带下了沟底,摔成了雪人。爬起来一看,驮子摔散了,毛驴也伤了,还好,腿没瘸,还能走。俩人顾不得疼痛,重新装好驮子,连推带拽,终于把毛驴赶上了山梁。回到住地,已经是下半夜了。

最困难的是印画技术问题。印年画与印木刻不同,木刻是油印,年画是水印,而且是套色水印,木刻团里谁也没搞过,所以必须找一位印过年画的师傅,请师傅教他们。

他们打听到,附近村里有位叫赵四的农民,早年在年画作坊里干过。费了好大劲儿才把赵四找到,一问,他在年画作坊里干是干过,可他只会刻字,不会印画。大家想,年画也需要有人刻字,便把赵四留在了木刻团。

但印画的技术还是没有解决。后来打听到,新华日报社里有位王师傅,以前在长治印过年画,于是立即把王师傅请到了木刻团。大家拜王师傅为师,请他传授印画技术。王师傅听说是搞新年画,又见这些文化人那么虚心,便把自己的本事全都抖搂出来,很热心地教大家怎么做台子,怎么绑刷子,怎么夹纸,怎么粘套版……木刻团都是些聪明人,一点就通,没几天就基本掌握了印画的技术。

准备工作基本就绪之后,大家立即开始创作年画。

离小年只有十来天了,时间已经非常紧迫。彦涵一面给艺校的学生讲课,一面构思新年画,忙得不分昼夜。

彦涵对年画相当熟悉,一闭眼睛,小时候所见的各种年画,就像画册一样,哗哗地在脑海里翻过。

他想到了门画。门画也叫门神画,是贴在屋门上的年画,左右两扇门各贴一幅,上面画着门神。老百姓过年,门画是必贴不可的,以求驱邪除恶,护宅纳福。唐代以前,门神是威震百鬼的神荼和郁垒,到了唐代,换成了秦叔宝和尉迟恭,明代以后,又换成了燃灯道人、赵公明、马超、马岱、穆桂英、刘金定……这些神人武将在老百姓心目中,个个法力无边,有他们守卫家门,一切妖魔鬼怪都闯不进来。

新年画:保卫家乡　1940年

搞新年画,当然要画新门神。

彦涵想,现在最大的恶魔,就是日本帝国主义,而能战胜和驱逐这个恶魔的,就是武装起来的中国人民。于是,他很快刻出了两幅新的门神画。

一幅是:一个肩扛步枪的八路军战士和一个身背大刀的民兵,并肩走在一起,上写四个字:保卫家乡。另一幅是:一个妇救会员和一个儿童团员,手持红缨枪站岗放哨,也写"保卫家乡"四个字。

为了适应门画的特点,他采用了均衡对称的构图,颜色也是大红大绿,有很强的装饰性。人物的形象和服饰,也非常淳朴、真实,令人耳目一新。

值得一提的是,他把那个妇救会员的脚刻成了一双小脚,脚上穿着红鞋,十分惹人注目。数十年后,一位美国画家看了,对这双小脚赞不绝口,说:"妙,这双小脚实在是太妙了!连小脚妇女都拿起了武器,这样的民族是不可征服的。"

其实,彦涵并不是有意刻成这样的,当时的农村里,绝

60

大部分妇女确实都裹小脚,他不过是按着生活真实,信手刻成的罢了。

按所报计划,彦涵刻两幅,刻完这两幅门画之后,还剩下一块木板,他兴趣正浓,随即又刻了一幅槽头画。

按农家习俗,过年不光要在门上贴门画,屋里要挂中堂画和炕头画,就连猪圈、羊栏、牛棚、鸡舍也要贴上栏门画、槽头画。最常见的槽头画是《春牛图》,上面画一条健壮的耕牛,表示槽头兴旺。

受《春牛图》的启发,彦涵刻了幅《春耕大吉》:一个扛犁的农民赶着一头牛,喜气洋洋朝田野走去,以此表现根据地的人民群众,为支援前线而努力生产。为了说明主题,上面还刻了"努力生产"四个字。

新年画:春耕大吉

这时,其他人的作品也陆续完成了。除彦涵的三幅之外,还有胡一川的《军民合作》、《开荒》、《破路》,罗工柳的《实现民主政治》,杨筠的《织布》、《纺线》,一共九幅。

离小年只有三四天的时间了。

木刻团所有的人一齐上阵,不分昼夜突击赶印,每天要印到下半夜。

房东大娘看到他们如此辛苦,很心疼。她儿子在附近的煤窑上挖煤,每天夜里回来要吃顿夜饭,她就多做一些,常在夜里端来一些小米粥或是煮土豆,让大家垫垫肚子。

大家很感激房东大娘,送了她几张刚刚印出来的年画。大娘眉开眼笑,把画贴在家里,逢人便夸耀。这样一来,木刻团印年画的消息,很快在村里传开了。许多农民以及附近煤窑上的窑工,都纷纷跑来观看。一看,这画跟以前的不一样,觉得很新鲜,有人想要几张,有人还要掏钱买。

本来,这批年画是想通过组织渠道散发下去的,并不打算卖。现在有人来买,说明老百姓喜欢。大家心想,既然如此,那就干脆拿到集市上去卖,和旧年画比试一下,看看新年画的效果究竟如何。向李大章一请示,李大章也改了主意,说,好,你们不要发,一发就显不出价值来了,拿到街上去卖吧。大家更来情绪了,加班加点地抢印。

小年之前,终于全部印完,一共九种,好几千张。木刻团做了分工,胡一川和杨筠负责到集上卖画,彦涵和罗工柳留在家里,在村子里张贴,以扩大宣传。

腊月二十三的一大早,胡一川和杨筠背着两大包新年画,来到了襄垣县的西营镇集市上。马上要过年了,这是一年当中集市最热闹的时候,到处摆满了卖各种年货的小摊,而在所有的货摊里,最吸引人的就是画摊。各种各样的年画,花花绿绿摆了一地,卖画的大声吆喝着,买画的拥挤、翻看着,跟看戏一样热闹。

胡一川和杨筠也学着人家的样子,在地上摆起画摊,只是不会吆喝。其实不用吆喝,他俩都穿着军装,赶集的人见两个八路军摆摊卖画,觉得很新鲜,便纷纷围上来。再一看画,画的全是根据地的新鲜事,画的又是农民自己,更觉得新鲜了,于是纷纷掏钱买画。木刻团卖画本来就不是为了赚钱,所以卖得很便宜,一角钱八张。这一下买画的人更多了,在别的画摊上买画的人,也纷纷跑过来。不到半天工夫,两大包年画全部卖光,把整个集市都轰动了。

晚上,两个人回到住地,把情况一说,彦涵和罗工柳都非常兴奋,说:"村里的画已经贴完了,明天我们俩去卖!"

可是到了第二天,俩人还没出门,院子里就来了好些人,有附近的农民,也有煤窑上的窑工。一问,都是来买画的。

原来,昨天胡一川和杨筠在集上卖画,消息不胫而走,方圆几十里内都纷纷传遍了,说是八路军卖的年画又好又便宜,许多人都想买。他们从别人买的年画上,看到刻有"鲁艺木刻工作团印制"的字样,便东打听西打听,找到了木刻团的住地。

大家深为感动,当即决定,集市不去了,就在院子里卖。木刻团的院子一下子热闹起来,一连好几天,买画的人从早到晚络绎不绝,一些外村的人也翻山越岭跑来买。没过多少天,几千张画全都卖光。

与此同时,木刻团住的村子里,也发生了以前从未发生过的事情。彦涵和罗工柳在村子里张贴的那些年画,贴好没过一两天,转过头再路过这里时,就发现画不见了。一问,有人笑着说,被人揭走了。两人又拎上浆糊桶,重新再贴上,可是到了晚上,发现画又被人揭走。于是,揭走贴上,贴上揭走,把两人忙了个不亦乐乎。

八路军总部驻村也贴了新年画。一天,彭德怀副总司令出来散步,看见了墙上的年画,回去后叫人捎话给木刻团,希望能送给他几张。胡一川马上挑选出一套,托人给彭总送去。

经过一个月的紧张忙碌,新年画的工作总算圆满地告一段落。

腊月三十这天下午,木刻团的人一齐动手,把屋里屋外打扫得干干净净,屋里生上了火盆,桌子上摆上了花生、瓜子和糖块,准备聚在一起过除夕。

天快黑的时候,大家刚在屋里坐下,忽然听见外面一阵急促的马蹄声,接着院子里一声马叫。

胡一川跑出去一看,原来是总部的通讯员。通讯员跳下马,敬了个礼,把一封信交给胡一川:"这是彭总给你们的信。"

胡一川站在院子里愣住了,直到通讯员翻身上马跑没了踪影,才反应过来,连忙把信打开。果真是彭总的亲笔信,还是用毛笔写的。他顾不上细看,跑回屋里,冲着屋里的人喊道:"彭总给我们来信了!"然后站在屋地当中,大声念起来——

鲁艺木刻团诸位同志:

承赠自制年画多幅,谢谢!

我早已听说你们工作很努力,现在又亲眼看到了你们的作

1940年2月8日，朱德总司令在山西武乡县王家峪召开的八路军晋东南"文协会"上，与八路军文艺干部合影留念。前排中间为朱德，后排靠窗左侧为彦涵。

品,更证实这话是对的。这次你们的勇敢尝试可以说是已经得到了初步的成功。许多艺术工作者口喊着大众化,实际上并没有真正做到,而你们则已经向这方面走近一步了。

  我们马克思主义者认为,脱离了时代的要求,不反映革命现实的作品,是没有并且也不会有艺术价值的。目前中国艺术工作者的主要任务在于加紧批评的接受与发展民众的艺术形式,充分反映抗战中人民的要求,成为动员民众的一支强有力的力量。为了创造民族艺术,这是必要的。

  特别抗战目前正处在投降妥协危险严重的时候,进一步动员群众,成为克服投降妥协危机的重要工作,在动员群众当中,必须采取各种各样的工作方式与方法。在中国人民大多数是文盲的条件下,图画宣传更占了重要的地位。我诚恳地希望你们不断的进步并且祝你们不断的成功!谨致

  民族解放的敬礼!

彭德怀启 二月七日

屋里顿时热闹起来。

外面的鞭炮声,也噼噼啪啪响了起来。

九　根据地里的爱情

  木刻团刚到根据地的时候,住在潞城县的北村。和北村挨着的,还有南村和中村。这三个村子,是敌后八路军总部和中共北方局的所在地。

  木刻团的院子很大,北面是几孔窑洞,东、西两面各有两间土平房。房东一家住在北面,木刻团住在西面,东面是北方局的招待所,接

待过往的干部。一般来的干部只在这里歇歇脚,住上一两天就走了,所以屋子经常空着。

西面两间是里外间,胡一川住在里间,彦涵和华山住在外间。外间比较大,有一爿土炕,还有一张长条桌子,上面放着一盏小油灯以及纸张、木板和刻刀。彦涵和华山每天就在这张桌子上刻木刻。

这天上午,俩人正刻木刻,忽然听见从东面屋子里传来女同志的说笑声,知道又来了人。起先并不在意——东屋常来人,来了走,走了又来,习惯了。

过了一会儿,东屋响起了不停的咳嗽声。彦涵抬起头,透过玻璃窗,见东屋的房门大开,从里面冒出滚滚浓烟,两个穿着灰军装的女同志在浓烟中忙碌着,一边咳嗽,一边揉眼睛。

彦涵禁不住笑了一下,对华山说:"她们不会生煤火。走,我们去帮帮她们。"两个人放下刻刀,来到东屋,说是要帮她们生煤火。

两个女同志立刻露出欣喜的笑容。她们都非常年轻,最多不过十八九岁,脸上还带着孩子气。由于被烟熏得流了泪,白净的小脸儿变成了小花脸,眼睛揉得跟熊猫似的。

"太感谢你们了,要不我们真要睡冰窖了。"一个女同志感激地说。

"没关系,都是革命同志嘛!"

说着,彦涵和华山就挽起袖子,一边生火,一边和她们说话。

"你们是从哪里来的?"

"延安,我们是从延安抗大毕业的,刚分到北方局来。"

"噢?我们也是从延安来的,是延安鲁艺的。"

"你们是延安鲁艺的?啊呀,这么说,我们在延安时还是邻居呢!"

"是啊,抗大和鲁艺紧挨着,大家都喝一条河里的水,我们还经常到你们抗大礼堂听报告呢。你们在北方局哪个部门工作?"

"我们刚到,先住在这里等分配。你们呢?"

"我们是鲁艺木刻团的。"

"木刻团?木刻团是干什么的?"

"搞木刻宣传嘛,就是拿着刀子在木板上刻画。"

"噢,原来你们都是艺术家呀!"两个女同志都露出了惊喜的神色。

在整个谈话中,都是彦涵、华山和其中一个显得很大方的女同志在说。另一个女同志始终没开口,似乎有点怕生人,只是当她知道他们是"艺术家"时,才睁大了眼睛望着他们,似乎很有些意外,但也只是抿嘴笑着,仍不讲话。

"我们认识一下吧,我叫彦涵,他叫华山。你们都叫什么?"

"我叫黎白。"那个大方的女同志说。

"你呢?"彦涵问那个始终不说话的女同志。

不说话的女同志一下子吃吃笑起来,却不回答。

"笑什么?"彦涵挠着刚刚剃过的光头,"你叫什么呀?"

不说话的女同志笑得更厉害了,笑得彦涵莫名其妙。

"她叫白炎。"黎白说,"在我们抗大女生队,她年龄最小,现在才十八,而且最爱笑。"白炎个子不高,身体单薄,军装显得又肥又大,一脸孩子气。

炉子生好了,屋里暖烘烘的。大家又聊了一会儿,彦涵和华山起身告辞,回到西屋仍旧刻他们的木刻。

过了几天,两个女同志的工作分配下来了,黎白去了别的地区,白炎被分到北方局图书馆,做资料整理工作。图书馆就在北村,很近,所以她仍住在东屋。这时东屋又住进来一个从抗大毕业的女同志,也在图书馆工作。

大家同住一个院子,同吃北方局的大锅饭,彼此天天见面,都是二十岁左右的年轻人,又都是从延安来的,很快就相处得很熟了。白炎有时到西屋来,看彦涵他们刻木刻,彦涵有时也到东屋去,帮白炎她们弄弄煤火。有时,彦涵和白炎单独在屋子里时,也会很自然地聊上一会儿。彦涵发现,熟悉了以后,白炎还是挺能说的。

有一回,白炎到西屋来拿煤,彦涵问她:"哎,白炎,我问你,上回我问你名字,你为什么老是笑哇?"

白炎又低头笑起来,说:"我是笑你的模样。"

"我的模样怎么啦?有什么可笑的吗?"

"怎么不可笑,你看你那么大的个子,衣服却又小又瘦,都紧巴巴地裹在身上了,而且……还剃着个大光头,一点也不像……"

"不像什么?"

"……不像我以前想象中的艺术家。"

"噢?你说艺术家该是什么样子?"

"我也说不清,反正不像你这样。"白炎抿嘴笑着。

"这么说,我是太土了,不像搞艺术的啦?"彦涵哈哈笑起来。

"不不不,我不是这个意思,我只是说,你的外表和一般人想象中的艺术家不一样。其实我发现,你的言谈举止不光像个艺术家,还有一股军人的气质,很有风度……"说到这里,白炎突然脸红了,不再往下说了。

不知为什么,彦涵心里也不禁咚咚跳了起来。屋子里一片安静。只有火炉上的水壶在吱吱作响,飘散出一缕缕温馨的雾气。

"噢,我该走了。"白炎拎起煤桶,逃跑似的匆匆走了。

从那以后,两个人再见面,就略略有了点儿不大自然的感觉。

白炎的老家在陕西绥德,父亲是个商人,家里生活很富裕。她从小读书,先在本县读完了小学,又到榆林读女子师范。读到师范第四年的时候,抗战爆发了,她受进步老师的影响,参加了学校里的抗日救亡活动。到了最后一学期,眼看再有几个月就要毕业,她却再也读不下去了。

她给母亲写了一封信,让母亲往学校给她发封电报,就说"母亲重病望女速归"。母亲以为女儿想家,照办了。她便拿着母亲的电报找到校长,请假回到了绥德。母亲见她回来,很高兴,要她在家好好住几天赶紧回学校。她却对母亲说,她不想再读书了,她回来是想去延安,参加抗日!

母亲吓坏了,怎么劝说也无济于事,只好告诉了父亲,让他劝劝女儿。父亲大怒,说那个地方太苦了,无论如何不许她去。

白炎年纪不大,却相当有主意,认准了的事情,九头牛也拉不回来。无论父母怎么劝怎么骂,她非要去延安不可,但是父母就是不许。事情一下子僵在了那里。

白炎正在家里发愁,从米脂来了几位同学,也是要去延安的。她们对白炎的父母说,去延安也是学习。父母以为是和上榆林女师一样,不再阻拦。白炎和几个同学便一同去了延安。

这是一九三八年初的事。她还不到十七岁。

白炎先在陕北公学院学习了三个月,又进抗大学习了半年,并在抗大入了党。毕业后,她原本准备到鲁艺学习音乐——她喜欢音乐,但领导上分配她去晋东南抗日根据地,她二话没说,打起背包就出发了。

白炎是一九三八年十一月从延安出发的,也正是彦涵从延安去太行山的时候。彦涵他们步行,白炎他们乘汽车,按说应该比彦涵他们早到,结果却晚到了一个来月。

原因是路上出了事。白炎他们那支队伍有五十几人,分乘三辆汽车。车至咸阳附近,行驶在车队中间的那辆车出了点儿毛病,于是停下检修,后面的车也跟着停下来,但前面的那辆车不知道后面发生的事,仍旧往前开。咸阳是国民党的地盘,国民党军设有哨卡,过哨卡要出示护照。因为所有的护照都在前面的那辆汽车上,所以当后面的汽车修好后,通过哨卡时,被守军以"没有护照"为由全部扣留。其实,前面的人已经和哨卡讲过了,国民党是故意找茬儿。被扣留的一共三十一人,包括十名女同学,白炎也在其中。

他们被关进了咸阳警察局。西安八路军办事处得知后,立即与国民党有关方面进行交涉,要求放人,但国民党方面就是不放。关了一个多月,又把他们押到西安,强行编入国民党战干训练团,以威胁、恐吓、拉拢等手段,强迫他们接受训练。

第一天上课,国民党教官刚讲了几句,白炎他们就当场站起来抗议,接着唱歌、喊口号,把课给搅了。国民党怕他们影响干训团别的学生,又把他们集中起来,关在有两道高墙的院子里,门外加了岗哨。

大家商量决定,派两名同学越墙逃跑,好把被扣押的情况报告给八路军西安办事处。大家一致同意,先让年纪最小的两个女同学——

白炎和黎白逃跑。这里面有照顾小同学和女同学的意思,另外女同学不容易引起岗哨的怀疑,容易成功。

这天黎明,白炎捂着肚子,装成有病的样子,由黎白搀扶着,说是上厕所。岗哨看白炎病得很厉害,又都是黄毛丫头,就没把她们放在眼里。两个人一走出岗哨的视线,抬腿就跑,按着早已查看好的路线,连登带爬地越过两道高墙,跳到了墙外。但是,两人还没跑上几步,迎面碰上了战训团的司务长!

两人当时吓呆了,但很快镇静下来,白炎向他讲了一番抗日的道理,让他放了她们。这家伙却死活不吃这一套,非要押她们回去不可。白炎看出,这家伙是想回去请功领赏,便把身上的钱给了他。这家伙见钱眼开,果真把她俩放了。

两个人很快跑到了西安八路军办事处,报告了情况。后来经过办事处的多次交涉,加上日军轰炸西安,国民党看管得也松了,其他同学也都陆续地逃了出来。数日之后,白炎终于到达了太行山。

白炎的这些经历,彦涵开始并不知道。在他眼里,白炎只是一个纯真、文静而又惹人喜爱的女孩子。

很快到了元宵节。村口大庙前的空地上,搭起了简易戏台,锣鼓家伙一响,全村的大人娃娃都跑去看戏。村戏连唱了三天。

这天下午看戏的时候,彦涵本来是和胡一川、华山在一起的,可是看了不到一半,忽然人潮涌动,挤来挤去,把他们挤散了。

彦涵就用目光在乱糟糟的人群里寻找他们,一转身,忽然看见了白炎。就是那么巧,白炎正好被挤到他身边,几乎和他脸对着脸。两个人都不禁微微愣了一下,脸上都有一种不易觉察的欣喜。

彦涵几乎未加思索地说:"不看了吧,我们到外面走一走好吗?"

白炎情不自禁地点了一下头,跟他挤出了人群。两个人并肩走着,谁也没说话,却像商量好了一样,不由自主地朝村外走去。

路过街边的一个小摊时,彦涵慷慨地说:"我请客!"

便掏出身上仅有的一毛钱——他每月只有三毛钱的津贴,买了五分钱的花生、五分钱的芝麻糖,满满的两大纸包。

两个人一边吃着花生和芝麻糖,一边慢慢走着,一路都沉默不语。其实,谁都想说点什么,却不知道说什么好。

俩人绕开大路,顺着田间小径,不知不觉走到了村外。

阳光暖暖地洒在白雪覆盖的田野上,田野上寂静无人,只有两人并肩走着的身影。太安静了,静得可以听见自己的呼吸和心跳声,两个人都感到有些窘迫。总不能就这么沉默下去啊,总得说点什么才好。

经过一阵难耐的沉寂,俩人终于找到了话题,各自谈起了家庭、学校,以及走上革命道路的经过。

两个人边走边讲,话语如流水,就像一对相识已久的朋友。在彦涵讲起自己的时候,白炎睁着一双美丽的眼睛,脸上不时掠过惊讶、敬佩。听白炎说着她的故事,彦涵更是惊讶。他简直不能相信,眼前这个天真、文弱的女孩子,性格竟那么倔犟,胆子竟那么大!

在愉快的交谈中,俩人好像一下子就了解了对方。走着、谈着,围绕着整个村子走了一圈又一圈。不知什么时候,村里的锣鼓声停止了,花生和芝麻糖吃光了,天也渐渐黑了下来,两人才恋恋不舍地转回村里。

这真是一个充满幸福的下午。有了这样一次幸福的谈话,以后的事情就顺理成章了。两个人时常在晚饭后一起散步,在窑洞顶上的草堆旁聊天。还到街上的小饭铺里吃过一次饭,是白炎请客,山西刀削面,每人一大海碗,吃得彦涵满头大汗,不住点头夸赞。白炎看着他狼吞虎咽的样子,抿嘴直笑,把自己的那一碗分出一半儿,倒进他碗里。彦涵毫不客气,连汤带面吃了个一干二净。

渐渐地,白炎变得有些魂不守舍了。西屋的每次开门声,或是院子里的脚步声,都牵动着她的神经,牵动着她的眼睛。她常常透过窗户上的那块小玻璃,向院子里张望,希望能看见彦涵的身影。只要看到他的身影,她就感到兴奋、踏实,就会找个借口跑出去,和他说上几句话;如果一天没见到他,就会惶惶不安。她怕屋里的同伴发现她的秘密,表面上故作镇静,内心里却无时无刻不翻腾着彦涵的影子。

71

而彦涵,除了心里经常晃动着白炎的影子之外,还多了一层烦恼——他已结婚成家了。这桩婚姻是父母一手包办的。七岁时,父母为他订下了这桩亲事,那时他什么也不懂,上了附中以后,才渐渐明白是怎么回事。那姑娘是外村的,比他大三岁,没上过学,也没怎么见过面,根本谈不上有什么感情。虽然他不愿意,但父母愿意,每回放假回家,都逼着他早点结婚。他是个孝子,不愿让父母为难,无可奈何地结婚了。结婚时他还不到十八岁,有点稀里糊涂。婚后,他依然回学校上学,住在孙二奶奶家,两个人依然没有什么感情。在杭州艺专时,他曾提出过离婚,可双方家长不同意,没离成。这桩婚姻一直让他痛苦不堪,从认识白炎之后,这个痛苦就越发加剧了。

一天,他们沿着小路,在村子周围散步。这是他们第一次在夜晚出来散步。两个人并肩走着,都感到心跳脸热。谁都明白,在这样的时候出来散步,意味着什么。

默默走了好久,白炎突然轻声问道:"你有……爱人吗?"

就着月光,彦涵看见,白炎的眼睛有些慌乱。他心中一阵狂喜,又一阵烦乱。他最担心也是无法回避的问题终于被提出来了!他重重叹了一口气,不知该怎样把那桩不幸的婚姻告诉她,久久无语。

白炎慌了,是不是人家并不爱自己呀?不然,他为什么不回答呢?她觉得自己太冒失了。

过了好久,彦涵才低哑着声音,把那桩不幸的婚姻如实告诉了她。

白炎惊诧得僵住了。她觉得自己身上的血已经不流动了,思维已经停止了。怎么会是这样呢?这太出乎意料了,简直是一场突如其来的风暴。她心中那棵已经生长出枝叶的爱情的幼苗,在风暴中瑟瑟发抖。良久,她抬起头,用一种既同情又失望的目光看看彦涵,却一句话也说不出来。

彦涵低头不语。爱情的主动权,不在他手里。两个人就这么默默地走着,直到转回村里,各自回屋,没再说一句话。

可以想见,彦涵这一夜是如何地痛苦。完了,他和白炎之间刚刚萌生的爱情就此完结了。

第二天,彦涵一整天悒悒不乐,打不起一点精神。

晚上,他心情烦闷地走出院子,来到村外。这是他和白炎时常散步的地方。想到往日他们常在这里约会,此刻却形只影单,内心不禁涌起一阵悲哀。他无权责怪白炎,她有选择爱情的权利;他也不能责怪他的妻子,她也是不幸的,和他一样地不幸;他甚至不能责怪他的父母,千百年来,农村青年的婚姻,不都是由父母包办的吗?他们不可能不按祖辈传下来的规矩办事。要责怪,不,不是责怪,是痛恨,只能是封建的包办婚姻,是封建习俗!唉,算了吧,不要再折磨自己了,现在是民族危亡时期,不能过多考虑个人的不幸,还是努力工作吧,也许工作起来,就会忘记内心的痛苦。

这样想着的时候,他的脚已经朝回走了。刚走几步,忽然愣住了——在离他只有几步远的路边上,站着白炎!

他心里咚咚跳着,走到她面前,在离她还有一步远的地方,站住了。

两个人一动不动地站着,互相注视着,没有一句话。月光下,他发现白炎满脸憔悴,人仿佛瘦了一圈。他心里感到一阵内疚。他想对她说点什么,可是又觉得一切语言都是苍白的。

"我,想好了。"白炎终于开口说道,"我只想对你说两句话。第一,我非常同情那个不幸的女人,她和你一样,也是封建婚姻的受害者。第二,你有婚姻自主、追求幸福的权利。"

白炎几乎是一口气说完了这番话,平静而坚决。说完,那双明亮的眼睛,就一动不动地看着彦涵,似乎等他表态。

他还说什么呢?一切语言都是多余的。他目不转睛地注视着她,猛地张开双臂,一把将她搂在怀里,白炎便伏在他的怀里,嘤嘤地哭起来……

不久,白炎被调到太行剧团,去当文化教员。剧团在长治一带,离北村一百多里。两人很少有机会见面,只能通过书信,了解彼此的工作与生活,互相勉励,倾吐思念之情。

偶尔,白炎会给彦涵捎来一些小东西。彦涵调到鲁艺分校后,白炎托人给他捎来过一双棉手套,里儿和面儿是破军装缝制的,中间絮了厚厚的棉花,非常暖和。彦涵从延安到太行的行军途中,在随部队过棉山的时候,双手曾被冻伤过(有两个战士被冻掉了耳朵),天一冷,就又疼又痒。白炎捎棉手套的时候,天已经很冷了,被冻伤的手又开始红肿起来。这双棉手套,对他来说简直是雪中送炭。

后来彦涵才知道,为了这双棉手套,白炎拆了自己的一件单军装,棉花是从她本来就很单薄的棉衣里抽出来的。彦涵把这双棉手套简直当成了宝贝,出门自不必说,即使在屋子里,也总是挂在脖子上,刻木刻时,手冷了,就戴上它暖和一会儿,暖着手,更暖着心。

随着日子的流逝,两人之间的感情越来越深。彦涵曾找过鲁艺分校的校长李伯钊,也找过太行剧团的团长赵子岳,希望能把白炎和他调在一起。李伯钊和赵子岳都很热心,满口答应。

一九四〇年春天,在两人分别整整一年之后,白炎从太行剧团调到了鲁艺分校,分在教务科。

彦涵也在教务科。他除了教课和木刻团的事之外,平时主要在教务科里,处理一些杂事。两个人的办公桌对放在一起,每天面对面地办公。

一天,屋子里只剩下他们两个人。彦涵放下手中的笔,看了一眼正低头看报的白炎,轻声说道:"哎,李伯钊同志找我谈了,组织上已经批准了我们的结婚报告。"

"哦!"白炎抬起头,脸上浮起一片红晕。

"哪天办?"彦涵问。

"听你的。"白炎低头一笑。

"星期六怎么样?"

白炎红着脸点点头。

洞房在艺校驻地下北漳村,一间老乡的窑洞里。光秃秃的土炕上,摆着两人各自的被子,除此之外,几乎一无所有。

婚礼上,来了许多人,挤了满满一屋子。没有酒席,没有糖果。两人仍旧穿着磨出了破洞的军装。

鲁艺分校校长李伯钊代表学校领导讲了话,勉励他们努力工作,共同进步,白头偕老。然后,大家起哄开玩笑,要新郎新娘交代恋爱经过。白炎从来没见过这种场面,早已羞得满脸通红,恨不能一头钻进地缝里,引得大家哄堂大笑,屋顶都快掀翻了。

1940年,彦涵和白炎在太行山结婚。

婚后的第二天,彦涵和白炎便加入了"背粮"的队伍。

由于头年大旱,山区没什么收成,还没等到开春,根据地便发生了严重的粮荒,部队里每天只吃两顿玉米糊糊,连小米饭也难得吃上一回了。八路军前总司令部发出命令,号召机关、学校所有人员,到敌占区去背粮。鲁艺分校也不例外,除了病号,全体师生一齐出动。

背粮地点在武乡与襄垣接壤的丘陵地带,是敌我拉锯战的游击区,往返一趟,要走六七十里地。每天天刚亮,背粮的队伍就匆匆出发,中午赶到背粮地点,在武装部队的警戒下,迅速装好粮食,再匆匆吃上一顿饭,然后背上粮食按原路返回,天快擦黑时才能到家。

没有装粮食的口袋,不知谁想了个办法,用裤子当口袋,先把裤脚扎起来,装好粮食后再把裤腰扎住,往脖子上一挂,两条裤腿耷拉在胸前,裤腰耷拉在背后。这个土办法装得又多,背着又省力,很快在背粮队伍里推广开来。

背粮活动一直持续了四十多天。任务结束后,彦涵创作了一幅木刻《背粮》:炎炎的烈日下,两个八路军,背着粮食,边走边说,脸上充满愉快的神情。那也是彦涵与白炎婚后生活的写照。

十　国统区之行

一九四〇年秋天,彦涵接受了前总政部的一项特殊任务:到国统区重庆去,为鲁艺分校买书。

是李伯钊向彦涵交代的任务。李伯钊说,艺校成立了快一年,一直没个图书室,连本书都难看到。说,罗瑞卿主任指示艺校,要尽快把图书室建起来。问题是,根据地里搞不到书,非得到国统区去买不可。而国民党顽固派自去年掀起第一次反共高潮后,形势一直恶化,现在去国统区,要冒很大危险。李伯钊想来想去,觉得派彦涵去比较可靠。罗瑞卿也赞成,认为彦涵办事果断、机灵,不易出问题。

从内心里来说,彦涵不太想去。主要是放心不下白炎。

白炎怀孕了,整天吐黄水,吐得很厉害,营养又跟不上,身体十分虚弱。一有敌情,学校就四处转移,漫山遍野地跑来跑去,白炎挺着个大肚子,怎么跑得动啊!他走了,谁来照顾她?而且,此一去,能不能回来,何时回来,谁也说不准。但是,他什么都没说,只是表示,一定完成好任务。

彦涵回来跟白炎一说,白炎顿时呆住了。她才十九岁,又是第一次做母亲,本来就十分紧张,现在彦涵突然要走,心里一下子没了主心骨儿。不过,这些她都可以克服,她最担心的是彦涵的安全。从北方到南方,路途遥远,途中要过日寇的封锁线,还要过国民党军的道道防区,谁知道会发生什么事?

沉默了好长时间,白炎说:"既然组织上已经决定,你去吧。"两人都明白,任务重于一切。

秋雨绵绵,彦涵随前总的一支干部大队上路了。这支干部大队有十几人,其中有八路军驻洛阳办事处主任袁晓轩,还有后来名声显赫的何挺一、柳青、龚澎,以及结束了在根据地的考察、要回重庆的民主人士李公朴。大家分别去洛阳、西安、延安、重庆。

罗瑞卿派了一个武装连队,一路护送,直到黄河北岸。

九月底,队伍通过了日军封锁的博晋铁路,进入中条山地区。这里是国民党范汉杰部队的管辖区,因经常同八路军闹磨擦,被称为顽军。一路上,干部大队不断受到顽军的火力威胁与挑衅。一天,李公朴的警卫员到集上买肉,路上遭到顽军便衣的枪击,马被当场打死,警卫员奋力还击,才得以生还。

到达黄河北岸后,顽军又找种种借口,迟迟不发过河的通行证,致使干部大队被困了近一个月,才被准许过河。黄河渡口上,有顽军检查站,要对过往人员进行检查。

从太行出发的时候,彦涵随身携带了一些木刻团的作品,其中包括那九幅新年画,以及他的《破交》和《背粮》,一共两套,三十几张。他想把这些木刻带到重庆,办个展览,让国统区人民了解根据地的抗战情况。行军途中经常下雨,他怕木刻被雨水淋湿,用唯一能防雨的毛毯将它们包好,背在背包里,宁愿自己挨浇。

过河之前,彦涵担心这些木刻被搜出没收,觉得带在身上不安全,于是想到了同行的李公朴。李公朴是知名的民主人士,彦涵料定顽军不敢对他太放肆。他找到李公朴,讲明了情况,希望他能帮忙把这批木刻带过黄河。李公朴很痛快地答应了,把木刻藏在了行李里。

果然,到了渡口以后,渡口检查官命令干部大队所有人员列成一队,进行搜身检查,把每只行李都翻了个底朝天,唯独没敢检查李公朴。

两套木刻顺利带过了黄河。到达洛阳八路军办事处的当天,彦涵听说李公朴第二天要回重庆,于是去要那两套木刻。

李公朴想了想,说:"还是由我替你带到重庆去吧,这样路上安全些。"

彦涵同意了,请李公朴回到重庆后,把木刻交给重庆《新华日报》,并说,自己很快也要动身到重庆去。

但是,后来情况有变,彦涵没能去成重庆,那两套木刻也没有了音信。全国解放后,彦涵听说,李公朴曾于一九四一年,在重庆以《新华日报》名义,举办过这些木刻的展览,之后又由他保存起来。一九四六年,李公朴在昆明被国民党特务暗杀,那两套木刻的下落,也就无从得知了。

一九五八年,李公朴的夫人张曼筠,捐献给中国革命历史博物馆一套木刻团的木刻作品,说是李公朴留下的。博物馆找到彦涵,经他鉴定,正是他当年交给李公朴那两套木刻中的一套。这套木刻后来收藏在中国革命历史博物馆。

另一套,直到一九六二年才有了下落。那年,美国著名女作家安娜·路易斯·斯特朗来中国,送给中国美协一套幻灯片,拍的全是木刻作品,其中有木刻年画,上面写有"鲁艺木刻工作团"的字样。斯特朗说,这套木刻是当年李公朴先生在重庆送给她的,她带回了美国,并制成幻灯片。于是美协找到彦涵,请他确认。一点不错,正是另外一套。此套木刻,现存于美国。此为后话。

数日之后,彦涵与干部大队里要回延安的同志,乘坐火车,到达了西安八路军办事处。西安八路军办事处主任林伯渠让他的秘书找彦涵谈话。

秘书说:"现在的形势越来越紧张,去重庆的路上太不安全,书是不是可以在西安买?重庆就不要去了。"

彦涵回答说:"可以,但这要得到前总的批准。"

"这件事我们负责和前总联系。另外,你现在回太行,路上同样不安全,我们希望你买好书以后,直接去延安,与何挺一、柳青他们一起走,以免发生意外。"

"可是,书呢?"

"我们可以通过交通,运回太行。"

事情太突然,彦涵一时不知该如何决定。

"这只是我们的建议,回太行还是去延安,请你自己决定。"

如果仅仅从个人考虑,彦涵当然愿意去延安。从太行到西安的这段路上,他已经看到,国民党的反共行径越来越猖狂,可以肯定,回去的路上会更加危险。相比之下,去延安要安全得多。另外,他已经在前方快两年了,整天处于动荡之中,非常希望能有一个安定的环境,安稳地坐下来搞搞创作。比起太行来,延安没有战事,环境安定,生活也要好一些。现在是他回延安的一个机会。

但是,他惦念着怀孕的白炎,还惦念着刚刚建立起来的木刻工场。

"我想,我还是回太行。"

他简单地讲了自己的想法。

秘书很理解:"好吧。我们马上请示前总。"

前总政治部很快发来电报:同意西安买书,尽早返回太行。其实,西安也不安全。随着第二次反共高潮的掀起,街上到处是国民党特务,暗中搜捕共产党。八路军办事处的过往人员只要一出门,随时都有被捕的危险。为避免遭到特务的秘密逮捕,办事处的同志上街,一律都穿军装,公开八路军身份,这样,特务们便不敢轻易公开下手。

彦涵第一次上街,还是被特务盯上了。

那是在一家文具店里,他买了一些准备带回太行的纸张、颜料和油墨,正在算账的时候,被一个特务缠住了:

"你是干什么的?"

"八路军办事处的采购员。"

"你们买这些颜料干什么?"

"当然是画画用。"

"买石印油墨干什么?你们有石印机吗?"

问的全是废话,一边问,一边不时地用眼睛瞟着窗外和门口。

彦涵立刻明白,这家伙是在有意缠住他,等待同伙的出现,好一起对他下手。他一边冷静地应付着,一边想着脱身之计。

老板算好了账。彦涵当机立断,付钱之后,指着买好的东西对老板说:"我到隔壁买些别的东西,这些东西我回来再取。"

然后走出文具店,匆匆穿过马路,进了另一家商店。他知道,那个特务肯定一直在盯着自己。他发现商店里有一个侧门,迅速溜出去,又飞快地登上黄包车,返回了办事处。办事处的同志听说后,都为他捏了一把汗。

尽管危险,他也要完成任务。后来,他又冒着风险多次上街,终于

79

买好了书,以及颜料、油墨。

离开西安之前,龚澎把一份密信交给彦涵,要他回到太行山后,亲手交给罗瑞卿。回到房间,彦涵立即把密信缝进了棉衣,以防路上遭遇不测。

十月下旬,彦涵独自带着两大包采购的东西,闯过一道道关卡,乘车返回了洛阳八路军办事处。

此时,彦涵离开太行已经两个月了。他惦记着快要临产的妻子,恨不能马上回到太行。

"你现在还不能马上回太行。"办事处主任袁晓轩说,"你要等一批人,等这批人集合齐了一起走。"

"我想早点动身,能不能和几个同志先走?我爱人就要生孩子了。"

"让你留下等这批人,是要交给你一项重要任务。"

"任务?"

"有一批河南的地下党员,暴露了身份,随时都有被捕的危险,上级决定把这批同志转移到太行山根据地。我们想让你来负责,把他们安全带到前方。"

彦涵毫无思想准备,想到通过顽军管辖区时的情景,心里不免有些担心,说:"我是个画画的,从来没有带过兵,军事上一窍不通,万一出了问题……"

"现在情况紧急,比较起来,只有你最合适。不管怎么说,你毕竟在前方工作过,我们相信你。组织上已经决定了。"既然组织已经决定,彦涵无话可说,只能服从。

几天以后,人陆陆续续集合齐了。除了部分干部之外,大都是农村党员,有男有女,有老有少,一共三十四个人。这些人一直在农村工作,没见过什么世面。眼下的政治环境如此恶劣,要带着这样一些人通过一道道顽军与日军的封锁线,安全到达前方,确实不是一件容易的事。

看着这支由国民党通缉的同志组成的队伍,彦涵深感责任重大。他们的生命安全就在我手里了,无论如何,我也要把他们带过黄河,带到太行山去。

人员集合起来之后,便是等待国民党军签发渡河的护照。可是国民党军故意刁难,迟迟不肯签发,等了差不多有一个月,直到十二月初,才拿到护照。

彦涵立即带着队伍,还有办事处要带到太行的两大马车的各种物资,步行数十里,来到了黄河南岸的铁榭渡口,准备渡河。

把守渡口的顽军检查官却不放行。

"我们有护照,为什么不放行?"彦涵据理力争。

"你们的护照无效,不能过河。"

"护照是第二战区卫立煌长官司令部签发的,怎么会无效?"

"护照已经过期了。"

"请你仔细看看,这上面明明写着一个星期内有效,我们拿到护照才第二天,怎么能说是过期了?"

"我们刚接到司令部的命令,这些护照统统无效!"

彦涵明白,这是顽军蓄意阻挠他们过河,说什么都白费,只好先带队离开渡口。

为了安全起见,他把大队人马带到了离渡口十几里远的一个骡马店住下,交代了一番有关安全方面的注意事项,然后连夜赶回办事处,作了汇报。

按照办事处的指示,彦涵留在办事处,到顽军司令部重新办理过河护照。经过多次的据理力争,一个星期后,总算拿到了新护照。

大队人马呼呼啦啦过了黄河,然后马不停蹄,一路急行军,连夜赶到了济源县的小庄。罗瑞卿派出的接应部队,差不多有一个连,已经等候在小庄了。带队的队长叫程波。彦涵和程波带着队伍,顶风冒雪,晓行夜宿,向太行山根据地进发。

一九四一年的一月上旬,队伍进入庞炳勋部队的防区。彦涵看到,顽军驻地营房的墙壁上,到处写着反共标语:"赤匪不灭,大乱不止!""八路军游而不击!"国民党反共已经公开化了。

就在这时,队伍突然接到前总的电报,只有四个字:"星夜赶回!"

彦涵和程波判断,一定是发生了什么重大事情!于是决定加快行军速度,昼夜兼程。

一天中午,在即将通过最后两道封锁线的时候,守军命令我军队伍,要到指定的村庄宿营。队伍赶到那里,发现这个只有几户人家的小村子,四面环山,村子恰好位于山谷底下。这是兵家最为忌讳的宿营地形。

"他们这是想围歼我们哪!"程波一眼识破了顽军的用心。

程波和彦涵当即决定,此地绝不能停留,队伍继续前进。

下午,队伍突然出现在第一道封锁线守军的面前。顽军以为,这支队伍已在指定地点宿营了,毫无准备,把守哨卡的兵力只有一个班。

守军说:"我们没有接到上面的命令,你们不能通过。"

但也只是说说而已,当他们看到对方起码有一个连兵力的时候,知道挡也挡不住,僵持了一阵之后,只得老老实实闪开,眼睁睁看着八路军的队伍,从炮楼底下呼呼啦啦地席卷而过。

半个小时之后,队伍又如旋风一般,出现在顽军的第二道封锁线上。这是顽军的最后一道封锁线,过了这道封锁线,便是解放区了。

远远地,彦涵就看见守军列成横队,持枪站在路口,大约有一个排的样子。他们身后是炮楼,两边是铁丝网。

程波边走边对部队命令道:"作好战斗准备,只要顽军敢阻拦,就坚决消灭他们!"

行进到哨卡跟前,彦涵对守军说道:"我们是八路军,要回前方与敌人作战,请你们马上放行!"

守军的军官态度十分强硬:"没有上面的命令,谁也不能过去!"

"我们有你们防区司令部的护照!"

"没接到命令,有护照也不行!"

彦涵把脸一沉,干脆说道:"告诉你们,今天是让过也得过,不让过也得过!"

咔啦一声,顽军的两挺机关枪横在了路上。程波见此情景,朝护送部队一挥手,两挺机关枪也对准了顽军。

空气顿时紧起来,双方对峙在那里,大有一触即发之势。

到底是八路军方面人多,守军的军官最终软了下去,说道:"别误会,有话好说,请你们的长官到炮楼里去谈。"

程波立即对彦涵说道:"我带一个排留下,你带队继续前进,在前面的村子里等我。"

彦涵朝队伍大喊一声:"跟我跑步前进!"队伍便呼啦啦地冲过了封锁线。

彦涵一边跑,一边回头看,只见程波带着几个战士进了顽军的炮楼,心不由地悬了起来:下面将会发生什么事?如果谈崩了,会不会打起来?

队伍一气跑了十几里,停下时,已经是平顺根据地了。队伍在一个小村庄住下,等着程波他们。

快到夜里了,一直没睡的彦涵,听到外面响起纷乱的脚步声,哨兵进来报告,说程波他们回来了。彦涵连忙跑出门外,月光下,只见程波带着队伍进了院子。看看大家嘻嘻哈哈的样子,不像发生过什么事,彦涵心里的石头这才落了地。

进了屋子,彦涵连忙问程波:"他们让你留下干什么?"

"他们让我写个条子,说明某月某日我军从这里通过,好向上面有个交代。哼!他们也只敢让我写个条子,如果真的闹翻了,我就毫不客气地把他们全都收拾掉!"程波说罢哈哈大笑。

程波参加过长征,作战十分英勇,多次负伤。几年以后,彦涵听说,程波在一次排除地雷的时候,不幸引起爆炸,身负重伤而被截肢。

终于回到了根据地。这一夜,彦涵睡得很踏实。这是几个月以来,睡得最踏实的一觉。

但是,第二天一早,彦涵却听到一个令人震惊的消息:不久前,新四军军部及所属皖南部队九千余人,遵照国民党军事当局的命令,移师北上,行至泾县茂林地区时,突然遭到预先埋伏在那里的国民党军八万余人的包围袭击。新四军英勇拼杀,血战七天七夜,终因寡不敌众,弹尽粮绝,除二千余人突围外,大部分人被俘或牺牲。军长叶挺被俘,副军长项英突围后遇害。这就是震惊中外的皖南事变。

回到根据地,彦涵将那三十四名地下党员,完好无损地移交给了有关部门。从洛阳出发的时候,这些党员一直以为彦涵是个军事干部,都叫他彦队长。直到这时,他们才知道,带领他们穿越重重封锁、临危不惧、机智果断的彦队长,原来是个画家!却又不大相信。

移交之后,彦涵立即赶到前总新的住地——辽县的桐峪镇。按着西安八办的交代,他要把那封密信,面交罗瑞卿本人。

罗瑞卿一见彦涵,不禁说道:"感谢马克思在天之灵,你们总算安全回来了!"

彦涵这才知道,前总命令他们"星夜赶回"的电报,就是皖南事变发生的第二天发出的。

好险哪!彦涵深感庆幸。如果行动不坚决,稍稍迟缓一些,恐怕真的回不来了。

彦涵立即拆开棉衣,取出龚澎的密信,交给了罗瑞卿。

罗瑞卿看罢,顿时大怒,猛一拍桌子:"袁晓轩!抓住你,我要扒了你的皮!"

袁晓轩是八路军驻洛阳办事处主任,这封密信向罗瑞卿报告:袁已暗中叛变,并列举了袁投降国民党的一些事实。

就在这之后没几天,袁公开叛变,出卖了八十多位地下党员。袁后来成为国民党少将军统特务,一九四九年在长春被我军捕获,一九七五年被特赦。这是后话。

十一 木刻工场

时间要拉回到彦涵去国统区之前,拉回到一九四〇年的夏天。

麦收时节,日寇大扫荡,主要是抢粮,晋东南根据地的衣食更加困难。为了减轻当地负担,一部分部队调往平原地区。前总政治部和北方局决定,胡一川带领罗工柳、杨筠,以及新年画之后参加木刻团的刘韵波、邹雅等人,随部队调往平原,到冀南地区开展工作。

彦涵仍然留在鲁艺分校。

北方局书记杨尚昆找他谈话:"木刻的作用很大,胡一川他们走了,你来负责,再搞一个。"

彦涵感到突然,有些犹豫。

杨尚昆说:"你是木刻团的老成员了嘛,就你负责。"又说,"希望你尽快搞起来。"

彦涵很快把留在鲁艺分校搞木刻的人组织起来,筹建了一个新的木刻团体,叫木刻工场。起这样一个名字,是因为它的生产方式完全是手工操作,就像民间的作坊一样。

木刻工场归鲁艺分校领导,彦涵任场长,艾炎任指导员。成员主要有黄山定、古达、赵在清、范云、张宇平等人。另外,还有陈寿山、赵宝贵、张哲几个印画的小八路,他们只有十四五岁,白炎负责他们的文化学习和日常生活。

人是组织起来了,可是除了人和几把刻刀之外,其他的是要啥没啥,一切都得从头干起。

彦涵在驻地桥南村里,找了一间民房,便领着大家干起来。没有印画的案子,就在地上垒起土坯,上面搭上从老乡家借来的门板;没有印画的刷子,就用猪毛、猪鬃自己绑;没有桌子,干脆不要,就在膝盖上刻画;最困难的是纸张和油墨,这些东西自己解决不了,杨尚昆出面,从别处拨来了一些,数量虽说不多,总能应付一阵。

木刻工场建起来以后,刚刚刻印完一批领袖像,下发到部队,彦涵便被派到国统区去买书。一去来回三个多月,回到太行,已是四一年的一月了。

回来的当天,罗瑞卿就向彦涵布置了新的任务,说,你回来得正是时候,中央现在发出指示,对国民党顽固派的第二次反共高潮,必须给予坚决的回击。你们木刻工场,要紧密配合,坚决揭露顽固派反共的真面目。"

离开前总政治部,彦涵匆匆来到桐峪镇附近的上坞村。这是鲁艺分校和木刻工场的新驻地。

李伯钊见他回来了,非常高兴,说,皖南事变发生后,大家一直为他的安全担心,你回来就放心了。又说,白炎快要生了,学校已经派人把她送到了白草坪的部队医院。

李伯钊说:"白炎一直为你担心,你回来了,先休息两天,去医院看看白炎,让她也好放心。"

彦涵没有去医院,向李伯钊汇报完了工作,又马上到了木刻工场,召集大家开会,研究和布置新的任务。马上要做的有两件事——第一件事:刻印彭德怀的亲属给中共中央的一封信。

在第二次反共高潮中,国民党顽固派在彭德怀的家乡大搞白色恐怖,大肆屠杀抗日家属,一时间血雨腥风,哀声遍野。彭总的亲属们悲愤至极,给中共中央写了一封很长的信,以大量事实,控诉了国民党的滔天罪行,声声血,字字泪,情悲意愤,令人心颤。

彦涵在政治部向罗瑞卿汇报工作的时候,看到了这封信的原件,征得罗瑞卿的同意,把信带了回来。他决定用八行书的形式放大刻印,在根据地里张贴散发,用事实揭露国民党顽固派破坏抗日的真面目。他把刻字的任务交给了一个同志,要他在三天之内刻出。

第二件事:创作"十二条"木刻组画。

皖南事变后,中共中央发表了关于皖南事变的十二条解决办法,表明共产党的严正立场。大家决定配合十二条搞一套木刻组画,即根据每条声明内容刻一幅画,再配上声明内容。

这套木刻由彦涵、艾炎、古达、黄山定、范云等人去完成,也争取在三天之内赶出来。等这些工作全都安排妥当之后,第二天一早,彦涵徒步去了白草坪医院。

白草坪离上坞一百多里,彦涵走到医院的时候,已经是半夜了。他摸黑来到白炎的房前,敲敲门,轻声叫道:"白炎,白炎……"

只听白炎在里面惊喜地叫了一声:"是彦涵吗?"

"是我。"

"天哪!"哗啦一声门开了,白炎连鞋都没顾上穿,光脚站在门口。一见彦涵,就张开双臂扑过来,紧紧搂住他的脖子,喃喃说道:"谢天谢地,你可回来了……"

丈夫平安归来,又赶在她临盆之前,这使白炎感到特别地安慰和踏实。她一边和彦涵说着话,一边摆弄着炭火,脸上安详而幸福。

"再过几天,孩子就要生了,我原先还一直担心你不在身边,没人照顾,你回来就好了。"

彦涵有些歉意地说:"我是顺便来看你的,只能待一夜,天一亮就得走。"

白炎抬头看看他,眼里流露出了失望。

"我是到附近的小叶桃来买纸和油墨的,我得尽早买好赶回去,工场里正等着用。"

白炎不再说什么,低头摆弄着炭火。她本来就是木刻工场的一员,她完全理解。忽然,她听见一阵鼾声,抬头一看,彦涵靠着被子睡着了。漫长而艰险的跋涉之后,他还没来得及好好休息一下,就又开始了紧张的工作。他太累了。

天刚蒙蒙亮,彦涵就起身去了白草坪的小叶桃。他匆匆买好了油墨、纸张,又马不停蹄,走了一百多里,连夜赶回木刻工场,投入紧张的"十二条"组画的创作之中。

布置任务的第四天,彭德怀的家信已经刻好,彦涵看过,立即印刷,通过总政宣传科,广泛张贴散发。

"十二条"组画只刻了一半,因为时间紧张,来不及刻下去,只好合并成六幅,每幅刻写两条声明。立即抢印。

根据地里到处召开军民大会,声讨制造皖南事变的国民党顽固派,要求惩办凶手。情如烈火。彭德怀的家信,因为是采用原稿放大的形式,显得真实可信,在报上一发表,等于往烈火中添了一把柴,立刻在各界人士中引起强烈反响,声讨之势更加浩大。

与此同时,"十二条"组画也抢印了出来。油墨未干,彦涵便带着大家拎着浆糊桶,在村口路边,以及群众集会上,四处张贴。同时,请敌工科的同志帮忙,通过敌后武工队员,把这些木刻贴在顽军及伪军的炮楼上,撒进他们的驻地。这完全是突击性的任务,紧张得如同打仗。

突击过后,彦涵正想好好睡一觉,突然接到白炎的来信:孩子生了,是个儿子!多少天来的疲惫,顿时一扫而光。他赶上毛驴,立刻去白草坪接人。一路上,他的心都被幸福充塞着。

几天后,白炎骑着毛驴,彦涵用大衣裹着刚刚诞生的小生命,捆在挂在脖子上的一块小木板上,一路用双手托着,足足走了两天,回到了上坞村。

在这两天的路程中,彦涵时而给白炎说些笑话,驱散山中的单调与寂静,时而又陷入沉思不语中。每逢见他沉思不语,白炎就知道,他又在考虑木刻工场的工作,或是构思新的作品了。

抗战以来,国民党的宣传机器,一直污蔑八路军是"散兵游勇"、"游而不击"。回击污蔑的最好办法,就是用事实。他想好了一个计划,组织大家创作一批反映八路军在华北英勇抗战的木刻作品,回击国民党顽固派。

回到上坞村,他把这个计划在会上一说,立即得到大家的赞成,于是纷纷行动。

作品很快搞了出来,一共有二十几幅。彦涵自己刻了《奇袭阳明堡飞机场》、《纷纷建立根据地》、《攻克井陉煤矿》,艾炎、黄山定、古达等人刻了《平型关大捷》、《百团大战》、《活捉天皇表弟阿布中将》……

彦涵把这些木刻编成一本画册,起名叫《八路军华北抗战》。他拿着编好的画册去找罗瑞卿,请他题写书名,再写个序言。

罗瑞卿接过画册,一页一页地翻看着,看得十分仔细。看罢,兴奋地说道:"好,我一定写,三天后你来拿吧。"三天后,罗瑞卿果然全都写好了。

工场立刻印刷、装订,出了几千本。不但在根据地和延安发行,敌工科的同志还散发到了敌占区，发行到了国统区。许多人，尤其是国统区的人，正是通过这本薄薄的画册，了解了八路军在华北战场上的卓著功勋。

搞完《八路军华北抗战》之后，彦涵又开始创作木刻连环画。内容是根据地民兵们的故事。

他到根据地两年多了，接触过不少民兵，也听说过许多民兵的故事。他们与游击队、武工队密切配合，展开麻雀战，三五成群，声东击西，搞得敌人提心吊胆，寸步难行。

彦涵平时很注意这方面材料的搜集。一天，他在《新华日报》（华北版）上看到一篇报道，说是辽县大羊角村有个民兵，名叫刘二堂，智勇双全，在敌人的扫荡中，一个人坚持打麻雀战，与敌人周旋，杀死打伤好几个鬼子，缴获了好几条枪，后来当上了民兵队长。报纸在报道刘二堂事迹的同时，还写了编者按，号召根据地人民学习他，杀敌立功。

彦涵看罢之后，花了几十天的工夫，一鼓作气，刻了一套连环画，题目就叫《刘二堂》。这套连环画在根据地里广为发行，影响很大，很多人都知道有个民兵英雄刘二堂。

夏天的时候，他又刻了《彭德怀将军在前线》。彦涵对彭总一向充满敬意，他曾和彭总一起打过篮球，对彭总的言谈举止印象很深，一直想为彭总刻幅木刻。一天，他看到徐肖冰拍摄的一张彭总照片，拍的是彭总在百团大战中的关家垴包围战前夕，亲临前线视察的情景：战壕中，身穿军大衣的彭总身体前倾，手举望远镜，观察敌人阵地。彦涵很喜欢这张照片，据此刻了这幅木刻。

彭德怀将军在前线　1941年

1942年，八路军晋东南鲁艺分校及木刻工场的部分人员合影。前排抱小孩者为彦涵。

不过，他没有完全按着照片刻，而是根据对彭总性格的了解，重新进行了艺术构思。徐肖冰的照片拍了彭总的大半身，彦涵只刻了身体上半部，突出了面部表情：沉着、冷静、胸有成竹。同时，又在最能体现人物性格的细节上做了渲染：厚厚的嘴唇、刚毅的嘴角。经过这样的处理后，作品更加体现出彭总在大战前夕运筹帷幄的大将风度。

八路军游而不击？请看我们的彭大将军！

作品印出之后，一些人纷纷跑到木刻工场来索要。彭总的夫人浦安修也来了，她对彦涵说："你的那幅彭总像还有吗？彭总在别的地方看到了，很喜欢，希望你能送给他一幅。"

彦涵非常高兴，马上拿出一幅木刻，在上面签了名字，请浦安修转交给彭总。八路军总部左权副参谋长知道后，也向彦涵要了一张。

这年夏天，晋察鲁豫边区文联举办美术展览，彦涵把这张木刻拿到展览会上，获了个一等奖。奖品是两本书。

罗瑞卿很欣赏彦涵，因为不管是当场长，还是当教员，他都尽职尽责，满怀热情，而且，能画会写，口才也好，还有很强的组织能力。当然，很重要的一点，听招呼，不管交给什么任务，都能想办法去完成，让领导放心。

大约是一九四一年秋天的时候,部队要提拔一批干部。罗瑞卿想提拔彦涵当宣传科副科长,找他谈话说:"彦涵,到政治部来工作吧。"

彦涵舍不得放弃画画,说:"去了政治部,我就没时间画画了。"

罗瑞卿说:"怎么会没有?来吧,我会给你时间画画的。"

彦涵心想,现在说得好听,到时候不给时间也没办法,便说:"我不适合坐机关,恐怕干不好。我还是愿意画画,就让我好好画画吧。"

罗瑞卿没答应,让他到政治部上班。彦涵却不去报到。他明白,只要一去报到,画画的事情,基本就算彻底告别了。

过了两天,罗瑞卿见他没来,让人通知他说,赶紧来上班。罗瑞卿脾气大,急了会拍桌子骂人,部下都很怕他。彦涵却硬着头皮,一直拖着不去,想拖到实在拖不过去了再说。

庆幸的是,罗瑞卿理解他的想法,又考虑到培养一个美术干部也不容易,时间一长,也就睁只眼闭只眼,随他去了。

彦涵如果真的去了政治部,后来的道路,极可能就是另外一个样子了。

十二　当敌人搜山的时候

一九四二年五月初,日军继二月扫荡之后,调集了四万兵力,对太行山根据地,发动了更大规模的扫荡清剿。扫荡从太行北部开始,分多路对八路军总部和北方局等首脑机关,进行"铁壁合围",然后又扑向太行南部,企图合击一二九师司令部及其所属各部。

当时,彦涵正在一二九师。他是在二月反扫荡过后,被借调到一二九师政治部办《战友报》的,负责刻插图。出到第四、五期的时候,师里忽然接到消息说,敌人在太北包围了八路军总部,正向太南包抄过来,情况极其严重。

师长刘伯承、政委邓小平,立即率领师部人员,日夜急行军,向黎城方向突围。黎涉公路是敌人的最后一道包围圈。一个伸手不见五指的黑夜,刘、邓带领司令部的队伍,越过黎涉公路,跳出了包围圈。

政治部的队伍却遇到了麻烦。由于天太黑,向导迷了路,把队伍带上了两半山的悬崖,来来回回折腾到天亮,仍未能按原计划突围出去。后来向导不见了,有人怀疑,向导是汉奸。

队伍被敌人包围在了山谷里。这支队伍,除师政治部之外,还有边区党委、边区政府、边区银行、边区党校……一共几百人,全是非战斗人员。而掩护他们的,只有一个担任前卫和后卫的警卫连。

队伍疲惫已极,连续多日的急行军,许多人连走路的力气也没有了。除了疲惫,最要命的是干渴。天天行军,太阳又特别毒,水分消耗极大,偏偏山里很难找到水,有的人实在耐不住,开始喝尿了。

在警卫连的掩护下,队伍再次突围。山谷里,枪声、炮声、敌机的轰炸声连成一片。人们顺着崎岖的山路拼命奔跑,冲向山口。彦涵一边跑,一边向两边迅速搜索。

他在找水。尽管后面枪声异常激烈,敌人随时都会追上来,他竟一点儿没有想到死,脑子里最强烈的欲望是水!他太渴了,只觉得嗓子冒烟,胸口着火!他渴望眼前能突然出现水,泉水、河水或是沟里的积水,都行。可是,到处都是干巴欲裂的石头,连个水星也见不到。他觉得胸口发闷,脑袋昏沉沉的,身体快要支持不住了。

转过一个山坡,忽然发现,前面断崖下挤着一堆人,是在喝水!细看,断崖下滴滴答答滴落着几股细细的泉水,干渴已极的人们挤在下面,有的举着搪瓷缸或水壶在接水,有的仰起头来用嘴接,还有人干脆趴在地上用嘴吸……

他精神一振,一边解着水壶,一边冲向断崖。断崖下的人太多了,他怎么也挤不进去,只能眼巴巴地看着。

"快走!快走!敌人向我们这边冲来了!"一个侦察员从后面急跑而来,冲着断崖下的人群大声喊道。可是极度的干渴,已经使人们顾不上眼前的危险,仍不顾一切地在断崖下拥挤着。侦察员是个二十岁不到的小战士,一点办法也没有,气得用棍子拼命地抽打岩石,棍子都打飞了,人们仍然不肯离开。

彦涵终于挤到了断崖跟前,却发现那片可怜的水洼已经被踩成了一片泥地,一点水也没了。他又挤到了断崖下。一个战士在用搪瓷缸接水。水流太细,流得太慢!而后面的枪声却越来越近。

"同志们,快走哇!快走吧,敌人就要上来了!"那个小侦察员声音带着哭腔,几乎是在哀求。

彦涵使劲咽了咽喉咙,转身离去。

"同志,"一个声音叫住他。

他回头一看,是那个接水的战士。那个战士把搪瓷缸向他递过来,"这半缸子水你喝了吧。"

彦涵愣了一下,没接。这时候的水就是命啊!

"快喝吧,敌人就要上来了!"那个战士把搪瓷缸往他手里一塞,转身跑掉了。

彦涵心头忽地一热。那半缸子水很浑,跟泥汤子一样,大概是那个战士接水之前,在地上刮过水洼里的水。彦涵捧起搪瓷缸,一口气喝干,然后飞奔而去。

那半缸子泥水,令他永生难忘。几十年后,他刻了一幅木刻《水》,就是对这段在最残酷的战争环境中的人与人之间最美好情感的回忆。

几次突围都未成功,队伍仍被压在山谷里。

敌人的包围圈越来越小。侦察员报告,敌人正迂回包围过来,情况极其危险。

水　1962年

一二九师政治部主任、独臂将军蔡树藩被两个警卫员架着胳膊（他的马已被打死），走到疲惫不堪的队伍面前，大声命令道："同志们，我们一定要冲过东面的山头，如果冲不过去，明天我们就会当俘虏！"

这句话，使大家受到强烈的刺激，一下子振作起来。

蔡树藩又命令道："现在轻装，除了武器，其他的东西通通扔掉！"

背水一战的时刻到了。一箱箱的东西从骡驮上卸下，推下了山沟。不少人把被包、书籍也扔掉了。报务员含泪将电台举起，朝岩石上砸去。那是师里唯一的一部电台。此后差不多有一个月的时间，师里和延安失去了联系。

彦涵把能丢的东西全都丢掉了，身上只留一个挎包，里面装着一个速写本，几支画笔，三把刻刀，一床单被套，还有一个小盐口袋。

枪声再次响起，担任阻击任务的后卫排，已经和敌人交上了火。

队伍潮水一般朝东面的山梁冲去。敌人也在向山头运动，企图把突围的队伍封锁在山谷里。枪声、炮声震撼着山谷，不时有人中弹倒下。

彦涵在乱石中拼命向山顶攀登，子弹在头上呼啸而过。他知道，如果在敌人封住山口之前不能通过，那就完了，不是被打死就是当俘虏。他不顾一切冲向山口，可是，两腿像坠了石头，每跑一步都要用尽全身的力气。他已经没有体力了，完全是靠精神的力量在支撑。

他已经听见了敌人哇啦哇啦的叫喊声，甚至清楚地看见了指挥官的白手套。他已做好准备，如果敌人冲到近前，他就从悬崖上跳下去，决不当俘虏！

就在这紧急关头，后卫排机枪声大作，敌人被压了回去。

这为突围赢得了极为宝贵的时间。就在敌人被机枪压得抬不起头的短暂的时间里，大队人马终于冲过了山口。

彦涵也冲了过去。跑出去很远很远之后，他听到后面的枪炮声仍然持续不断，过了很久，才渐渐平静下来。

后卫排却一个人也没有回来，全部壮烈牺牲。

彦涵后来听说，那场阻击战打得异常激烈，敌人的迫击炮和飞机不断向阵地上猛轰，后卫排却没有后退一步，死死顶住了敌人的进攻，终于使大队人马冲过山口。当敌人攻上来的时候,战士们砸了武器,从悬崖上跳了下去……

一年多以后,彦涵刻连环画《狼牙山五壮士》的时候,脑子里就常常浮现出后卫排的英雄们。

队伍虽然冲出山口,却未冲破"铁壁合围"。幸亏这时,天已渐渐黑了下来,敌人不熟悉地形,怕中埋伏,停止了进攻,等待明天继续搜山。

队伍在山坡上紧急开会。每一个人都非常清楚,今夜如果不能突围出去,明天必被围歼无疑。

蔡树藩命令:为减小目标,队伍化整为零,自由结合,分散行动,立即离开此地,向黎城方向突围。

彦涵所在的突围小组一共五个人,全是知识分子,既没打过仗也没有武器,倘若遇到敌人,后果可想而知。师宣传部长朱光看看这五个人,有些不放心,从自己的小组里抽出两个人,加入到彦涵他们小组,担任组长。这两个人都是战斗部队的科长,参加过长征,有丰富的战斗经验。

队伍分散开了。彦涵他们七个人先在一片小树林里隐藏到下半夜,然后开始向黎城方向急速行进。大家已经有好几天没吃东西了,身体非常虚弱,而且地形不熟,能否突围出去,全凭运气了。

他们爬上一道山梁,就着月光,看见半山腰里有户人家。带队的科长决定,先下到山腰找些吃的,再找老乡问问路。正要下去,忽然传来隐隐的哭声。大家把耳朵贴在地上仔细听,听出是个女人的哭声,抽抽泣泣,是从半山腰的那户人家传来的。大家怀疑是敌人在糟踏妇女。

"走,下去看看。如果是敌人,想办法干掉他们!"科长说道。

七个人匍匐前进,接近了院落。月光下,一个女人坐在屋门口,怀里抱着一个孩子,正低头哭泣。看来没有敌人,科长一示意,大家进了院子。女人立刻满脸惊骇地叫起来。

"大嫂,别害怕,我们是八路军。"

七个人全是南方口音,女人听不懂,开始以为是日本人,吓得哆哆嗦嗦缩成一团。后来见这些人衣服破烂,态度和气,又慢慢听懂了意思,不再害怕了。

　　这时大家才发现,她怀里抱的孩子已经死了。女人说,是病死的。

　　科长问:"你男人哪儿去了?"

　　女人说:"日本人搜山,躲到后山坡去了。"

　　科长说:"大嫂,请你把他找回来,我们需要他帮忙。"

　　女人放下怀里的孩子,带他们出了院子,冲着山坡喊了一阵,喊她男人的名字。

　　过了一会儿,不知从什么地方钻出一个汉子,疑疑惑惑走到大家跟前。是个大个子,四十来岁,一脸大胡子。汉子用戒备的目光打量着这些不速之客,不说话。

　　"老乡,我们是突围的八路军。"大家指了指八路军的臂章给他看。

　　汉子看了看,放心了,马上热情起来:"屋里坐吧。"

　　科长说:"老乡,我们已经好几天没吃饭了,能不能给我们弄点儿吃的?"

　　汉子说:"我去拿。"

　　彦涵便跟在他后面,一起去了。汉子带他来到一个石洞里。根据地经常遭到敌人的抢掠烧杀,许多人家都挖了山洞,藏身藏粮食。彦涵擦着了火柴,他看清,洞里只有一些土豆,还有半小口袋小米,看来是他家的全部粮食了。

　　汉子兜起衣襟,往里装土豆,装了一半,哗啦又都扔下了,一把拎起那口袋小米,转身走出洞外。然后回到屋里,掀起锅盖,只听哗啦一声,半口袋米全都倒进了锅里。又吩咐女人:"赶紧烧火。"

　　怕敌人发现,没敢点灯,女人摸着黑,焖了满满一大锅小米饭。

　　汉子对大家说:"吃饱些,走路好有劲。"便坐在一旁默默抽烟。

　　大家狼吞虎咽,满屋子吭哧吭哧的咀嚼声。

　　女人怀里抱着死孩子,轻轻晃动着,好像在哄孩子睡觉。烟锅上的红火在汉子脸上一闪一闪。

　　大家吃饱了,锅里还剩了一半。汉子说:"剩下的你们都带上,留着路上吃。"然后用布蘸了凉水,捏成一个个饭团。

　　科长说:"我们已经吃饱了,不能再带了。"

汉子说:"天快亮了,估摸你们今天走不出去,少说还要在山里待上一天。带上吧,只要你们能出去,比什么都强。"大家拗不过,只好带上了。

科长问汉子:"去黎城方向,怎么走才比较安全?"

汉子说:"这一带村子,全都住满了日本人,各个路口都放了流动哨,千万不能走大路,要走羊肠小道。越是不好走的地方越没有日本人。"然后讲了具体的路线。

大家谢过汉子和那女人,正要出发,汉子忽然叫住他们,说:"我送你们一程吧,这路我熟。"说着从墙上取下一卷绳子,出了院子。

一路上,汉子带着他们避开村庄,绕开大路,专拣小路走。有时根本没有路,要攀悬崖峭壁。攀悬崖时,汉子先上去,然后顺下绳子,把下面的人一个个拉上去。下峭壁时,他又拉着绳子把人一个个送下去,最后收起绳子,扒着岩石溜下来。

彦涵十分惊讶,汉子虽然是个大块头,动作却十分灵巧,立陡立陡的悬崖,噌噌几下蹿上去,又刷地溜下来,而且没有声响,简直像只狸猫。越往前走,彦涵越感到,如果没有眼前这位汉子带路,他们根本就找不到路;即便找到了,没人帮助也上不去下不来,根本没法走。那路实在是太险了。

约摸走了两个多小时,到了一座山顶,汉子指着前面说:"翻过前面那座山,就是黎涉公路,公路上白天黑下都有日本人的巡逻队,你们白天不好过去,最好晚上过。"

这时天已大亮,隐隐听到从公路上传来汽车声。不能再走了,科长决定先在山里隐蔽起来,等天黑以后再下山。

汉子要返回去了,大家一再感谢,问他的名字,说是扫荡过后,会派人给他送饭钱的。汉子一听,连连摆手:"不说这,你们是为俺穷人受苦,不说这。"说罢,转身就走,噌噌噌,像只灵巧的狸猫,转眼消失在莽莽苍苍的大山里。

彦涵后来听说,扫荡过后,部队派人给那汉子送了饭钱,汉子死活不要,派去的人再三解释,说这是部队铁的纪律,这才收下。

七个人在山洼里躲了一天,一直挨到夜里。多亏了那些饭团,才没挨饿。当夜,他们顺利冲过公路,跳出了敌人的包围圈。刘、邓派部队在公路外侧接应,七个人安全回到了部队临时驻地。

过了一两天,其他突围的同志也陆陆续续赶到了驻地。刘伯承让总务科长弄来一头猪,让大家美美饱餐了一顿。

吃饭的时候,彦涵听说,一些同志因为没有向导,在山里迷了路,转来转去,怎么也转不出敌人的包围圈,有的被杀害,有的被俘虏。其中有三人,是彦涵熟识的回国参加抗战的华侨学生。彦涵不由想起那个敦厚而灵巧的山中汉子。

许多年后,彦涵回忆起那个不知姓名的汉子,仍感叹不已:"那时的老百姓,为了八路军,为了打日本,什么都舍得,哪怕是身家性命。而且心甘情愿。"

十三　扫荡过后

五月大扫荡过后,彦涵离开了一二九师,返回太北的鲁艺分校。新华日报社的副总编辑韩进与他同行。两人身体都极度虚弱,韩进还患有肺病,不停地喘着气,走得很慢。两人边走边聊。

韩进是在敌人包围太北时突围到太南的,现在又从太南再回太北。韩进告诉他,这次扫荡,太北损失惨重,许多同志牺牲了,其中包括左权副参谋长。

韩进说:"在他留下的几件遗物里,还有你的一张木刻,是彭总的像。"

"噢,那是我送给他的,唉,想不到……"

彦涵脑海里,又浮现出左权年轻英俊的身影。

沉默一阵之后,彦涵问:"艺校的同志们怎么样?"

"听说牺牲了不少同志。"

彦涵心里一沉,急急地问:"木刻工场呢?"

"也有人牺牲了。"

"啊?都有哪些同志?"

韩进摇摇头:"只是听说,具体的不大清楚。"

彦涵心情沉重起来,默默走着。

"彦涵同志,"韩进忽然说,"有件事……我想告诉你。"

韩进表情严肃,有些欲言又止的样子。

"什么事?你说吧。"

"听说你爱人她叫白……"

彦涵的心忽地悬起来,不等他说完,连忙说道:"她叫白炎,她怎么啦?"

"对,白炎。她……"

从韩进的表情上,彦涵已经猜到可能发生的事情,心里顿时一阵冷颤。他极力克制住自己的情绪,说:"韩进同志,你说吧,我会经受得住的……"

"听说……她也牺牲了……"

尽管彦涵已经猜到了,尽管他早有这方面的精神准备,但是,当他真正听到这样的消息时,仍然感到了巨大的震惊。他眼前一片发黑,心里好像被什么东西狠狠掏了一把,忽地变得空空荡荡,手脚冷得仿佛失去了知觉。他怕自己倒下,紧紧抓住路边的一棵树干,闭上眼睛,久久不语。

"彦涵同志,你不要难过……我只是听说,有人看见她在突围时被子弹打中,从悬崖上摔了下去,摔进了山涧……"

良久,彦涵抬起头,忍住悲痛说道:"革命总要付出代价的,我有这个准备。"

话虽这么说,但他仍不相信这消息是真的。她才二十岁,刚做了母亲,她不可能死。他要尽早返回太北,弄清白炎的真实情况。一路上,他心急如焚,恨不能插上翅膀往回飞!

99

彦涵终于回到太北的麻田镇。他与韩进分了手,然后心急火燎地直奔艺校驻地,沁泉村。

村中已被敌人毁损得不成样子了,到处断垣残壁,遍地瓦砾焦土。房子被烧了,水井被填了,藏粮食的地窖被挖了,牲口棚里也空了。听不见羊叫狗吠,看不见猪拱鸡刨。处处可见棺木,时时可闻哭声。人们清理着被毁坏了的家园,一个个低头无语,脸色灰灰的,情绪十分低落。望着眼前这凄惨的景象,彦涵的心沉重得直往下坠。

他匆匆来到村中的大庙里。

二月扫荡过后,木刻工场就随艺校迁到沁泉村,住在大庙里。庙里空空荡荡,不见一个人影。正在疑惑,从里面走出一个老和尚。老和尚说,木刻工场的人已经回来了,现在和学校的人都集中在菩萨岩大庙里。菩萨岩大庙在后山,离村子有三四里地。

彦涵心急如焚,问明了路线之后,几乎一路小跑到了后山。仰头望去,山洼里果然有座大庙。他急于知道白炎的情况,也不管脚下有路没路,抓着坡上的小树就往上爬。越往上爬,心越跳得厉害,简直要从胸口里蹦出来。终于爬到了山腰,远远地,他看见庙门前坐着十几个人,正在树下纳凉聊天儿。他的心忽地悬起来,脚步定住,不敢再往前走了。他生怕白炎牺牲的消息被证实。

他站住,悄悄看着那群人,心里咚咚直跳。不错,确实是木刻工场的同志们。他看到了艾炎、黄山定、古达,看见了皖南事变后,从冀南撤回来的邹雅、刘韵波……

忽然,他呆住了,嘴巴张得好大,眼睛里闪过一道惊喜的光芒!他看见了几天以来,时时牵动着他的每一根神经的那张面孔!对他来说,那是世界上最美丽最亲切的面孔!

白炎正坐在树下,指手画脚地和人们说着什么。彦涵立刻急步奔跑过去!

白炎能活下来,真是万幸!

她是随八路军总部一起突围的。当时敌人把总部包围在十字岭上,情况极其危险。左权副参谋长冒着炮火,指挥警卫团掩护机关人员迅速撤退。突然,一颗炮弹飞来,弹片击中他的太阳穴,左权当场牺牲。队伍顿时大乱,人们沿着山路拼命奔跑,向外突围。

　　白炎在奔跑中,一颗子弹打中了她,她心一慌,脚一滑,从悬崖上滚了下去,下面是万丈深渊。人们以为她死了。混乱中,确有不少人被挤下山崖,摔死了。

　　万幸的是,白炎没有摔到谷底,她被山腰里的一棵小树截住了。简直叫人不可思议,她摔下的那片山腰里,光秃秃的,几乎没有什么遮拦,偏偏在她摔下的地方孤零零长了那么一棵小树。那棵小树,好像是为了救她而生长在那里的。毫无疑问,如果没有那棵小树,她肯定没命了。

　　其次是,那颗子弹并没有射中她的身体,只是把她的衣服打穿了一个洞,位置在肩头上,紧擦着肉皮儿。如果子弹稍稍偏下一点,或是她的个子再高一点儿,或许她也没命了。

　　她晕了过去,挂在树上。不知过了多久,她醒过来,已经是夜里了,四周一片漆黑,她终于弄清了自己是挂在半山腰上。她不敢动,天太黑,稍有闪失就会跌下去。她死死抓住那棵小树,一直熬到天色微亮,才小心翼翼地从山腰爬上来。她的衣服全都划烂了,身上血痕累累,背包也丢了。

　　后来,她遇见鲁艺分校的两个学生,其中一个是后来成了著名诗人的李季。三人编成临时行动小组,藏进山洞,等待天黑以后突围。

　　已经被围困好几天了,三个人饥渴难耐。李季和另一个学生冒着被搜山的敌人俘获的危险,下到山涧去找水。他俩先咕咚咕咚喝了个饱,然后给白炎带回来一点儿水。水,不是装在水壶里,水壶早跑没了,是浸在衣服里。他俩把衣服在河里浸透,然后捧着衣服使劲往回跑。路挺远,跑回洞里时,水差不多滴答光了。李季他俩使劲拧衣服,白炎捧着双手在下面接。从衣服里拧出的水,黑乎乎的跟泥浆一样,还冒着沫子,带着土腥味和汗臭味。可就是这样的水,白炎也没喝上几口,就再也拧不出来了。

天黑以后,搜山的敌人撤回营地,三个人爬出山洞,向外突围。他们借着月光,沿着窄窄的山间小路往前走,一路上不时看见有战友的尸体横在路上。他们无力掩埋,只能小心翼翼地从尸体上迈过去。有一段路,尸体一个挨一个,横了一片,有的是被枪弹击中的,有的是从山上滚下摔死的。尸体经过毒日的暴晒已经肿胀,散发出浓烈的腐臭气味。

在发现这一片战友尸体的那一刹那,白炎惊骇得呆住了。她想绕过去,但路旁就是悬崖,无路可绕,想从尸体上跨过去,却又无处下脚。

她几乎是从尸体堆里爬过去的。

几天后,她和李季等人终于回到了艺校。

在五月大扫荡中,艺校牺牲了十几个人:高咏、龙韵、斐玉屏、刘芝灵、白馥元……他们有的是与敌人肉搏时,壮烈牺牲,有的是在敌人冲上来之前,跳下悬崖……

还有一些人被俘,其中有文学系教员陈默君、蒋弼。据说,这些人后来被押到太原小东门外的赛马场上,被日本兵当做肉靶子,用刺刀一刀一刀地活活刺死,死得极为惨烈!

只有十几个人的木刻工场,也牺牲了三个人,一个是木刻家赵在青,一个是印画的小鬼乔云,他俩在敌人合围时,跳了悬崖。赵在青才二十二岁,乔云只有十五岁。还有一个勤务员被俘枪杀。

当彦涵坐在菩萨岩大庙前的树底下,听着同志们向他讲述这些情况的时候,他流泪了。这是他参加革命以后,第二次流泪。

第一次流泪,是在二月大扫荡后。艺校牺牲了三个人:音乐系主任朱杰民,戏剧系主任严禧,教务处干事李士忠。三个人都牺牲得十分壮烈。朱杰民乃一介文弱书生,平时连个鸡都不敢杀,在麻田沟里与几个鬼子遭遇后,竟赤手空拳地和敌人展开了搏斗,最后被乱刀活活挑死。

严禧和李士忠帮助老乡撤离时,有个老太太死活不肯走,两个人说服动员了半天不顶事,最后硬是让人把老太太用门板抬走了,结果他俩没来得及撤离,与区长、村长一起被敌人包围。区长跳了悬崖,严禧没来得及跳下去,被一排子弹掀下了谷底,鲜血染红了他身上的挎包。

挎包里面有一本小说《铁流》,是彦涵从西安买来的,很多同志传着看,后来传到他手里,还没看完,书页洇满了鲜血。

李士忠和村长被敌人抓住后,用刺刀剖开了胸膛,挖心、挖肝,活活被折腾死。扫荡过后,彦涵曾到他俩倒下的地方去看过,地上布满了血手印,周围的枯草都被拔光……彦涵流泪了。

事情仅仅过去两个月,现在,又一批同志牺牲了。他和他们中的一些人,在二月大扫荡之后,还一起参加了学校的慰问团,到遭受敌人破坏最严重的地区去慰问群众。他们当中,有的是搞美术的,有的是搞音乐的,有的是搞戏剧的,一个个风华正茂,才气横溢,前途无量。他与这些牺牲的同志朝夕相处,一起工作,一起行军,一个锅里吃过饭,一个铺上睡过觉,彼此熟悉得不能再熟悉了。可是现在,他们就像是一阵风,突然飘然而去,永远不再回来了。他们永远融入了太行山,化为了太行山的灵魂。

彦涵晚年的时候,刻了许多的山,画了许多的山,如《亦山,亦人》、《刺破青天》、《蓝山、秋色、悬流》、《怀念战友》、《牺牲颂》。这些山都极尽夸张,高耸入云,顶天立地,充满着英雄主义气概。在他心里,那些牺牲的战友们,就是永远巍峨的太行山。

在五月大扫荡中,木刻工场也遭到了彻底的破坏。木刻工场在根据地是很有名气的,敌人也知道,每次扫荡都把它列为袭击目标之一,想尽办法要把它搞掉。对木刻工场来说,最需要保护的东西,就是那些很难搞到的印刷器材和纸张油墨,所以每次反扫荡之前,彦涵做的第一件事,就是带领大家把这些东西埋藏起来,扫荡过后,再把东西挖出来,继续开干。

这次却彻底被毁了,可怜巴巴的一点器材,全部被敌人挖了出来,烧了个一干二净。

烧光了也没有什么了不起,从头儿再干。

正当彦涵准备带领大家恢复木刻工场的时候,却病倒了。白炎也病倒了。木刻工场几乎有一半人都病倒了。鲁艺分校的许多老师和学生也都病倒了。大家得的是同一个病——疟疾。

经过连续两次的反扫荡,人们的体力十分虚弱,加上粮食困难,营养不良,又是蚊蝇猖狂的暑天,疟疾在全校迅速蔓延开来,短短几天里,呼呼啦啦病倒了一大片。

这种病很讨厌,不发病的时候跟好人一样,一旦发作起来,一会儿浑身发冷,一会儿浑身发热。冷起来,浑身哆嗦,牙关打颤,如同掉入了冰窟窿,大暑天里捂上被子也不管用。转而又忽地热起来,心里像着了火,憋得叫人喘不上气。继而发起高烧,头痛欲裂,昏昏沉沉,直说胡话,直到烧出一身大汗,才作罢停止。

这种病是有周期性的。彦涵每隔一天发作一次,每次发病,前前后后得折腾一天。眼下,吃的东西都很困难,更不要说是药品了,得了病只能干挺着。为了防止传染,学校把得病的人全集中在菩萨岩大庙里,不许迈出庙门,外面的人一般也不准进来。

一天,前总宣传部的一个人忽然来到大庙,说是有事要找彦涵,医生便领他来到彦涵住的屋子里。

彦涵正在发病,围着被子在草铺上打哆嗦,见总部来了人,知道一定有重要的事,便问:"什么事?"

"嗯……这个……"见彦涵病得这么厉害,宣传部的人话到嘴边,又不忍心说了。

"是不是有任务?"

"我们想请你搞些木刻,可是……你现在的身体……"

"没问题,不发病的时候跟好人一样,保证误不了事。你们想要哪方面内容的?"

"现在我们要对伪军展开政治攻势,要分化、瓦解他们。具体怎么搞,你看着办。"

"什么时候要?"

"当然是越快越好。你是个快手,我们请你刻,就是想快点儿。"

"没问题,过个三四天,你来取吧。"彦涵指着医生笑着说,"我现在被他们关了禁闭,出不去呀。"

宣传部的人一走,彦涵便一边打着摆子,一边开始了构思。

他想起了关羽身在曹营心在汉的故事。他小时候就看过《三国演义》,对这个故事印象很深。他相信许多中国人,包括那些伪军,也都熟悉这个故事。他决定以这个故事为内容,刻一幅《身在曹营心在汉》。他选择这个故事,还因为关羽是山西人,这对同是山西人的伪军们会有一定的感召力。他相信,伪军们只要一看这幅画,就会想起这个故事,一切尽在不言中了。

身在曹营心在汉　1942年

构思很快完成。画面上,关羽端坐帐中,夜读《春秋》,关平、周仓站立两旁。

他在庙里找了块木板,操刀刻起来。刻刀,用的就是他在五月大扫荡突围时,带出来的那三把刻刀,这几乎是扫荡后他保留下来的唯一的东西。在用这样的刻刀刻着的时候,他似乎有了一种不同以往的心情。说到底,那是一种经历了大生大死之后的责任感。

他就是怀着这样的心情,从早到晚刻个不停。发病时,冷得两手发抖,不听使唤,他就停下,在院子里跑步发汗,等发抖过去,再接着刻下去。作品很快刻好,印了许多,还是彩色的。

前总宣传部立即把这些木刻交给了武工队,由武工队员带到各个敌占区,到处散发。有的贴在了伪军常去的村子里,有的撒在了伪军碉堡周围,有的绑在箭头上,直接射进了碉堡里,有的塞进了各村的伪保长和"维持会"会长家的门缝儿里……

不久,彦涵听说,有个伪军小队长来投诚,见到八路军后,连忙掏出《身在曹营心在汉》,指着画上的关羽说道:"大丈夫当如是也!"

十四　从晋东南到晋西北

经过敌人多次的扫荡与"蚕食",根据地日益缩小,加上连年大旱,粮食歉收,根据地军民的生活已经到了极度艰难的境地。粮食很难看到了,每日基本以野菜为食。为了减轻根据地的负担,也为了保存干部,部队机关开始大量缩减非战斗人员。

前总决定,艺校的部分人员回延安学习,部分人员迁往晋西北,那里是一二〇师的所在地,准备到那里建校。彦涵和白炎去晋西北,另建一个木刻工场,原来的木刻工场留交给一二九师。

一九四二年九月,彦涵和白炎随同艺校数十名师生,在武工队员的护送下,由晋东南向晋西北进发了。从晋东南到晋西北,路经武乡县潘龙镇,队伍在镇上休息半天。彦涵请了假,利用这短暂的时间,去奶妈家看望儿子白桦。

一九四一年秋天以前,日寇忙于发动太平洋战争,根据地的生活还算平静,白桦顺利地长到了半岁。到了秋天,形势越来越紧张,艺校要大家轻装,随时准备反扫荡,白炎给孩子缝了个兜带,一有行动,彦涵就把孩子绑在胸前。

一天,全校紧急集合,进行反扫荡演习,彦涵站在队伍里报数时,怀里的孩子哇哇哭起来,引得队伍一片大笑。管理员皱皱眉头,说:"彦涵同志,就要反扫荡了,你带着个孩子怎么行啊?"

演习回来,彦涵对白炎说:"把孩子送到老乡家里抚养吧。"孩子才半岁,还在吃奶,胖乎乎的,一逗就咧开小嘴儿笑,非常惹人疼爱。白炎舍不得,却又没办法,红着眼圈同意了。

彦涵便托木刻工场一位印画的师傅帮忙,找了一位奶妈。奶妈家在武乡县的北上合村,名叫李焕莲,三十多岁,据说刚生了一个孩子,死了,正好给孩子喂奶。她丈夫叫梁二成,是个老实厚道的庄稼人,家里有两个儿子,种着几亩薄地,生活挺苦。梁二成还有个弟弟,是个哑巴,住在一个院子里。事先说好了,每月由部队给她家送三十斤粮食。

白炎骑马走了一百多里路,把孩子送到了奶妈家。这家人对孩子非常好,像对自己家的孩子一样。白炎住了十几天,等孩子和奶妈熟了,一咬牙,哭着回了艺校。

白桦在奶妈家里已经整整一年了。彦涵和白炎非常想念儿子,这次离开太行去晋西北,本来想把儿子一起带走,可是考虑到途中要通过敌占区,带着孩子实在不安全,只好忍痛打消了这个念头。

潘龙镇离北上合村只有几里地,彦涵很快就找到了李焕莲的家。白炎没有去。时间太短了,见了孩子又得走,她怕自己受不了。因为李焕莲没有见过彦涵,所以当彦涵说他是白桦的父亲的时候,李焕莲还不大相信,直到确实弄清楚了,她才把白桦唤到彦涵的面前。

儿子已经一岁半了,长得虎头虎脑,十分可爱。脸蛋红扑扑的,穿得也整齐。看得出,这家人对孩子喂养得十分精心。

彦涵一把抱起儿子,亲吻着,抚摸着。儿子却用陌生的目光看着他,好像根本不认识,还不时扭过头去看奶妈。他心里说不出是一种什么滋味儿。儿子离开时才半岁,早已不记得他了。如果不是战争,儿子这年纪,正是在父母怀里打滚儿撒娇的时候,可是现在,却连自己的父母也不认得。

他很想好好陪儿子玩一玩,驮着儿子在地上爬,让儿子"骑大马",然后再抱儿子上街转转,给儿子买点儿糖果和玩具。可是时间太短了,他得赶紧回去了。

他使劲亲了亲儿子,又再三感谢了一番李焕莲一家,依依不舍地出了李焕莲家的院门。出门之后,他没有马上离去,而是偷偷躲在门外向里面张望,看看儿子是否在哭。儿子像没事一样,依偎在奶妈的怀里,咿咿呀呀说着什么。李焕莲正在给孩子喂奶,脸上安静而温和。她三十几岁,善良、纯朴,对白桦就像对亲生儿子一样。

大嫂,辛苦了,孩子就拜托给你了。他在心里默默说道,怀着不舍与感激,大步离去。

一个大雨滂沱的夜晚,艺校队伍一路急行军,在敌人占领的交城境内走了四十多里,来到了汾河边上。连日的暴雨使河水猛涨,河面茫茫,望不到对岸。船被敌人控制着,队伍只能偷偷地涉水过河。过河前,分了小组,三个人一组,两个男同志架一个女同志或是体弱的男同志。

彦涵和一个武工队员架着白炎。下水之前,彦涵把他和白炎的背包背在背上,鞋和裤子也脱下来,搋在背包上。

河水倒不是很深,最深的地方也就齐胸,要命的是那河底,上面是一层薄薄的淤泥,底下全是软软的细沙,整个河底就像结了硬壳的浆糊,脚一踩上,硬壳立即裂开,稍一慢点儿就会陷下去,而且越陷越深。三个人不时有人陷下去,又被另外两个人拔出来,大家都紧张得直喘粗气。

快到河心的时候,武工队员突然"呀"了一声,说:"盒子枪掉了!"便转身去河里摸盒子枪。彦涵不敢停留,一个人架着白炎继续往前走。

天太黑了,黑得就像锅底,伸手不见五指。过河的队伍本来是一个小组跟着一个小组,由于看不见前面的人,也辨不清方向,彦涵和白炎走着走着,就离开了队伍,结果逆流而上,走入了要命的流沙地带。两个人只觉得忽悠一下,同时陷进了流沙里!于是拼命地往外拔腿,却怎么也拔不出来,越动越往下陷。转眼之间,就从小腿肚子陷到了膝盖,而且继续下陷,下陷……

周围一个人也没有,两个人完全处于孤立无援的境地。此刻,彦涵有生以来第一次感到了死亡的威胁——那种死亡已经扼住了咽喉的感觉,即便是子弹在头上呼啸而过的时候,也不曾有过。

死的感觉在脑子里一闪,他马上命令自己:挺住! 一定要挺住!这么多年出生入死都活过来了,决不能死在这里! 要死死在战场上,死在这里太不值了!

"救命! 救命!"白炎惊慌得直喊。

"你不要动,我来拉你!"彦涵大声喊道。

他已经冷静下来,迅速解下背上的两个背包,啪啪扔到河里,然后沉住气,使出全身力气,终于拔出一条腿,接着又拔出另一条腿。接着猛地跳起来,蹿到白炎背后,一把将她拦腰抱住,运足了力,猛地把她从泥沙中拔了出来,然后连拖带拽地拼命往前跑……

两个人终于脱离了险境。

上岸后才发现,彦涵的下身赤裸裸的,一丝不挂。他披在背包上的裤子,被他扔背包的时候一起扔掉了,连同他的鞋、被子,还有背包里的衣服、书籍。白炎的背包也没有了。东西已经无法找回,早被急流卷走了。

一个同志见他如此情形,连忙把贴身穿的单裤脱下来给了他。可是这人是个小个子,彦涵身高体大,裤腰提不上来,只好将就着用手提着走,十分狼狈。裤子是白色的,更显得有些滑稽。

过了汾河,仍是敌占区,队伍不敢停留,继续急行军。彦涵的鞋已经没了,别人也没多余的,只好光着脚赶路;又不敢走大路,只能钻山沟,一路上尽是嶙峋的山石和刺人的荆棘,划得他两脚鲜血直流,真是一步一个血脚印。

直到第二天中午,路过一个村庄时,他才从老乡那里买了一双鞋。那双鞋是现从老乡脚上扒下来的,已经很破了,上面还有两个洞,但总算是有了鞋。

值得庆幸的是,彦涵的挎包一直背在身上,那三把刻刀安然无恙。除了刻刀之外,还有画笔、速写本以及在太行山的几张照片。这几乎是他在太行山的四年里,留下的全部家当了。

十月中旬,艺校到达了一二○师司令部所在地——晋西北兴县的蔡家崖。晋西北的情况也非常困难,建校的事情一时定不下来,大家就住在司令部的招待所里等待消息。

这期间,彦涵、白炎等人过黄河到了神木县,参加边区参议员的一个大会,碰见了《晋绥日报》美术组组长李少言。李少言也是搞木刻的,见到彦涵十分热情。他看彦涵身体瘦弱,气色也难看,就邀请他到报社去住一段时间,把身体养一养。

反正也没什么事,大会结束后,彦涵便随李少言住到了报社所在的村子。李少言给彦涵找了间窑洞,让他住下来好好养身体,然后便忙他的去了。

神木离白炎的老家绥德不算远,白炎请了假,回了绥德去探望父母。神木在黄河西边,属于陕北解放区,环境比晋东南安定得多,没有扫荡,没有轰炸,可以安安静静地吃饭,踏踏实实地睡觉,用不着担心会突然有敌情。这么安定的环境真是太难得了,简直就是天堂!

他当然不会在这么难得的环境里,真的就安安静静地"养身体",那太可惜了。这么多年来,他有太多的东西要画要刻,只是苦于环境动荡,刻也刻得匆匆忙忙。现在,总算有了一个安定的环境,还是抓紧时间搞些作品吧。

他关在窑洞里,开始了创作。陕北的天气要比晋东南冷得多,虽然才十一月,但已经非常寒冷了。外面冰天雪地,北风呼啸,屋里没火,土炕冰凉,四壁结满白霜。他依然穿着那条又小又瘦的白单裤和那双露着脚趾头的鞋。被子早已丢进了汾河,一直盖着别人借他的一条薄被,根本不顶事,冻得他从早到晚浑身打颤,觉也无法睡。李少言看他实在可怜,不知从哪儿弄来一件破皮袄给了他,他就晚上盖着皮袄睡觉,白天裹着皮袄刻木刻。

屋里没有桌子,他就趴在炕沿边上刻。他先刻了一幅描绘敌后武工队员的木刻。

艺校在迁往晋西北的途中,有六名武工队员护送。他们都是当地人,对当地的地理环境和敌情非常熟悉,常常出没于敌占区和游击区,周旋于敌伪军和"维持会"中间。他们的任务之一,就是护送通过敌占区的八路军干部。这些人都是农民打扮,腰里别着手枪,个个武艺高强,勇猛果断,机智灵活。行军时,他们有人在前面侦察,有人在后面警戒,一有风吹草动,反应极快。宿营时,他们首先找村里的"维持会",以解决队伍的吃住和安全问题,软硬兼施,一一如愿。一旦遇到敌情,他们又总是挺身而出,沉着应付,结果总能化险为夷。

所有这些,都给彦涵留下了极深的印象。他知道,如果没有武工队员的护送,他们这些被刘伯承称为"灯泡"的文化人,不可能囫囵个儿地到达晋西北,也许早就被打碎了。

在路上的时候,彦涵就有了刻武工队员的念头,途中休息时,他和他们坐在一起聊天,听他们讲在敌占区侦察敌情的惊险故事,观察他们的一举一动,悄悄画他们的速写。在南席村,他还自告奋勇跟着两名武工队员夜闯"维持会",看他们怎样和"维持会"会长打交道。

侦察员　1942年

现在,他一闭上眼睛,武工队员们生龙活虎的样子便浮现在眼前。他把他对武工队员的印象和感受,概括进这样一个形象:一个头裹羊肚子毛巾、身挎盒子枪的武工队员,登上山岗,手搭凉棚,机警四顾。他把这幅作品命名为《侦察员》。

刻完《侦察员》的那天晚上,李少言来看他,两个人聊了好久。彦涵对他讲起了大扫荡,讲起了大扫荡中牺牲了的战友。事情已经过去半年了,彦涵每回想起他们,总像有沉重的东西压在心上。现在,就像打开了闸门的河水,全都倾泻出来。

倾泻之后,两个人久久沉默。油灯的火苗在无声地跳动,映着两人难以平静的面孔。

"我一定要为他们刻幅木刻。"彦涵发誓地说。

"刻吧,"李少言动情地说,"你了解他们,感受又深,一定会刻得好。"

李少言走后,彦涵的心情依然不能平静。他披着那件破皮袄,在地上来回踱着步,开始构思了。

他想起五月扫荡后听到的一个真实故事:刑场上,敌人对被俘虏的游击队员和抗日群众喊道:"投降的面向西方,不投降的面向东方!"

话音刚落,所有被俘的人统统面向了东方!

一个主题蓦然跃出脑海:中国人是不可征服的!画面也有了:刑场上,面对敌人的刺刀和花言巧语,抗日军民挺胸抬头,宁死不屈。

彦涵激动起来:这些宁死不屈的人们,不正代表着我们中华民族吗?他立刻抓起铅笔,飞快地在木板上勾画起来。

几天后,李少言又来看他。彦涵裹着那件破皮袄,呼呼睡得正香。炕沿上,放着半个已经冻硬了的莜面窝窝。窝窝旁边,放着一幅刻好的木刻。李少言拿起木刻端详着,上面的题目是:《不可征服的人们》。

快到年底了,建校的事情仍然没有着落。彦涵决定利用这段空闲时间,去绥德

不可征服的人们　1942年

走一趟,把白炎接回来,另外也看看还未见过面的岳父岳母。得到领导的批准后,他便告别李少言,去了绥德。

北风呼啸,天气相当寒冷。他上身穿着那件破皮袄,下身只有一条单裤,袜子也没有,腿脚冻得刀割针扎似的疼,走一段路就得停下来,搓搓麻木了的腿脚。最要命的是,他囊中羞涩,每天只能买一两个烧饼吃,肚子饿得从早到晚咕咕叫。

他整整走了六天,终于到了白炎家。白炎的父母和家人都非常高兴,热情款待这位狼狈不堪的女婿。头一顿饭,他一下子吃了六个白面馍馍,看得岳父母大人目瞪口呆。其实,他并没有敞开肚皮吃,毕竟是第一次上门,总得照顾一下自己的面子。

白炎已经为他做好了棉裤、棉鞋,还有棉袜子,他立即换上。两个多月来,他第一次尝到了暖和的滋味。

住了几天,彦涵惦记着建校建场的事,准备和白炎动身返回晋西北。可是就在这时候,白炎患了急性胆囊炎,一时走不成了。他每天尽心照顾着白炎,盼望她早点病愈,好动身起程。

忽然有一天,院子里呼呼啦啦来了四五个八路军,说是要找白炎和彦涵。彦涵跑出去一看,嘿呀!原来是鲁艺分校的人,有杨角、张晓菲、洪禹、叶英……一个个风尘仆仆、兴致勃勃。彦涵又惊又喜:"嗨呀,你们怎么找来了?"

杨角说:"我们是特地赶来告诉你一个好消息!中央来了电报,学校不办了,艺校人员全部回延安!"

"回延安?"彦涵惊喜得简直不敢相信,"是真的吗?"

杨角笑着说:"你看,我们人都来了,就是想叫上你和白炎一道回延安哪!"

张晓菲说:"白炎在哪儿?快收拾收拾,明天我们就一起动身!"

当天,彦涵和白炎请大家吃了顿猪肉饺子,吃得大家满头大汗,直松裤腰带。

住了一夜,第二天,彦涵便和杨角等人动身回延安。白炎的病还没好,走不了远路,只好晚几天再走。

113

十五　激情在刻刀下迸发

一九四三年初,彦涵和白炎先后回到延安。

回来不久,白炎被派到了三边工作。同去三边的,还有后来写出长诗《王贵与李香香》的李季。

彦涵回到鲁艺,在美术系里当教员。生活一下子安定下来,彦涵还有些不大适应。作为一个战争的幸存者,他常常想起太行山。那么多的人牺牲了,而自己活了下来,并有幸回到延安,这是多么不容易呀!

他一定要做点什么,一定要用他的刀和笔告诉人们,根据地的军民为了保卫家园,是怎样与敌人进行血战的。这是他义不容辞的责任。

他激情涌动,准备开始创作。这时,整风运动开始了。

许多同志,包括从前方回来的同志,都受到了极其严厉的政治审查,许多千辛万苦投奔到延安的青年学生,也成了"抢救"审查的对象。审查中,大搞"逼、供、信",有人被关押起来,有人被吊打,有人被逼上吊投河跳悬崖。

彦涵亲眼看到一个脸色苍白、满脸泪痕的年轻同志,发疯一般地从关押室里冲出来,后面看守的人一把没拦住,便从屋前的悬崖上跳了下去。在他纵身跳下去的那一瞬间,嘴里大声哭喊着:"冤枉啊——"声音一直飘到沟底……

彦涵目瞪口呆。延安怎么会有那么多的叛徒、特务呢?这可能吗?审查干部怎么能用如此残酷的手段呢?他实在不理解。

他去找陈行健。陈行健就是陈佛生,这是他本来的名字,回到延安以后,改回来的。陈行健也在参加整风。彦涵想和他谈谈。陈行健是中央管理局的秘书长,水平高,认识深,他会讲个明白。

却找不见他。一打听,陈行健也被关起来了!彦涵一下子蒙了,脑子全乱了。这到底是怎么回事呀？陈行健把脑袋别在裤腰带里,为党做了那么多的地下工作,怎么也成了特务!

　　幸亏,幸亏后来中央进行了纠正,才避免了更加恶劣的后果。不然的话,这么整下去,整得人人自危,灰心丧气,整出成千上万的叛徒、特务,还能抗日吗?

　　这件事给彦涵留下了很深的印象:原来党内是这么复杂,斗争是这么残酷,手段是这么残忍!

　　但是对陈行健来说,整风只是一场漫长灾难的开始。他在整风中,被康生整了个死去活来,一九四六年又以戴罪之身,被下放到山东,一边工作,一边继续接受审查。更为不幸的是,几年之后,康生当上了山东省政府主席,其处境更为艰难。一九五一年,陈行健被开除党籍,撤销了一切职务。一九五五年肃反运动时,又被关进监狱,前后关了两次,一共六年。出狱后,到天津历史博物馆工作,依然戴着沉重的政治帽子,直到一九七八年的最后一天,才得以平反。平反时,已是垂暮老人,距一九四三年的整风运动,时间已经过去了三十六年。

　　一九八二年,已经八十多岁的陈行健突然造访彦涵。说起往事,老人感慨万分,说:"我这辈子,国民党的监狱坐过,共产党的监狱也坐过。坐国民党的监狱,我斗志昂扬;坐共产党的监狱,我痛心万分哪!"说完,便不再说话。手中的拐杖,戳得地面咚咚作响。

　　运动渐渐平缓。这年夏天,彦涵开始了酝酿已久的创作。正值大生产运动,白天,要开荒种地纺线,要给学生上课,创作几乎全在夜晚。大地沉睡,万籁俱寂,四周一片安宁,这是彦涵思维最为活跃,精力最为专注,感情最为奔放的时刻。这时,他会忘记眼前的一切,思绪又飞回战火纷飞的太行山。四年太行,给了他太多的题材,太多的感受,此时全部化为激情,在他的刻刀下迸发了!

　　他刻的第一幅作品是《当敌人搜山的时候》。一位八路军战士趴在沟坡后面,用机枪阻击搜山的敌人,掩护撤退的乡亲;沟坡下面,几个乡亲用胳膊和肩膀支撑着战士的身体,一个民兵正在爬上沟沿,要

1945年,延安桥儿沟,鲁艺美术系全体教员合影。前排:彦涵(右二),蔡若虹(右四),古元(左二);后排:莫朴(左三),张晓菲(左四),力群(左八)。

与他一起战斗。

画稿完成后,思量再三,他又在画面的左下方,安排了一个递手榴弹的孩子——孩子都参加了战斗,战争是多么地残酷,而根据地军民的抗战意志,又是多么地坚定。

这幅画的题目开始叫《为人民而战》,后来征询了华山的意见,才改成《当敌人搜山的时候》。华山也是一九四三年回到延安的,此时已是有名的战地记者了。华山认为《当敌人搜山的时候》这个名字,更能说明作品的时代性、地域性以及斗争的特点。

当敌人搜山的时候
1943年

然后,刻了《不让敌人抢走粮草》。几个手持木权和镰刀的乡亲,正与抢夺粮草的日伪军进行搏斗。

敌人的"三光"政策,第一是抢光,首先就是抢粮食。每当夏收和秋收,敌人就会出动大批武装进村抢夺粮草,乡亲们则奋起保卫。这幅画,同样表现了敌后群众的斗争精神。

接着是《来了亲人八路军》。一群穷苦的百姓围着一个八路军女干部,问长问短,如见亲人。其中一个双目失明的老大娘,伸手在她肩头轻轻抚摸,流泪的脸上露出笑容。

不让敌人抢走粮草
1943年

这里有个故事。二月反扫荡过后,彦涵随艺校慰问团,到受害最重的武乡县一个小山村慰问

117

来了亲人八路军　1943年

时,到过一个老太太家。老太太的儿子是民兵队长,被敌人抓住后,脑袋朝下塞进了茅坑,然后用石头砸死。老太太已经六十多了,只有这么一个儿子。彦涵进去的时候,老太太正坐在炕沿上哭得死去活来,眼睛都快哭瞎了。她听说彦涵是八路军,一把抓住他的手,久久不放。就在那一刻,他感受到了人民群众对八路军是多么地信赖啊!他把这种感受,都凝聚在《来了亲人八路军》的画面里了。

接下来,他又刻了《奋勇出击》。两个八路军战士,面对包围上来的众多日寇,毫无惧色,用枪托与刺刀,与敌人展开了肉搏。

这幅画取材于二月反扫荡。画面上,那个抡起枪托砸向敌人的战士,就是在与敌人肉搏时,身中十一刀而壮烈牺牲的音乐教员朱杰民。只不过朱杰民当时是赤手空拳,现在彦涵让他抡起了枪托。他觉得这样,才能宣泄出他对敌人的愤恨,对战友的敬意。

正当彦涵没日没夜勤奋创作的时候,有人在党组织的会上,对他提出了批评,说他埋头艺术,不关心政治;说他孤傲,脱离群众。

他心里当然不服气。创作反映敌后斗争生活的作品,不是政治?一个脱离群众的画家,能有如此热情,去创作反映群众现实生活的作品吗?但是他并不解释,也不想解释。批评他的都是搞不出作品,更没有去过前方的同志,他们很难了解一个战争幸存者的心情。他不过是觉得,有如此安定的环境实在难得,不抓紧时间搞些作品,实在可惜。

会后,他依然如故,白天劳动、教课、晚上伏案搞创作。作品继续源源而出:《民兵的故事》《护送伤员的民兵》《把她们隐藏起来》……

一天,华山兴冲冲地来找彦涵,告诉他说,葛振林和宋学义来延安党校学习了。葛振林和宋学义是狼牙山战斗中的英雄。一九四一年,日寇对晋察冀北岳地区大扫荡,包围了狼牙山。为了掩护八路军主力部队撤退,五名战士坚守棋盘坨阵地,打退了五百多敌人的数次进攻,胜利完成了掩护任务。最后,弹药耗尽,又身处悬崖险境,无路可退,五名战士从悬崖上跳了下去,其中马保林、胡福才、胡德林三人壮烈牺牲,葛振林和宋学义身负重伤,后来被老乡救起。

彦涵和华山在太行的时候,就从《晋察冀日报》上看过关于他们的报道,深为他们的英雄气节所感动。回到延安以后,两人想以他们的事迹为内容,搞一套木刻连环画,但对具体故事不是很了解,只好放下。

现在,两位活着的英雄到延安来了,这是多好的一个采访机会!两人当即决定,华山负责采访,写文学脚本,彦涵负责木刻。说干就干,华山采访了两位英雄之后,很快写出了文学脚本。故事很精彩,一共十六段,题目叫《狼牙山五壮士》。

彦涵仔细研究了脚本之后,找来梨木板,刨光磨平,锯成十六小块,然后开始了创作。他对战争生活太熟悉了,几乎没费什么劲,十六幅木刻,一个多月就刻好了,平均两个晚上刻

1945年,延安,左边是彦涵,右边是古达,中间是四年(即彦冰)。

一幅。刻成之后,他亲手拓印了五套,然后将原版交给延安印刷厂出版发行。完成这些作品之后,彦涵才长长松了一口气,像还完了一笔拖欠太久的债。

杜芬也回到了延安。杜芬,就是那个和彦涵一起步行到延安的艺专同学。一九三八年底彦涵去太行的时候,杜芬也去了前方。杜芬去的是晋察冀根据地,在文工团里搞美术,一去也是四年。他是三月回来的,比彦涵在前方还多待了两个月。回来后,也在鲁艺美术系。

杜芬的经历与彦涵十分相似,按说,也能搞出一些好作品。可是他回到延安后,一张作品也没有搞出来。不是没有才气,也不是没有时间,是他根本就不画。就在彦涵发奋创作的时候,杜芬整天拿着个弹弓到处打鸟,烤鸟肉吃;要不就各个窑洞里乱窜,和别人闲聊;找不到人聊天,就蒙头睡大觉,情绪十分消沉。

彦涵私下里劝他:"杜芬,我们能从前方活着回来,可不容易呀,现在条件好了,应该多搞些创作。"

杜芬听了只是笑笑,也不说话。过后照样打鸟、聊天、睡大觉。谁也弄不懂他心里到底想些什么。

有一次,杜芬打了好些麻雀,请彦涵一起在山坡下烤麻雀吃。彦涵趁机又劝他:"杜芬,我们是老同学了,我还是要劝你,不要再这样荒废时间了,要多画些画。"

杜芬一边烤着麻雀,一边漫不经心地说:"这不是搞艺术的地方,有什么可画的呢?"

彦涵说:"你在晋察冀待了好几年,那里有多少可以画的题材呀!"

杜芬笑了一下,摇摇头,分明有种不屑的神情。然后,往山坡上一躺,仰望着天空,默默想着什么。彦涵实在猜不透他的心思,他觉得杜芬变得很陌生。

过了一会儿,杜芬忽然坐起来,问:"哎,你知道我最崇拜谁?"

"你指什么人?"

"当然是画家。"

这个问题很突兀,彦涵不知该怎么回答。

"高更,法国的高更!"杜芬忽然来了情绪,"我希望有一天能像高更那样,远离尘世,到土著人中间去画画,画那些原始的风情,少女、竹楼、火堆旁的舞蹈、暮色中的远山……那才是艺术,真正的艺术!"他凝望着远处的落日,眼里闪出动人的光彩。

彦涵很惊讶,杜芬刚从战火纷飞的前方回来,怎么会有这种不切实际的念头!他实在难以理解。

事情还不止于此。杜芬也是一九三八年入党的党员,按照组织章程,工作调动时,应及时转接组织关系。但是,他从前方回到延安后,一直不交组织介绍信,也不参加组织生活。彦涵是美术系的党小组长,当然不能不问。他了解到,杜芬在晋察冀文工团时,支部书记是作曲家周巍峙,现在也回来了。他便找到周巍峙,了解杜芬在前方的情况。

周巍峙说,杜芬在前方的表现还是不错的,没发现什么问题。

可是他为什么不转接组织关系呢?彦涵挺纳闷儿。他找到杜芬,问询原因。杜芬支支吾吾,说:"介绍信,让我给弄丢了。"

彦涵说:"那你找一下周巍峙同志,请他重新给你写个组织关系证明,尽快交给支部。"

"好吧。"杜芬答应了。

可是过了两三个月,他还是没有交上来,仍然不过组织生活。彦涵又去找他,很严肃地说:"杜芬,按照党章规定,再不交组织关系,你就是自行脱党了!"

"这我知道。"

"知道还不赶快交?"

杜芬支吾了一阵,最后说了实话:"我原先就是准备自行脱党的。"

"什么?你要脱党?"彦涵非常吃惊。

杜芬却很平静,说:"当初我确实是想这样做的,可是想来想去,觉得这样做不好。我入党是自愿的,写了申请,我退党也是自愿的,也应该写个报告。"

"你想写退党报告？"

"已经写过了。"

"写过了？报告呢？"

"交上去了。"

"交到哪儿去了？"彦涵有些急了。

"我直接交给了中央组织部。"

彦涵心里一沉，完了，再也无话可说。

过后他一了解，果然是这样。一切都无可挽回了。

杜芬最终退了党。

据说，此事惊动了周恩来。周恩来说，以书面形式退出我党，这在我党历史上，还是第一次。事情过后，彦涵和杜芬有过一次谈话，那是两个老同学之间推心置腹的谈话。

"杜芬，你跟我说实话，前方那么艰苦，流血牺牲，你都挺过来了，现在环境好了，你却退了党，这到底是为什么呢？"

"当时不挺也得挺，可是过后一想，唉……"

彦涵明白了：经历了战争之后，杜芬对战争的残酷和艰苦，产生了恐惧和厌倦。战争的火焰可以炼就一个人的意志，也可以烧毁一个人的意志。

"还有呢？"彦涵又问。

"实话对你说，当初入党的时候，我就有些勉强。"

"你是不是认为共产党不好？"

"那倒不是。共产党抗战我拥护，可是共产党的纪律，我受不了。我这个人喜欢自由散漫。"

"还有吗？"

"有些人喜欢整人。一天到晚整来整去，让人紧张，也让人寒心。"

杜芬退党正是"抢救运动"过后不久。

一九四五年的夏天，抗战刚刚胜利，杜芬离开了延安。他爱人也和他一起走了。他爱人是晋察冀文工团的演员，两人是回延安以后结的婚，彦涵主持的婚礼。婚礼上，杜芬还为大家吹了口琴。

杜芬夫妇走的时候,彦涵为他们送行。毕竟是老同学,又是一起到延安来的。他们在延河边上分了手。望着杜芬渐渐远去的背影,彦涵想起当初一起步行来延安的情景,心中不由感慨万分。

杜芬夫妇后来去了香港。杜芬没有什么稳定的工作,主要靠爱人当职员养家糊口。杜芬到香港后,曾经写了一些介绍延安的文章,在报纸上连载过,以后就没什么动静了。

数十年后,一位内地的朋友在香港见到了杜芬,当他得知彦涵在一九五七年被打成右派后,曾说了一句话:"幸亏我当年退了党。"

十六　在冀中前线

一九四五年八月,日本投降。延安的大批干部,被派往东北和华北解放区。鲁艺组成两个文艺工作团,分赴东北、华北,彦涵属华北文工团。

冬天,华北文工团到了张家口,并入华北联大,改称文学院。彦涵仍在美术系里当教员。不久,白炎带着儿子四年(即白桦,白桦在老乡家里寄养了四年,改名四年是为纪念根据地人民的养育之恩),也随鲁艺部分师生和家属到了张家口。

一家三口,住在东山坡的一幢日式小楼里,里外两间,宽敞明亮,而且还有电灯。晚上一开灯,四壁雪亮。刚住进去的时候,彦涵很兴奋,白天教课,晚上就在灯下刻木刻。但只住了两个月,刻了一幅《控诉》,他就待不住了,向领导提出申请,要下去体验生活。

一九四六年春节一过,他便打起背包,独自步行数百里,来到了白洋淀。他早就向往白洋淀,他想好好画画白洋淀,画画威名远震的雁翎队。过去,他画的全是山,现在,他要好好画画水了。

他以区里干部的身份,下到最基层,开展群众工作。白洋淀上一片冰雪,他坐着冰床,整日奔行于王家寨、大张庄。先是帮助雁翎队整顿组织,消除因胜利而产生的和平麻痹思想;然后又组织群众,挖地道、筑工事,进行战备。

春天来了,冰床换成了木船,他又整日穿梭在茫茫的水淀里,走家串户,宣传形势,了解情况,甚至帮着解决姑嫂不和、婆媳吵架等家庭纠纷。

大家都叫他老彦。老彦就坐在炕头上、院子里,一边和大家聊些家长里短,一边画速写,记录他们讲述的各种故事。差不多忙了五个月,直到夏天,才依依不舍地离开白洋淀。

他背着一大包速写,还有写满了密密麻麻字迹的记录本。他想回到张家口以后,集中精力搞白洋淀的作品,搞它一个系列。

不料内战爆发,张家口面临失守,华大已经开始分批撤出。他要求最后撤离,想趁热打铁,刻上几幅。

忙着准备撤离的同志,见他跟没事一样,忍不住催道:"老彦,都什么时候了,你还在画!"

"国民党还没打来嘛!"

"嗨呀,你可真沉得住。"

"有什么沉不住的,打仗对咱们来说,还不是家常便饭!"

就在撤离前的忙碌混乱中,他创作出了《慰问》。刻的是白洋淀妇女在芦苇丛中,照看伤员的情景。

正要接着刻下去,傅作义部队从内蒙方向进攻过来。不能不撤了,彦涵带着一大包材料,和艾青、江丰、古元等人最后一批撤出张家口,转到了广灵县。刚在西家斗住下,便见缝插针,完成了反映清算汉奸的《难逃法网》。

本来还要刻下去,却再也没时间了。傅作义部队开始进攻广灵,学校不停地向冀南转移:灵丘、涞源、易县、满城、望都,最后在束鹿县贾家庄住下来。一路之上,彦涵几乎是全校最忙的人。因为学校里头,在前方待过的人不多,有点军事经验的更是寥寥无几,他便成了全校的军事负责人。每次转移,都由他带队,男男女女,老老少少,有几百口子,加上牛车马车,浩浩荡荡。他跑前跑后,指挥照应,探明路线,防止空袭,安排吃住,照料病号。每天起得最早,睡得最晚。画画的事,只好搁在一边。

但他一直惦记着白洋淀的创作。不幸的是,过平汉路之前,队伍轻装,他把那一大包速写和笔记,交给一位同志掩藏,后来被国民党军队翻出来,全部烧毁。白洋淀系列刚刚开了个头,便就此夭折。彦涵为此追悔莫及。

水乡的回忆　1983年

差不多四十年后,他刻了《水乡的回忆》、《帆影》、《小河汊》等有关水乡的作品,描绘的就是白洋淀。不过,呈现在画面上的,已不再是战争的血与火,而是水乡的光与影,是自然的美丽与宁静,是画家的记忆与怀念。

一九四七年春节前,文学院要组织一个由画家和作家组成的"平原宣教团",到前方去做战地宣传,体验战地生活。

彦涵听说后,马上找到系主任江丰:"让我去吧,我有经验。"

江丰看看他,说:"这事得组织研究决定。"

实际上,是不同意他去。江丰欣赏他,愿意他留在身边。

宣教团的名单宣布下来,没有他,这让他有点失望。但是,情况很快出现了转机。有个被宣布参加宣教团的同志,因为从未去过前方,思想上有些顾虑,不大想去。宣教团一共四人,两个搞美术的,两个搞文字的,那个不大想去的同志,恰好是搞美术的。这真是命中注定的事。

彦涵立即找到那个同志,说:"我在前方待过,比你有些经验,你还是留在学校吧,我到前方去。领导那里我去说。"

然后又去找江丰,替那个同志解释:"初次上火线,有些顾虑也难免,不要勉强他了,还是我去吧。"

出发的时间很紧了,江丰无奈,只好同意。

宣教团四个人,除了彦涵,还有画家伍必端、诗人严辰,以及后来写出了《小兵张嘎》的文学系学生徐光耀。天寒地冻,四个人赶到冀中十一军分区的时候,还有两天就过年了。司令部里一片紧张繁忙,好像要有大行动。

军分区领导说:"明天是大年三十,据可靠情报,石家庄守敌要出来抢东西过年,军分区决定趁机消灭他们。这可是一场大战呀,你们要不要参加?"

彦涵立刻来了情绪:"要参加,当然要参加!我们就是来体验战斗生活的呀!"

大年三十一早,石家庄附近的国民党军,还有地主武装还乡团,从各个据点倾巢而出,窜到解放区边缘一带,抢劫农民的年货。我军早有准备,在路上等待伏击。

战斗打响之前,一位营长叮嘱彦涵,跟着营指挥部,不要离开他身边。彦涵却坚持要跟着先头部队,而且要跟着重机枪。营长无奈地同意了。

枪声一响,双方交了火。先头部队不断向前推进,重机枪成了敌人火力的主要目标。彦涵就跟在重机枪的后头,子弹在耳边呼啸,尘烟在身边飞溅。忽听咻溜一声,一颗子弹擦身而过,凭着感觉和经验,他就地一滚,滚到几米外的一堆土坯后面。还没等爬起来,一排子弹扫来,全都打在他刚刚离开的地方。

很快,敌人溃逃了。沿途丢满了刚刚抢来的包袱、饺子、馒头、年糕、鸡鸭猪羊。我军乘胜追击,冰天雪地里,杀声震天,人潮滚滚,景象极其壮观。彦涵兴奋得忘了自己是非战斗人员,赤手空拳,跟着部队一起追击,呐喊。

战斗结束后,那位营长直后怕:"哎呀,老彦,你要是真的光荣了,我可咋向上面交代呀!"彦涵哈哈大笑:"这才叫体验生活呢!站在后边拿个望远镜,那能体验出什么来!"

也有遗憾。因为这次战斗,几乎一路都在追击,没办法画速写。

第二次战斗就不同了。第二次战斗是春节刚过的时候,攻打正定北面的阜城驿大据点。我军两个团,夜奔到阜城驿,以猛烈的炮火,突然发起攻击,一举拿下,整个战斗结束,天刚微微发亮。阜城驿的老百姓都出来了,送水送饭,慰劳部队。

此时,跟随部队奔袭了一夜的彦涵,披着大衣,倚着布满弹痕的土墙,在还未散尽的硝烟中,画开了速写。残墙断壁的敌堡,垂头丧气走过的俘虏队伍,满脸硝烟敞怀说笑的战士,还有送水送饭的老百姓。一直画到部队撤离。

接下来的许多天里,军分区发起了冬季攻势,对石家庄北面的各个据点,连续进攻。每次战斗,彦涵都跟着部队一起行动。

这时,他已经不再满足战斗之后的现场速写了,他要直接画下正在进行中的战斗场面,画下惊心动魄的精彩瞬间!

硝烟滚动,子弹呼啸,大炮轰鸣,有时天上还有敌机轰炸。就在这炮火连天中,他躲在土堆或是墙角后头,握着铅笔画速写。画冲锋的战士,画爬城墙的突击队员,画冲锋号手、救护队员,画腾空而起的碉堡、大火熊熊的炮楼。

攻打赵庄据点的时候,他趴在土堆后头,只顾埋头画炮楼,只听轰隆一声,地皮一颤,一颗炮弹在离他不远的地方爆炸了,把他整个埋进了土里。一个战士发现了,把他从土里拽出来,他却跪在地上,四处扒土找东西。

"找什么?"战士问。

"铅笔,我的铅笔不见了。"

在冀中前线,彦涵和严辰还办了个阵地画报。彦涵画画,严辰写

1947年,河北获鹿县郝家庄,华北联合大学美术系全体教师合影。后排右四是彦涵,前排右三是白炎,右四为四年。

诗,有时是诗配画,有时是画配诗。说是画报,实际上是手绘壁报。它的最大特点就是反应迅速,一场战斗刚刚结束,有关它的种种情况,便上了画报。

内容也丰富多彩。有战斗场面的速写,注上某某战斗;有战斗英雄的画像,写上他们的名字和事迹;还有彩色连环画,如《两个爆破手》、《俘虏辛桂成》。他们把这些画和诗,贴在门板上,摆在战壕里或是村子里,有时直接贴在刚被攻下的炮楼上,红红绿绿,十分惹眼。

每期画报一出来,战士们像看戏一样围着看,他们在上面看到了自己或是战友,看到了自己刚刚参加过的战斗,觉得特别亲切。而且经过画家和诗人的一画一写,他们更加懂得了打仗的意义,士气更加高涨,作战更加勇猛顽强。

部队指挥员见到彦涵就乐:"哎呀,老彦,真得好好感谢你们哪!你们这一写一画,比我们讲课作报告还管用呢!"

二月初,军分区攻打西马村炮楼。这是座三层高的大炮楼,周围筑有高墙、暗堡,圈着铁丝网、深沟,工事极其坚固。里面驻有一个连的兵力,全是还乡团,非常顽固。我军由于炮火不足,围了三天也没拿下来。指挥部决定展开政治攻势,打通炮楼周围的民房,修起掩体,向敌人喊话。

彦涵又主动请战,到炮楼底下喊话去了。喊话的掩体是在炮楼下面的民房里,距炮楼只有二十来米。他和几个战士隐蔽在窗户后面,把话筒从窗户里伸出去,轮流向敌人喊话,宣传我军宽大俘虏的政策,要他们缴枪投降。

敌人在炮楼上有伏击手,居高临下,不时向喊话的战士射击。一个战士被子弹击中,被人抬了下去。彦涵接过话筒,继续喊话。

炮楼上,有个家伙喊道:"喂!还是让你们的女八路出来,唱个歌跳个舞,给老子们解解闷儿吧!"

彦涵大骂:"等着吧,打下炮楼,等着枪子儿给你解闷儿!"

于是双方展开了一场对骂。

对骂只能出气,却不能解决问题。彦涵回到村里,找了个还乡团的家属,是个地主,他儿子就在炮楼里,是个小头目。彦涵反复交代政策,要他到前面向他儿子喊话。

老地主战战兢兢到了炮楼前面,叫着他儿子的名字,喊道:"儿呀,你们别打了,解放军把你们包围了,你们跑不出去了,看在你爹这把老骨头的分儿上,出来投降吧!他们说了,缴枪不杀。儿呀,投降吧!"

炮楼里面有人搭话:"爹!别相信共产党那一套!他们让穷鬼分了咱家的地,占了咱家的房,我跟他们不共戴天,坚决打到底了!"

政治攻势失败,指挥部决定挖地道,从底下炸掉它。于是,战士们昼夜挥锹抡镐,从民房里面朝着炮楼底下挖地道。

彦涵又上去了,要和战士们一起挥锹抡镐。战士们认识他,说:"彦画家,这活儿用不着你干,你就坐在边上给我们画像吧!"

"行,我给你们画像!"

敌人的手榴弹不时在房顶上、院子里砰砰爆炸,打着了柴火垛,把院子照得通亮。彦涵就坐在门里的土堆上,借着屋里的油灯和外面的火光,为战士们画速写。天气非常冷,手指冻得发僵,画一会儿,就得

沧州战役特等功臣、攻城英雄于贯钧的画像。画于1947年8月。彦涵将画像送给了贯钧,不久听说,于贯钧在清风店战役中牺牲。1980年6月,彦涵接到于贯钧的母亲范贤老人来信,打听儿子沧州立功的情况。彦涵在回信中,详细回忆了所知道的情况,并于同年8月专程到河北高阳县,看望了范贤老人。画像现收藏于中国军事博物馆。

用嘴哈哈热气,再接着画。

战士们看到画家在画他们,干得更来劲了,棉衣也甩掉了,脑袋上热气腾腾。战士们挖了两天两夜,彦涵也在里面待了两天两夜。画累了,找个地方迷糊一会儿,醒了再接着画。

地道终于挖到炮楼底下,几箱子炸药放进去,一声巨响,炮楼飞入半空中。

炸掉炮楼之后,彦涵把几十幅速写,全都送给了挖地道的战士们。大家争抢传看,说笑指点,在上面寻找自己,特别开心,也特别自豪。

冬季攻势以后,彦涵奉命回到华大。后来,他根据这段生活的亲身体验,创作了《攻城》、《打岗楼》、《攻心制胜歼敌人》、《敌堡残壁展画图》等作品。《敌堡残壁展画图》中,有个解放军战士在往敌堡的残壁上张贴宣传画。那个解放军战士,就是画家本人。他用刻刀真实地记录了那场战争,也真实地记录了自己。

不过,他刻这些作品的时候,已经是十几年后的事情了。因为从前线回到华大以后,还没来得及进行创作,他便又背起背包,参加土改去了。

十七　在大河村土改的日子里

一九四七年十月,中央颁布了《中国土地法大纲》,解放区派出大批干部深入农村,开展土改运动。冬天,华北联大文学院组织了土改工作队,江丰带队,到获鹿县搞土改。彦涵担任大河村的土改工作组组长。

对于土改,彦涵并不陌生。土地法公布以前,大部分解放区就已经开始了土改,华大驻扎过的广灵县刘老屯、西加斗,以及束鹿县贾家庄、郝家庄,都曾经搞过。彦涵虽然没有正式参加,却一直从旁热情关注,除去教课之外,有空便去参加村里的一些土改活动。他还根据所见所闻,创作了一些反映土改生活的作品。

但是,亲身参加土改,而且担任领导,这还是第一次。大河,是个行政大村,有三百多户人家,包括大河、小河、孟同、前壁四个村庄。彦涵主要负责大河村,同时领导另外三个村的工作。

这里刚刚解放不久,群众对人民政权还不了解,对于工作组的到来,不少人抱着冷眼旁观的态度,所以,工作组的首要任务是发动群众。为此,彦涵和工作组的同志,挨家挨户,访贫问苦,讲解《土地法大纲》。不知熬了多少个白天夜晚,做了多少回的工作,才渐渐消除了群众的顾虑。

眼看群众就要发动起来了,却突然发生了一件意想不到的事情:村里的王老未逃跑了!王老未当过村中伪保长,心毒手狠,外号"王老虎",群众都很怕他。王老未一跑,立刻引起一阵恐慌,说工作组将来一走,王老虎肯定会回来报复。村里几个地主富农,本来脑袋已经耷拉下去了,躲在家里不敢出来,现在好像还了阳,又抬头挺胸地在村里走来走去了。

群众的情绪一下子低落了下去,不再敢和工作组接近了,有的见了工作组的人就躲着走。发动群众的工作一时陷入了困境。

彦涵立刻召集工作组开会,说,一定要把王老虎抓回来!不然群众就发动不起来,土改也搞不下去。这一点,大家都同意,问题是谁也不知道这家伙跑到哪儿去了,到哪儿去抓呢?正犯愁,村里的民兵队长侯振山闯了进来,说是有人报告,王老虎骑着一匹骡子,往正定方向跑了。又说,王老虎在正定有个亲戚,这家伙很可能躲到亲戚家里了。

彦涵当即决定,他要亲自和侯振山到正定去抓王老虎。江丰正在大河村蹲点,听说彦涵要亲自去抓王老虎,便劝他说:"这种事,还是让有经验的人去吧。"毕竟是个知识分子,江丰怕他出事。

彦涵说:"我是工作组组长,还是我去好。"

第二天一早,彦涵和侯振山,带着一支长枪,骑上自行车,匆匆赶往正定。大雪已经下了好几天,地上的雪很厚,车子很难骑。偏偏彦涵的骑车技术不高,骑不了多远,就从车上摔下来,摔了骑,骑了摔,比走还要慢。彦涵是个急脾气,说:"这么骑下去,什么时候才能到啊,不骑了,走着去!"两个人又把车子送回村里,冒着风雪走着去。

两个人都没去过正定,路不熟,一路走一路问,走了两天多,才找到王老虎亲戚家住的村子。找到村公所的时候,已经是半夜了。彦涵找到村干部,把情况一说,村干部立即带着他俩,来到了王老虎的亲戚家。彦涵对王老虎的亲戚说明了情况,又交代了一番政策,然后跟他来到了王老虎住的房门前,让他敲门叫王老虎。王老虎睡得正香,听到亲戚叫门,迷迷瞪瞪起来开门。门刚一打开,侯振山便用枪口顶住王老虎的胸口,还没等王老虎反应过来,就把他五花大绑地捆起来了,当即押到村公所。第二天天一亮,便起程上路,将王老虎押往大河村。

路上,王老虎转着小眼睛,一直在想主意。大概是想起了以前对付日本人和伪军的办法,他从怀里掏出一把钞票,哀求彦涵说:"长官,只要你把我放了,这些钱统统归你,行不行?"

彦涵把脸一沉:"你看错人了!我告诉你,如果你再不老实想耍花招,就罪加一等!"狠狠地把他训斥了一顿。王老虎乖乖地跟回了大河村。

进了村口,彦涵对侯振山说:"押他在村子里走一圈!"侯振山心领神会,押着王老虎在村子里慢慢地走,一边走一边咋呼:"王老虎,这边走!听见没有?走大街!"王老虎被反捆着双手,蔫头耷脑,冻得哆哆嗦嗦,露出一副可怜相。

村里有人看见王老虎被抓回来了,又惊又喜,于是奔走相告,许多人都跑出来看热闹。胆小的扒着门缝儿偷偷往外看,胆大一点儿的站在自家门口看,胆子更大些的就追着王老虎边走边看。

侯振山神气十足地押着王老虎,一边走还一边不失时机地训斥两句:"走慢点！让大家好好看你。你说,现在还敢不敢威风了?"

王老虎哭丧着脸说:"不敢了,不敢了。"

侯振山又问:"还跑不跑了?"

王老虎哆哆嗦嗦地说:"不跑了,不跑了。"

侯振山把枪一抖:"再跑,抓回来就枪毙你！你以为共产党是吃干饭的?小日本儿国民党都被打尿了裤子,还治不服你个王老虎!"

彦涵也不说话,只跟在旁边大摇大摆地走,一边走,一边和路边看热闹的人打招呼。

这么走了一圈之后,群众的顾虑顿时消除大半,纷纷议论说,这下好了,王老虎再也翻不了天了,有枪管着呢！又说,有共产党撑腰做主,再也用不着怕地主老财了。

彦涵趁热打铁,当天召开了群众大会,别的也不多说,只宣布了两条:第一,正式把王老虎看押起来;第二,村里准备成立贫农团,领导土改具体工作。这两条一宣布,群众无不拍手称快。台下的几个地主,当时就耷拉下了脑袋。散会时,群众个个扬眉吐气,走路说话也有了精神。仅仅一天,村里的气氛大变。

群众发动起来了,下一步是选举贫农团。以后,土改工作就由贫农团具体领导了,工作组的任务只是从旁指导,掌握政策。

选举贫农团委员时,碰到了一个难题:贫农团成员应由群众提名,投票选举,可是群众绝大多数不识字,用写名字选举的办法肯定不行。工作组讨论了半天,也想不出个好主意来。

彦涵便召集一些群众开会,商量选举办法。他把问题往外一说,下面立刻喊喊喳喳议论开了。

"这还不好办?丢豆子嘛。"有人建议道。

"对呀,丢豆子!"大家立即随声附和。

"丢豆子?怎么个丢法?"彦涵问。

"让准备当委员的人都上台,大伙儿同意谁就在谁身后丢一颗豆子,就是咱们吃的豆子,谁身后的豆子多谁就当委员。"

彦涵脑子一亮,心想,老百姓里真有好主意啊。他兴奋地一拍桌子,说:"好!这个办法好,咱们就丢豆子!"

于是,大河村举行了一场别开生面的群众选举。全村人都集中在一个大场院里,选举之前,先给每个人发豆子,选几个人,就发给几颗豆子。会场前面摆了一溜桌子,几个候选人站在桌子后面,背对群众,每人身后的桌子上放着一个碗。

选举开始了,大家手里拿着豆子,依次走到前面,同意谁便往谁身后的碗里丢一颗。豆子丢完,监选人开始数碗里的豆子。豆子多的人当选贫农团委员,最多的当选贫农团主任。贫农团主任叫王三香,是位朴实正直的农民,热心肠,会办事,很受农民的拥护爱戴。

在整个选举过程中,彦涵坐在一旁,脸上挂着平静的微笑,心底却波涛涌动,感慨万千。几千年来,中国农民经济上受人剥削,政治上受人压迫,从来不知道什么叫民主,更不知道什么叫选举。现在,他们第一次有了民主的权利,有了选举的权利,这是多么巨大的变化啊!

豆选,让他有了一种强烈的创作冲动。当天夜里,他凭着记忆,追画了贫农团选举大会的场景,并重重地写下两个字:豆选。

接下来,王三香带着贫农团走马上任,大河村的土改很快就呼啦啦地搞了起来。

这天,全村召开斗争地主的大会。挂在老槐树上的钟声一响,全村男女老少全都集合到会场上,小河、孟同、前壁三个村的人,也举着标语打着旗帜赶来助威。会场上群情振奋,黑压压的全是人。王三香宣布大会开始以后,首先进行群众示威游行。

几百人的队伍,举着大旗,敲着锣鼓,浩浩荡荡地在村子里行进。每经过一家地主的门前,队伍便停下来,贫农团的人冲进去,把地主从里面押出来,老婆孩子也被扫地出门,然后将大门贴上封条。这叫"封门子"。地主被押出来时,愤怒的人群挥动着拳头,高喊着口号,场面惊心动魄。有的地主当时就吓瘫了,被贫农团的人架着拖走。队伍在村里走了一圈之后,又潮水一般卷回来,地主们一个个被押进会场,斗争大会正式开始。

开会之前的游行,实际上是为了显示群众的力量,造成一种巨大的声势,给地主以震慑,给群众以鼓舞。

在整个游行过程中,彦涵一直走在王三香的身边。这样做,为的是给贫农团撑腰。

但是反过来,声势浩大的农民游行,也给了他心灵上的巨大震撼。在这惊心动魄的场面中,他听到了农民向封建势力挑战的呐喊声,听到了不可阻挡的历史的脚步声。

当天夜里,他兴奋地打开笔记本,匆匆追画了白天游行的一些场面,然后写下了几个大字:向封建堡垒进军!

土改工作虽然由贫农团具体领导,但是每一步工作,还要在工作组的指导下进行。作为工作组组长,彦涵要把握方向,掌握政策,不断解决运动中出现的问题。

一天下午,彦涵从小河村检查工作回来,回他住的院子。这院子很大,是工作组和贫农团开会的地方。为了工作方便,他平时就住在这里。院子里有一个大菜窖,王老虎和另外几个地主就被关押在菜窖里,窖口外面有民兵看守。

离着好远,就听到从院子里传来一阵阵号叫声,还夹带着咒骂声。

彦涵不由眉头一皱:又打人了!

土改运动搞起来之后,群众的腰杆硬了,对地富们敢批敢斗,好不扬眉吐气。但是,由于多年遭受的剥削欺压,一些群众往往感情用事,对地富们施加拳脚,以解心头之恨。以前,在刘老屯、西加斗以及贾家庄的土改过程中,也曾出现过毒打地主富农的事情。

彦涵一直不赞成这种做法。在贾家庄斗争大会上,他曾亲眼看见,大地主贾老财被扒光了膀子跪在地上,愤怒的群众用蘸了水的粗麻绳狠狠抽打他。贾老财被抽得嗷嗷哀叫,身上布满一道道紫色血痕。最后,贾老财被打得昏死过去,瘫倒在地上,抬回去没几天就死了。

对于贾老财的死，彦涵曾在党小组会上提出过自己的看法，认为打人的做法未免残忍，不符合党的政策。不料，却受到了一些同志的严厉批评，说他阶级立场有问题。他心里虽然不服，却也不去计较，当时土改刚刚搞起，政策问题难以考虑得很细。

现在不同了，土改工作已经有了一些经验，政策也比较完善了，打人的事不应该再发生。为此，他在会上三令五申不许打人，但还是时有发生。为了避免这类事情再发生，也为了防止地富们逃跑，"封门子"以后，他下令把地富分子都关在地窖里，让他们在里面纺线（冀中的不少男人会纺线），外面有民兵看守。

没想到，他离开村子只一天，就又发生了这种事。彦涵急走几步，推门进院一看，果然是在打人。只见王老虎被按倒在地，棉裤扒到了大腿以下，一个民兵抡着皮带正狠命抽打他的屁股，边打边骂："狗杂种！你当年就这样抽过我，好狠毒啊，今天我也叫你尝尝这个滋味！"

随着皮带的飞舞，王老虎号叫不止，犹如杀猪一般。院子里的几棵老槐树上，还绑着几个地富分子，一个个满脸惊恐。

院子里站了一些看热闹的群众，有的还在一旁助威："打！狗日的就该狠狠地打！"也有的轻轻摇头，目不忍睹。

彦涵一进来，王老虎如见救命恩人，马上哀求道："彦组长，救命啊，赶快救命啊！"彦涵板着脸，没搭理他。这种时候，搭理他，在群众看来，等于给他撑腰。

打人的民兵扭头看了彦涵一眼，神情有点尴尬，但随即又狠狠朝王老虎的屁股打去："我让你叫！现在求饶了，你当保长时候的威风哪儿去了？"噼里啪啦又是一顿打。他已打红了眼，明明知道错了，却不甘心罢手。

彦涵心里好恼火，但他不能当着地富们的面批评那个民兵，那样做无疑会让他下不来台，同时也会伤害在场的群众的积极性，尤其是在他们还没有觉悟的时候。他不动声色地对那个民兵说："你到屋里来一下，我有话跟你说。"说完便朝屋里走去。

民兵把皮带朝王老虎身上一摔，跟着进了屋子。地富们都悄悄松了口气。看热闹的群众仍在院子里,想看个究竟。

过了一会儿,那个民兵出来了,不大情愿地给绑在树上的地富们松了绑,吼道:"都滚回地窖去!"王老虎和地富们被送回了地窖。

看热闹的群众正要散去,彦涵从屋里走出来,说道:"请乡亲们留一下,我有话要说。"于是大家都站住了。

彦涵说:"今天的事,大家都看见了,我想说几句话。过去,王老虎和地富们骑在我们穷人头上作威作福,干了许多伤天害理的事,现在我们穷人翻身了,出于激愤,打他们一顿,从感情上说是可以理解的,但是,这不符合共产党的政策。"

接着,讲了一番对地富分子的政策。最后说:"今后,大河村不能再有打人的事情发生。对于有罪行的地富分子,我们可以通过法律的方式治他们的罪。大家都想翻身过好日子,但是如果我们不按政策办事,土改就搞不好,我们就不会真正翻身。在场的都是贫雇农,是土改的骨干力量,我们都应该带头执行共产党的政策。"

大伙听了,连连点头称是,说:"是嘛,俘虏还不许虐待呢。"自此以后,大河村再未有打人事件的发生。

大河村的土改运动进行得很顺利。斗争大会开过之后,接下来是分浮财,分房屋,分土地,最后是动员青年参军,参加解放战争。

现在,这一切都已经顺利地完成了。土地早已分到农民手中,那些曾跪在刚刚分到自己名下的土地上,捧着泥土流下泪水的农民们,已经开始手挥牛鞭,喜气洋洋地进行春耕了。参军任务也已经完成,全村共有六名青年参军,比计划还多了一名。彦涵亲自给他们戴上了大红花,他们在全村男女老少敲锣打鼓的欢送下,已经出发上了前线。

大河村的土改工作已经基本结束,彦涵开始准备做土改工作的总结了。

就在这时,他却病倒了。他实在是太劳累了。土改是一项极其艰巨、复杂的工作,每一步都需要做大量艰苦细致的工作。从开进大河村那天起,彦涵就一直处于高度紧张的工作之中,几乎没睡过一个囫困觉,而且,作为一个画家,每天工作结束之后,差不多都是半夜了,如果不是特别疲劳,他会凭着记忆在本子上匆匆画上一阵速写,或是写上几句白天想到的话。这一弄,往往就到了下半夜。

由于过度的劳累,土改工作开始不久,他就已经开始感到身体的不支。开始的时候,经常肚胀打嗝、吐酸水。这是老毛病,在太行山的时候落下的。他却不以为然,照样拼命工作。渐渐地,胃痛呕吐,晚上疼得难以入眠,常常是手捂着肚子坐到天亮,他仍不在意,以为挺一挺就会过去。另外,农村也找不到像样的大夫,只能干挺着。江丰曾劝他到石家庄去看看病,可是土改进行了一半,正是要劲儿的时候,他当领导的怎么能撂下一摊子事情去看病呢?

就这样,差不多挺了大半个冬天,终于挺到了土改结束,精神一放松,总结报告还没有写完,咔嚓一下病倒了。

连续几天,彦涵一直高烧不退,还大量便血。昏迷中,他被人抬上了一辆胶轮大马车。在孟同参加土改的白炎匆匆赶来,和工作组的一位男同志,将他送往石家庄医院。

离开大河村时,不少乡亲出来送行,马车走出好远,还站在村口默默望着,不肯离去。

当时,他迷迷糊糊,直挺挺地躺在马车上,什么也不知道,唯一的一点感觉是,空气非常新鲜,沁人肺腑。那是春天田野里的芳香,是回到了农民手中的土地的芳香……

十八　向封建堡垒进军

彦涵被送到了石家庄医院。石家庄刚解放不久,医院里很乱,医疗水平也差,医生给他检查了半天,也没弄清是什么病。其实很简单,是十二指肠溃疡大出血,这是解放后进了北平,他才知道的。

他在医院里躺了三天,高烧退了下来,出血也不那么厉害了。到了第四天,他便躺不住了,催着白炎去找医生,要求出院。

白炎劝他说:"你现在要安心养病,医生说你是劳累过度,身体非常虚弱,必须再住一段时间才行。"

彦涵一听就急了:"我现在已经退烧了,还躺在医院里干什么?白白浪费时间嘛。赶紧出院,我还要出去工作呢。"

白炎说:"工作上的事你就不要操心了,江丰同志托人捎过话来,说土改工作已经结束,大河村的土改搞得很好,受到了县里的表扬。现在,工作组马上要返回华大了,江丰同志让你就在这里好好养病,先不要急着出院。"

彦涵说:"那我也要出去,出去搞创作,搞土改作品。"白炎便不再做声,她了解彦涵的心情。

在土改的日子里,虽然白炎在孟同,彦涵在大河,但他们时常一起开会。彦涵曾兴奋地对她说过,土改是中国历史上一场了不起的革命,从画家体验生活的角度来说,能亲身参加这场革命真是一种幸运,并且说土改结束以后,他要创作一批以土改生活为内容的作品,还会说起他对作品的一些构思。谈起作品构思的时候,彦涵总是显得有些激动,甚至有点急不可待,恨不得马上就坐下来开始创作。

白炎知道,在大河村时,彦涵曾几次忙里偷闲地拿起刻刀,但终因实在太忙,几次拿起又几次放下了。

她也知道,彦涵住院以后,人虽躺在床上默不作声,脑子却一直在思考着创作问题。这从他整日凝神苦思的目光里就可以看出来。

现在,彦涵急着出院,说明他的一些作品已经构思成熟,需要马上动手刻制了。白炎懂得,创作需要激情,彦涵虽然身体虚弱,但情绪很好,这种时候不让他出院,没病也会憋出病来的。她太了解彦涵的脾气了。

白炎无奈地叹口气,起身去找医生。当天下午,白炎雇了一辆马车,拉上彦涵,带着医院给的一些药品,赶往已经迁到了正定的华大文艺学院。

此时，华大文艺学院已改称华大三院，借住在正定的一座天主教堂里。这座教堂相当大，是河北的第二大天主教堂。第一大天主教堂据说在献县。内战以后，外国神甫跑了，只有几个中国神甫还留在里面，虽经战乱，教堂依然完好，未曾遭到破坏。房子宽敞整洁，院里花木繁茂，环境安静幽雅。此时，解放战争正顺利进行，解放区不断扩大，平汉线一带已无大的战事。

较为安定的大环境，加上幽静的小环境，对于彦涵来说，无论是养病还是创作，都十分难得。病情稍一稳定下来，他便开始了酝酿已久的土改题材的创作。

第一幅作品叫《审问》。

土改的一个重要工作，就是清算地主财产，然后分给农民。在这个过程中，有些地主把财产埋藏起来，隐瞒不报，贫农团就把他们提来审问。彦涵曾多次参加贫农团对地主的审问。有回旁听，刚好地上有一小块木板，他便顺手捡起来，在上面匆匆画了审问现场的速写，这便是《审问》最初的草图。因为没时间刻，便搁下了。现在病了，终于有时间了，他在草图基础上稍加修改，便一挥而就，成了后来的经典之作。

审问 1948年

《审问》的场景所揭示的主题是极为深刻的：过去是地主对农民催租逼债，现在是农民审问地主。这是几千年来两个阶级地位的一次根本性变化。《审问》通过这个小小的场景，轻而易举地揭示出了这一伟大的变化。从中可以看出，彦涵对事物的认识是多么地敏锐，对主题的开掘又是多么地深刻。

第二幅作品就是《豆选》。显然是取材于大河村的选举活动。场面很大,仅人物就有四十人之多,充溢着史诗感。这是中国老百姓几千年来第一次当家做主,并为此扬眉吐气的伟大的历史记录。

一九四九年九月,新中国成立前夕,第一届政协会议在怀仁堂召开,会场要挂一幅画,共和国的领袖们在选看了无数作品之后,最后选中了《豆选》。因为原作尺寸太小,彦涵改画成了大幅油画。政协开会时,挂在怀仁堂里的唯一的一幅画,就是这幅《豆选》。仅此一点,便可以看出《豆选》所包含的深刻的民主意义。

九十年代初,美国波士顿博物馆的三个人,造访彦涵家,要收藏他的一些木刻作品。当他们看了《豆选》之后,十分惊讶,其中一位女士指着《豆选》说:"中国还有这个?""这个"指的是民主。

彦涵也指着《豆选》,幽默地说:"这不就是证明吗?"

只是,在中国,要实现真正的民主,道路极其艰难而漫长,这是他当初在刻《豆选》时没有想到的。

在正定教堂里养病期间,彦涵还刻了一幅他土改题材的重要作品,这便是《向封建堡垒进军》。

豆选　1948年

向封建堡垒进军　1948年

这幅作品与别的土改作品相比,诞生得稍晚一些。因为在他的构思中,其背景应该是一座气势森严的高墙大院,以表现封建势力的顽固与强大,但是大河村没有这么大规模的房屋,所以一直没有动笔。

　　这年夏天,他的身体渐有好转,去井陉煤矿体验生活。忽然有一天,他在附近的村子里发现了一处地主庄园,那是一座气势森严的高墙大院,巨石般地盘踞在山坡之上。这正是他想要的那种建筑。他惊喜不已,马上画了速写。

　　后来,当他再次因病留守正定的时候,他将井陉的地主庄园与大河村的"封门子"场面,合为一体,很快完成了这幅环境、人物及情节都极具典型性的作品。画面上,愤怒的农民举着红旗冲向地主庄园,朱漆大门被贴上了封条,往日森严的高墙上,醒目地贴着《中国土地法大纲》。这是中国农民向几千年来的封建制度,发出勇猛挑战的历史性画卷。

　　《向封建堡垒进军》是油印彩色木刻。在解放区,油彩是很难搞到的,彦涵画了那么多年画,还从没用过油彩。刻这幅作品时,刚好有几管油彩,是一个从北平来的学生送给他的,只有红、黄、蓝三种。他把这三种颜色全用上了,而且还调出了赭石色。

　　此前,他还完成了另外两幅作品:《浮财登记》和《集合》,加上以前创作的《分粮图》、《清算地主》、《这都是农民的血汗》、《诉苦》,一共创作了九幅土改作品。这是他创作上的又一次喷发。

十九　胜利前夕

　　一九四八年秋,白炎即将临产。彦涵一边教课、创作,一边忙里偷闲,为孩子的出世做着准备。他买了两只活鸡养起来,准备给白炎坐月子吃。冬天快到了,他怕白炎挨冻,找来一个铁皮桶,敲敲打打,里面抹上黄泥,做成了炉子,又准备了许多取暖的柴火。还撕了一些破衣服当尿布,只等孩子出世了。

正在这时,上面来了命令,说国民党部队正向石家庄地区打过来,要华北联大立即撤离正定。彦涵带上两只活鸡,拴在抬着白炎的担架上,随着学校连夜向南转移。队伍经过三天急行军,到达邢台境内的张东村。刚刚落下脚,忽然又接到命令:迅速返回正定。

原来形势又有了变化,平津战役要开始了。上级命令华大赶回正定,做好准备,迎接平津战役的胜利。华大上下,顿时一片欢呼。

彦涵摩拳擦掌,准备再上前线,他要用画笔记录胜利的场面。打了这么多年的仗,现在就要胜利了,这是千载难逢的时刻啊。一个画家,一生能遇上几次这样的时刻呢?他决不能错过。至于白炎,她可以由学校派人照料。

想是这么想,最后还得由领导作决定。由于白炎行动不便,领导决定让她留在张东庄,彦涵也一同留下来,照顾白炎。大队人马撤离了张东庄,返回正定。看到队伍哗哗离去,彦涵不禁连连叹气:"唉,这孩子生得真不是时候。"

一家人在张东庄一户农家住了下来。十一月三日,孩子平安降生,是个儿子。因为是生在张东村,彦涵给儿子起名叫东东,学名彦东。

去不了前线,在后方也不能闲着。彦涵一面忙着烧水做饭洗尿布,辅导大儿子四年学习,一面点灯熬夜搞创作。

他虽然远离战场,心里却不时想到前方。想到前方,便不由得想起他曾在战场上见到过的炮兵们:一声令下,万炮齐发,场面是何等壮观!现在,他们一定正行进在通往平津战场的道路上,很快就要以其无比的威力,向即将垮台的蒋家王朝发起进攻了!

彦涵这样想着的时候,已经拿起了刻刀。他心里怀着胜利在即的喜悦,耳边响着婴儿的啼哭声,头上吊着花花绿绿的尿布,趴在炕沿上,完成了木刻年画《无敌炮兵》。

刚刚刻完,有消息传来,平津战役已经开始了。又得知,学校里去前线的人还没有动身,正在家里做出发前的准备工作。彦涵顿时兴奋起来,再也待不住了,急着要回正定,准备奔赴平津战场。

"孩子还没满月呢。"白炎望着怀里的小生命,担心地说。

"等满了月再走,他们就出发了,什么也赶不上了。"彦涵说着,已经开始收拾东西了。

"天这么冷,又是好几百里地,孩子在路上怎么受得了啊?"

"不要紧的,被子裹厚一些,我抱在怀里,我们雇辆马车走。"

白炎只好依他。她了解他的脾气,他喜欢轰轰烈烈,一有大的行动,他就兴奋得觉都睡不好,如果不回去,他能憋出病来。于是,全家人坐上胶轮马车,冒着严寒,走了三天,回到了正定。

1948年,解放战争中的白炎与四年。

谢天谢地,去前线的人还没有走,在为迎接平津战役的胜利,紧张地做着准备。戏剧系和音乐系忙着排节目,美术系忙着画画。华大三院的新驻地,一座圣女修道院里,忙得像是开了锅。

彦涵立即投入这片繁忙之中。每天从早到晚,在修道院里忙着画宣传画,准备进城之后大量印刷、张贴。天天都要忙到深夜,然后就睡在修道院里,几乎无暇照顾白炎和孩子。

白炎带着两个孩子,住在附近农户的一间土房里。正是滴水成冰的寒冬季节,屋里没火,四壁挂霜,冷得像个冰窖。襁褓中的东东冻得脸色发紫,有好几次,白炎以为这孩子冻得没气了。大人都冻得发抖,何况刚满月的孩子呢!白炎怕孩子真的冻死,只得整日将孩子抱在怀里暖着。可是顾得了小的,又顾不了大的。四年冻得浑身哆嗦,呜呜直哭。

正在这时,彦涵满脸喜气地回来了。一看他高兴的样子,白炎就知道,去前方人员的名单公布了,于是问:"什么时候出发?"

"明天!去北平!"

彦涵说罢,乐呵呵地把仍在哭的四年搂在怀里,用热气为他哈着通红的小手,说:"好了,不哭了,我们马上就进城喽。进城就好了,就有炉子烤火啦。"

四年止住哭声,问:"我们一起走吗?"

"不,爸爸先走。你和妈妈还有弟弟,留在这里,等北平解放了,你们也会去的。"

第二天,队伍出发了。华大三院组织了两个工作队,分赴即将解放的北平和天津。天津的由胡一川带队,北平的由艾青和江丰带队。彦涵参加了北平的工作队。江丰不论走到哪儿,总是愿意带着彦涵。

去北平的路上,队伍刚走了一天,六十里地,晚上宿营的时候,彦涵突然大量便血,几乎休克。由于连日的劳累,他的十二指肠溃疡又犯了。

艾青和江丰来看他。见他脸色蜡黄,江丰说:"你不要去了。"

彦涵一听,挣扎着坐起来,说:"那怎么行!我赶回正定,就是要参加平津战役的。现在已经出来了,就不能再回去了。"

江丰让他躺下,劝他说:"到了北平一定非常紧张,你身体这个样子,肯定吃不消,还得别的同志照顾你。算了吧,还是回正定吧,等病好了再去嘛。"

艾青也劝:"还是回去吧,不在乎这一回嘛。北平解放之后,有好多事情要做呢。"

"唉!"彦涵深深叹口气,不再坚持了。他知道自己的病情,如果坚持去,肯定会给别的同志添麻烦。

第二天,一辆马车把彦涵送回了正定。正定还留着一些华大的病号和家属,全集中在隆兴寺里。华大校长成仿吾正在为如何照管这些人发愁,一见彦涵回来了,便高兴地说:"你回来得正好,把留下的病号和家属管起来吧。"

于是,彦涵当起了华大留守处主任。他一面管理大家的生活、学习,一面抓紧空闲时间进行创作。那幅《向封建堡垒进军》,就是在这时候完成的。

这期间,他还创作了《黄河从此非天险》。一九四七年六月三十日夜,刘邓率领十二万大军,冒着敌人的火力封锁,登舟强渡,一举突破黄河天险,挺进中原,从而揭开了我军战略进攻的序幕。这幅作品描绘的就是刘邓大军抢渡黄河的这一历史性场面。

彦涵虽未参加这一行动,但他数渡黄河,熟悉黄河。黄河上,惊心动魄的滚滚巨浪,如万马奔腾的隆隆涛声,出没于波峰浪谷间的木船,以及在狂风巨浪中奋力摇橹的裸身露体的艄公,都给他留下了极深的印象和感受。他听过刘邓大军抢渡黄河的报告,并查阅过有关的报道,他完全可以想象出那是怎样激烈壮观的场面。

不过,他在这幅画里,没有直接描绘千军万马渡黄河的情景,而是着重表现战前的准备,以战士和船夫齐心合力拉炮推船的场面,表现我军要战胜一切困难的意志,以天空飞动的浓云,烘托战前的紧张气氛。整个画面呈现出浓重的油画效果。这幅作品也是油印彩色木刻。搞完这幅作品,那三管颜色就全用光了。

平津战场上不断有捷报传来,彦涵的情绪愈加高涨,完全忘记了自己是个病号。刻完《向封建堡垒进军》和《黄河从此非天险》之后,又一鼓作气,在木板上勾勒出两幅画稿:《迎击》和《舍身炸碉堡》。

此时,环境已不像以前那么动荡,时间也不像以前那么匆忙,彦涵也越来越注重作品的艺术性了。他想在这两幅作品中做些艺术上的尝试,争取有所突破。他要使画面更简洁,人物形象更突出,黑白对比更强烈。另外,要更讲究刀法,使作品更有"木味"。他越来越意识到,

1949年夏,彦涵参加了北平军事管制委员会文管会工作,摄于北池子草垛胡同。后排左一为彦涵,三排右四为白炎。

木刻就得讲究"木味",就像国画要讲究笔墨一样,不然就没了特色。

他琢磨了很长时间,几乎把一切技术细节都想好了,正要动手刻制,忽然传来一个振奋人心的消息:北平和平解放了!

这天是一九四九年一月三十一日。上级立即决定,留守人员分批进入北平。彦涵第一批走,然后随艾青、江丰一起,参加北平军事管制委员会的文管会工作。

他匆匆收拾起画稿,带着留守处的部分同志,立即向北平进发。与往日行军不同,这回是坐

1949年,初进北平,彦涵和生死与共的战友艾炎合影。

汽车。几十辆汽车在平汉公路上隆隆奔驰,好不威风!这些汽车全是美国制造的,崭新锃亮。据说,是美国援助国民党的,刚从美国运到塘沽,国民党军还没来得及使用,就被解放军缴获了。

汽车上装了许多东西,彦涵把东西摞得高高的,最后摞上背包,人坐在最上面。一路上,他不停地说笑,兴奋得手舞足蹈。十几年来,他不知有过多少次行军,每次行军都靠两腿走,急行军,夜行军,长途行军,几乎走遍了整个华北,简直要把脚走烂、把腿走断了。坐车行军,还是头一回。这真是一种莫大的享受,况且是坐车进北平!

沿途上,正好迎上解放大军南下,华北野战军,东北野战军,步兵、骑兵、炮兵、装甲兵……军旗猎猎,烟尘滚滚,连绵数里不见首尾,如同浩浩洪流,奔涌向前。望着浩浩

1949年，参加全国文代会。中间为彦涵。

荡荡的南下大军，他振奋无比，心中充满胜利的喜悦。一幅新作也随即构思出来，题目叫《向胜利进军》。

向胜利进军，也是彦涵此时此刻的心情写照。他知道，革命就要胜利了，新的生活就要开始了，前面还有更多的工作等着他去完成。他要创作出更多的好作品，奉献给新的时代。

这一年，彦涵三十三岁，风华正茂，赤诚满腔。

一九四九年二月初的这个阳光温暖的冬日，在浩浩荡荡开往北平的汽车上，彦涵无论如何也不会想到，在经历了九死一生的战争苦难之后，他还要经历一场极其痛苦而又漫长的政治苦难。

下卷　磨难人生

一　活蹦乱跳的鱼

彦涵晚年的时候,刻过一幅版画,叫《活蹦乱跳的鱼》,一张巨大的渔网里,无数条活蹦乱跳的鱼在喘息、挣扎……这里画的可不是海边渔景,虽然他从小在海边长大,大海和渔景是常画的题材,但这幅不是。

他画的是一场苦难,一场巨大的政治苦难。巨大的渔网,象征的是一九五七年的反右运动,而喘息挣扎的鱼们,则是落入网中的右派们。那其中也有他自己。

彦涵何以成为网中之鱼?

事情要从美术界的一次座谈会说起。一九五七年五月二十二日那天晚上,彦涵下班刚回到家里,就被人请去参加了一个座谈会。

那是个油画进修班结业的座谈会。一九五五年,文化部请来了苏联的马克西莫夫教授,在中央美院办了个在职干部油画进修班,现在结业了,马上就要各回各的单位,大家想聚在

1952年,彦涵在家中接待希腊和墨西哥的艺术家。

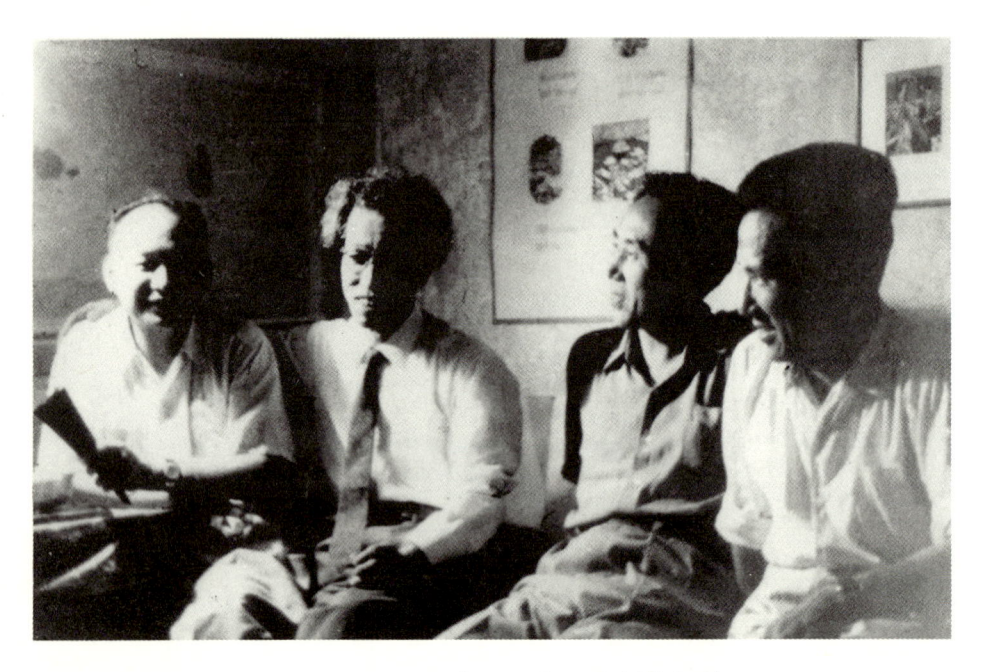

1953年，与日本友人内山嘉吉先生在北京会面。内山嘉吉是鲁迅先生在三十年代请来的中国第一位木刻教员。从左至右：江丰、内山嘉吉、彦涵、郑野夫。

一起开个会，座谈一下今后的创作打算。

彦涵本来不想去。那段时间，他受中国军事博物馆委托，正忙着画大型油画《八路军东渡黄河》。因为家里地方小，画不开，军事博物馆替他在解放军画报社找了间屋子，他每天就蹬着自行车，早出晚归地去那里画画。画了一天，很累，想早点休息，明天一早接着画。

但都是老同志老朋友了，为了对他们今后的创作表示支持，彦涵还是去了。

座谈会是在中央美院U字楼的一间大教室里，开得很活跃，发言很热烈。参加会的大都是参加过战争的老同志（其实也就四十出头，但参加革命时间较长，所以都这么叫），过去由于条件所限，没能好好画画，现在生活安定了，想静下心来搞些作品。特别是"百花齐放，百家争鸣"文艺方针提出以后，大家更是热情高涨。战争远去不久，美术界正提倡画革命历史画，这些老同志经历丰富，思想成熟，又经过两年的专业进修，水平有了相当大的提高，自然想在这方面做出成绩。

但是他们大部分不是专职画家,创作时间难以保证,所以,座谈会上,大家就提出了一个要求:要求文化部能成立个美术创作室,把大家集中起来,专心搞创作。

有要求,就得有人向上去反映。会上,大家推选出两个代表小组,分别到中宣部和文化部去反映。一组由古元带领,去中宣部;一组由彦涵带领,去文化部。之所以让他俩牵头儿,是因为他俩名气大,说话有分量。

其实,成立创作室这件事,和彦涵没什么大关系,他本来就是美协的专职画家,成立不成立他都照样搞创作。但他理解这些老同志的苦衷,乐于为促成这件事而奔走。

第二天一大早,彦涵早饭都没顾上吃,便和油画进修班的班长、中央美院油画系主任冯法祀等人,早早到了文化部,想在一上班的时候见到部领导。没想到,在收发室里等了好长时间,也没见到领导。后来,夏衍副部长把电话打到收发室,冯法祀便在电话里,把大家的要求简单地汇报了一下。

夏衍说:"这样吧,你们先回去,过一会儿我们到美院去,召集大家开个座谈会,你们有什么要求和意见可以在会上提。"

冯法祀放下电话,高兴得不得了:"赶快回美院,把昨天开会的人都召集来,夏部长他们要到美院开座谈会,详细听取大家的意见!"

大家非常兴奋,说,看来事情有门啦!又呼呼啦啦赶回美院。

当天上午,昨晚开会的人又集中在U字楼的大教室里。没一会儿工夫,部领导来了。不是夏衍,来的是另外一位副部长,刘芝明,还有中宣部文艺处副处长苏一萍。当他们走进教室的时候,大家都热烈鼓掌欢迎。刘芝明和苏一萍满面笑容,向大家招手点头,十分亲切。

坐下以后,刘芝明说:"夏副部长和中宣部领导通过话了,他们今天有事来不了,我和苏一萍同志代表文化部和中宣部来参加你们的会。"

大家又热烈鼓掌。上级领导如此重视大家的要求,真是让人

1953年秋,彦涵(右)赴朝鲜体验生活。回国后创作了套色版画《当苹果熟了的时候》。

感动。

刘芝明说:"听说大家有些意见和要求,这很好嘛,帮助领导改进工作嘛。你们有什么意见和要求尽管讲,畅所欲言,什么都可以讲!"

于是大家热烈发言,又把昨晚在会上说过的话说了一遍。还提出,希望领导能批给一块地皮,拨一笔资金,盖一座画室,大家好有个地方画画。彦涵也发了言,说成立创作室对繁荣创作如何如何地有利,鼓动领导批准。

其实,大家并没有领会领导真正的意思。

大家发言之后,刘芝明表态说:"大家的要求很好,我们一定会认真考虑,请大家放心。"

大家又是一通鼓掌。看来成立创作室的事没问题了。

"别的还有什么意见哪?"刘芝明问道。

大家依然没领会领导的意思,笑着说,我们就这个要求,别的就没什么意见了。

"还有什么意见,尽管讲嘛!现在是帮助党整风嘛,大鸣大放嘛,有什么意见就讲嘛!"

开会的人面面相觑,一时没有转过弯。大家只希望能成立个创作室,并未想谈什么意见。会场沉默下来了。

"讲嘛,对领导有什么意见就大胆地讲嘛。"刘芝明再三动员,"毛主席说了嘛,言者无罪,闻者足戒嘛,不许扣帽子,不许打棍子嘛。大家不要有顾虑,有意见尽管讲,什么都可以讲!党员带头讲!"

会场沉默好久,再三动员之后,才有人发言,开始给领导提意见。至此,关于成立创作室的座谈会,变成了整风座谈会。

1954年4月,毛泽东在中南海怀仁堂观看画展。这是他观看彦涵的木刻《淮河水闸建设工程》,并称赞道:"彦涵的木刻很好,很有气势。"

一开就连着开了三天。这三天里,会议范围不断扩

大,参加的人也越来越多。最初是油画进修班的人,后来中央美院、中国美协以及在京的美术单位,都有不少人参加。人数由最初的三十多人扩大到七八十人,最后一天达二百多人。

意见也越来越深入、尖锐。头一天,主要是对中国美协领导和人民美术出版社的领导提了一些批评意见,都是关于工作作风和领导方法的一般性意见。到了后来两天,意见便集中在了江丰的问题上。

不是批评江丰,而是为江丰抱打不平。作为中央美院的院长,江丰一直积极主张,在美术教学中,应该注重培养学生的绘画基本功,要求学生画好素描,尤其是人物素描,以便更好地表现现实生活,塑造新时代的人物形象。他认为在新的生活面前,中国传统绘画显得内容陈旧,缺乏时代气息,主张在继承传统的同时要发展传统,改革中国传统绘画,以适应新时代的需要。

而美术界的另外一些人不赞成他的主张,特别是一些国画家。

这本来是正常的学术之争,但是却被某些领导把问题引向了别处。早在一九五六年,美术界的某些领导就到处散布说,"江丰排斥中国画","江丰要消灭中国画"。文化部副部长钱俊瑞,也多次在公众场合批评江丰"排斥中国传统绘画",给江丰定下了调子。人民美术出版社的一位领导竟在会上说:"现在,美术界里有股暗流,以学术讨论的面目出现,反对党的政策。"还有人说,"美术界的这股暗流,不管动机如何,性质是反党的。"把学术问题一下子扯到了政治问题上。

整风开始以后,江丰被报纸点了名。《北京日报》和《人民日报》都发表了批评文章,批评江丰在教学指导思想上搞民族虚无主义,重视西洋画,排斥中国画,意在消灭中国画。又说他歧视、打击国画家,对一些国画家不予安排工作,致使他们陷于生活困境,等等。

其中《人民日报》有篇题为《一个老画家的遭遇》的文章,以中央美院国画家李苦禅先生为例,说有段时间,李先生的每月工资只有八元钱,生活难以为继。文章一出来,立刻在美术界引起强烈反响。不了解江丰的人表示愤慨,怎么能这么对待老画家呢!

参加座谈会的大都是美术界知名人士,对江丰比较了解,对领导上批评江丰的一些说法早有看法。《一个老画家的遭遇》这篇文章，恰好是在开会的那几天登出来的，大家看了很是激愤——根本不是这么回事嘛！

许多人发言说，江丰在战争年代里因环境条件所限，对中国画接触不多，对其认识不足，确有重视不够的一面，但随着学识的提高，其重视程度也在不断加强；江丰主张注重绘画基本功，主张改革中国画，都是为了更好地反映新时代的生活，根本谈不上什么要消灭中国画，更谈不上什么反党；至于一些国画家的工作安排问题，很大程度上是属于社会问题，不是中央美院自身所能解决得了的。解放初期，很多国画家没有工作，文化部将其中一些人安排到美院，美院出于统战政策考虑，全都照收了，但美院只有一个国画系，没有那么多课时，有些人排不上课，加上江丰在工作方法上存在着一些缺点，一些国画家难免对他有些意见。但这绝不等于江丰歧视、排斥和打击国画家。

发言的人都很激动。中央美院副院长吴作人，说着说着站起来："《人民日报》的文章与事实有如此大的出入，在群众中引起了不良影响，我感到非常痛心！我要求《人民日报》予以纠正，消除影响。在座的华君武同志，你是《人民日报》的，请你转达我的意见。"

许多人在发言中还对美协和文化部的个别领导提出批评，说美协副主席蔡若虹对江丰的指责攻击，很大成分是出于个人恩怨，是宗派

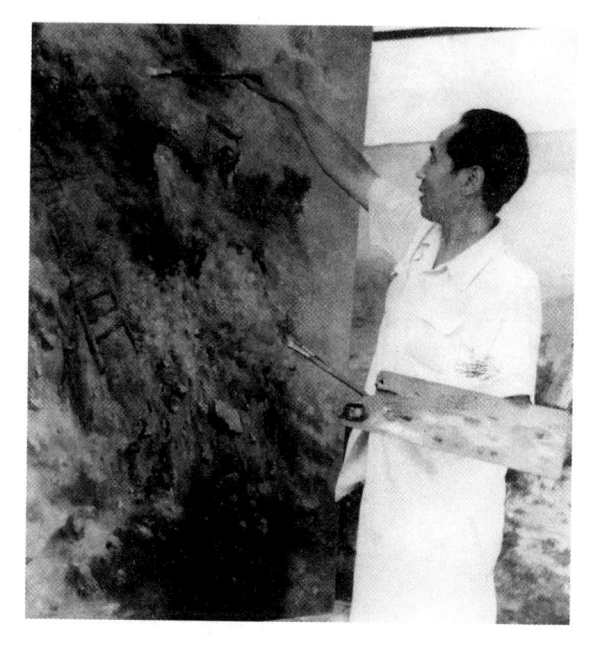

1957年春，彦涵应军事博物馆邀请，绘制大型油画《山洞战》。

1957年春,彦涵应军事博物馆邀请,绘制大型油画《八路军东渡黄河》。

主义在作怪,严重影响了美术界的团结;而钱俊瑞副部长听信了美协个别领导的观点,则是典型的官僚主义和主观主义。

彦涵和大家的看法一样,但是开始并没怎么发言,也没打算发言。他的心思还在那幅未完成的油画上,满脑子都是滚滚咆哮的波涛,击风搏浪的抗战将士。

座谈会的第二天,中午快散会的时候,刘芝明对大家说:"这两天的发言很好,非常好,这就是帮助党整风嘛。还有许多同志没有发言,还有许多意见没有讲,不要紧,这个会不算完,明天还要接着开,而且范围要扩大,希望有更多的同志来参加。我希望我们的老同志,尤其是老党员,要带头发言,不要群众都讲了,我们的老党员还袖手旁观,做了群众的尾巴。这也是考验每个党员党性的时候嘛!"

这几句话让彦涵改变了主意。是啊,自己是老同志、老党员,不发言确实说不过去,况且,领导这次是真心实意地要好好听取群众的意见了,应该讲讲,明天就讲。讲什么呢?他一时还没想好。

散会后,他约上王琦,一起到和平餐厅去吃午饭。刚要走出学校的大门,美院的党委副书记洪波从后边追上来,叫住他俩说:"走走走,到李宗津那儿去。"

彦涵不想去,想吃过饭,赶到画报社去画画。

"走吧走吧,江丰同志在那里,请你们去一下。"洪波不容分说,把两人拉到李宗津的屋里。

屋里已有好几个人:江丰、李宗津、董希文。除江丰外,其他人都参加了上午的座谈会。彦涵不知何事,站在门口问:"是不是要开会呀?"

"不是不是,进来进来。听说你们开会了,我没有参加……"

江丰满脸愁容。整风开始以后,他压力很大,情绪一直不大好。前些日子,杭州美院的一些国画家写信告他(江丰曾是杭州美院副院长),钱俊瑞找他谈了话,要他去杭州作检查。这两天他正闷在屋里写检查。

洪波忙说:"报上说江丰同志排斥中国画,打击李苦禅,这不符合事实。现在正在整风,江丰同志希望对他的问题能够给予澄清。"

"我不是像报上说的那样。李苦禅的事是很早的事了,那时我还在杭州,没到北京来呢!要素描基础与不要素描基础,这是学术上的争论,怎么能扯到我要消灭中国画呢!"江丰显得有些激动。

"江丰同志,你不要气恼,"彦涵劝慰他说,"我们俩一道工作了十几年,我了解你,实际情况不是那样。你的问题是学术问题,是可以辩论的。我相信,事实总可以辩论清楚。"

"是的,是的,你不要急,事情总是可以讲清楚的。"大家也都同情地安慰江丰。

"听说文化部还要组织开会?"江丰问。

"还要开,明天到文联大楼去开。"

"我希望……"江丰用一种求援似的目光看着屋里的人,"同志们对于我的问题,能在会上提出来。"

洪波、李宗津、董希文立刻表态:江丰同志,我们会替你讲话的。很多同志已经替你讲了话。就在那一刻,彦涵做出了决定,明天的发言就讲江丰的事情。

他比别人更了解江丰。从一九四三年起,他就和江丰在一起,延安鲁艺、华北联大、杭州艺专、中央美院,直到一九五四年他调到中国美协,两人一道工作了十几年,他非常清楚江丰的为人及其艺术观点。这位工人出身的美术家,为人坦诚、嫉恶如仇、知错必改,只是性格暴躁,不善于处理人际关系,加上好意气用事,不讲工作方法,为此得罪了不少人,也挨过不少整。但不管怎样,他的缺点错误是属于工作上的问题,说他排斥中国画、打击国画家,显然与事实不符。

彦涵本来就爱打抱不平,看到江丰委屈而痛苦的样子,更是顿生两肋插刀的侠义之气,不由说道:"江丰同志,你不要急,明天开会,我一定会站出来替你讲话的,摆事实讲道理嘛!"

王琦没有表态。在整个谈话过程中,他基本上没怎么开口。

在李宗津的屋子里只待了十几分钟,彦涵就和王琦先出来了,去和平餐厅吃饭。

路上,王琦开口了,表情十分严肃:"彦涵,你是个有成就的画家,应该好好画你的画,千万不要介入这种事情!"王琦是中央美院版画系教授,与彦涵共事多年,是很好的朋友。

彦涵却不以为然:"这有什么,就是替江丰说几句公道话嘛。"

"反正你不要管,这种事情我比你有经验。"

"现在上面号召大家讲话,不讲怎么行?"

"那也不要讲,再号召也不要讲。"

"为什么?"

"不为什么。反正听我的没错!"

彦涵笑笑,根本没把王琦的话放在心上。

第二天,五月二十五日,美术界整风座谈会在王府井64号的文联大楼里召开。除部长沈雁冰和常务副部长钱俊瑞,其他三位副部长夏衍、陈克寒、刘芝明都来了,端坐在主席台上。小礼堂里挤满了人,美术界的知名人士差不多全到了。场面煞是隆重。

座谈会由陈克寒主持,要大家帮助美协和文化部整风。再次动员,要敢于讲话,敢于批评,敢于争论,有什么说什么,越尖锐越好,这是真正爱护领导,帮助领导。再次强调,绝不打棍子,绝不扣帽子,知无不言,言无不尽,言者无罪,闻者足戒。这是我们党的一贯的民主作风嘛!

其实用不着动员,党已经敞开了心扉,我们就应该扒开胸膛!发言十分热烈,言辞也相当激烈。刘开渠、莫朴、王曼硕、吴作人、李可染、董希文、王式廓、冯法祀、李宗津、古元、秦征、阿老、刘迅、黄胄、洪波等等,都讲了话,为江丰鸣不平,给领导提意见。

这天的座谈会开了一整天。要求发言的人很多,上午没轮上彦涵。下午,部长们一个没来,据说有紧急会议。座谈会由美协秘书长华君武主持,发言仍很热烈,要求发言的人不断地往前面递条子。

彦涵坐在后面,和王琦坐在一起。他写了个条子,要求发言,准备递上去。

王琦悄声制止道:"彦涵,你不要讲话!"

"帮党整风嘛,有话就该讲。"彦涵仍不以为然。

"听我的,千万不要讲!"

彦涵觉得王琦未免太谨慎了,甚至有点不够意思。你可以不讲,我不能不讲。江丰明明受了冤枉,自己总得出来说句公道话吧?再说,领导一再号召党员带头,自己一点儿不讲,也说不过去呀。

已经是下午四点多了,华君武前面桌上的纸条还在增加。彦涵有点急了,整个座谈会今天就要结束,再不把条子递上去,就没发言的机会了。

"不,我一定要讲,我已经对江丰同志说过,我要站出来讲话的。"

活蹦乱跳的鱼　1980年

"你……"王琦看看他，有些无奈地说，"实在要讲，就讲些不痛不痒的吧。"

彦涵把条子递到了前面。

终于轮到他发言了。他站了起来，第一句就是："钱俊瑞副部长批评江丰同志排斥中国传统绘画，这种说法是不符合事实的。我认为，江丰同志不仅没有排斥中国传统绘画，而且是积极提倡和给予了实际支持的。"

接着，列举了江丰从延安到现在的许多事实，还引用了江丰在各个时期的有关讲话，有理有据，为江丰进行辩护。

然后说："钱副部长不调查不研究，偏听偏信，给江丰同志下了一个排斥中国画的结论是不公平的，是违背事实的，其粗暴态度，难怪引起很多画家的不满。我要求钱副部长对此做出检查！"

天哪，这哪里是不痛不痒？他完全忘了王琦的告诫。

批评完钱俊瑞，他又批评美术界的某些领导，说他们长期以来存在着严重的主观主义、官僚主义和宗派主义。然后直呼其名地批评了美协领导蔡若虹、人民美术出版社领导邵宇，批评他们在美术界的一些做法和一些言论，在客观上起到了妨碍百花齐放、百家争鸣的作用。

"我认为，这是一个原则性问题，应该进行检查！"

发言完毕，彦涵觉得痛快淋漓，点燃了一支烟。

王琦却用手指抵着低下的额头，不知在想些什么。

164

二 渔网骤然而落

开完这三天会,彦涵又和以往一样,每天早晨,先在院子里侍弄一番花草,边弄边琢磨那幅画,然后吃饭,去《解放军画报》去画画。

渐渐地,他觉得周围的气氛有点儿不那么对了。他听到有人在背后说:"都这种时候了,彦涵还有心思弄花弄草!"

他莫名其妙。这种时候是什么意思?不就是整风吗,整风就不能养花了?他没往心里去,照旧每天弄花、画画。

有一天,他搭坐蔡若虹的小车回家,他坐在前面,蔡若虹和美协副秘书长钟灵坐在后面。

蔡若虹故意大声地问钟灵:"看了今天的报纸没有?报上说,我们正在进行一场社会主义性质的革命。什么叫社会主义革命?啊?社会主义革命就是一场阶级斗争啊,一场你死我活的阶级斗争!"

那话明显是说给彦涵听的。彦涵这时才觉出,报上的话与整风初期的提法,已大不相同。毛泽东三月十二日《在宣传工作会议上的讲话》,《人民日报》四月十一日的《继续放手,贯彻"百花齐放,百家争鸣"的方针》的社论,还有五月一日刊登的中

重叠的面孔 1985年

共中央关于整风的指示,彦涵都是认真地听过看过的。这些代表最高领导层的声音,让他如沐春风,精神振奋,甚至欢呼雀跃。现在,余音未了,墨迹未干,上面的调子已经变了。

回到家里,彦涵找出蔡若虹说的那篇报纸,细细读了两遍,发现字里行间,已隐隐流露出肃杀之气。

几天之后,他接到通知,到文化部听一个文件传达。听传达的人级别都很高,只许听,不许记。

传达中,他听到了一个陌生的词:阳谋。还有两句很令人吃惊的话:"引蛇出洞"和"聚而歼之"。

又过了两天,六月八日,《人民日报》发表社论《这是为什么?》,像是头顶响起了隆隆的雷声。凭着多年政治运动的经验,他隐隐有种预感:一场风暴要来了。

一天下午,彦涵接到通知,要他去文联大楼开会。进去的时候,大会已经开始。会场里黑压压坐满了人,台上的人正在讲话。他悄悄穿过过道,在后面找位置。

气氛好像有些不对。参加会的都是首都文艺界的人,文学界的、美术界的、戏剧界的、电影界的……不少人彦涵都认识。平时大家各忙各的,难得见面,见了面总是有说有笑很亲热,即使像眼前这种情况——会议已经开始,不便讲话,也会用目光或手势互相打个招呼。今天却有些异样,没有一个人和他打招呼,人人都板着脸,毫无表情。整个会场的气氛也变得沉闷紧张,完全没有了以往的热烈与轻松。这是怎么了?到底开什么会呀,气氛弄得这么紧张?

坐下之后,抬起头,猛然看见会场上的大幅横标,上面赫然写着:文化部开展反右斗争群众动员大会。

他心里不由一缩,又要搞运动了。他对运动有种说不出的感觉。解放没几年,运动一个接一个,而且总是反这反那,三反、五反、镇反、肃反……每次运动都要整一批人,都有人跳楼投河抹脖子上吊,弄得人人自危,战战兢兢,互相提防。

"别以为经过几次运动,我们的队伍就清理干净了,天下就太平了。不！树欲静而风不止,资产阶级右派分子已经向我们的党发动进攻了！"

台上,文化部副部长陈克寒正在作动员报告,声调激昂,震得麦克风嗡嗡作响:"他们错误地估计了形势,利用我们党的民主整风,大肆鼓吹所谓的大鸣、大放、大民主,上蹿下跳,到处煽风点火,呼风唤雨,向党发动了猖狂进攻。他们是一群隐藏得很深的阶级异己分子,在我们文艺界里,就大有人在！现在,他们已经露出了狐狸尾巴,被我们牢牢揪住了！"

接着陈克寒点了一些人的名字。几乎全是文艺界大名鼎鼎的人物:艾青、丁玲、冯雪峰、钟惦棐……陈克寒声色俱厉,嗡嗡震耳。

台下静得可怕,人人都神色紧张,大气儿不敢出,连手中的扇子也不敢使劲扇,任凭脸上冒汗珠儿。

每听到一个熟悉的名字,彦涵心里就咯噔一下。天哪,他们都是老革命、老延安,都是才华横溢、颇有成就的文艺界栋梁之材,怎么忽然都成了反党分子？

忽然,他听到一个熟得不能再熟的名字:江丰！

"江丰在鸣放期间,利用党的整风运动,纠集了一批骨干力量,组织了反党集团！"

彦涵惊愕得呆住了。美术界里,从延安来的老同志谁不了解江丰？这位三十年代的左翼木刻家,从鲁艺的美术系主任到中央美院的院长、党委书记,二十多年来,可以说是把全部心血,都倾注到了党的美术教育事业中。他会反党？还组织了反党集团？这怎么可能呢！

还没容他细想,只听陈克寒又高声说道:"在江丰反党集团里,有个得力的干将,他就是彦涵！"

犹如惊雷炸顶,彦涵顿时目瞪口呆！我?！是讲我吗？彦涵几乎怀疑是自己的耳朵出了问题。他蒙了。这一切到底是怎么回事呀？他脑子里嗡嗡直响,乱作一团。我反党？我怎么会反党呢？我又什么时候加入的反党集团？到底什么地方出了问题？会不会搞错了呀？

陈克寒后面又讲了些什么,他根本没听进去。

回到家里,彦涵把下午开会的事告诉了妻子白炎。白炎当时吓呆了。接着,声音发抖地告诉了他另外一件事,是她刚从单位里听说的。

整风期间,毛主席在杭州召见钱俊瑞,要他汇报文艺界的整风情况。钱俊瑞赶到杭州,向毛主席作了汇报。其中谈到了江丰,说,杭州美院的部分国画家,集体写信给文化部,告了江丰,对江丰在担任杭州美院副院长期间的一些缺点错误提出了批评。

毛主席听了以后很生气,说:"这么多老画家都对江丰有意见,他是怎么搞的!让他到杭州来作检查!"

毛主席还说:"江丰这样搞,叫什么共产党啊?"

彦涵听了半天未语。他相信这消息是真的,没人敢编毛主席的消息。他上个月就曾听说,钱俊瑞要江丰去杭州作检查,但他不知道那是毛主席让江丰去的,更不知道毛主席对江丰的批评。如此一来,问题就更严重了。主席一锤定音,江丰在劫难逃。你彦涵为江丰大加辩护,抱打不平,这不是往枪口上撞吗?

他心情沉重得晚饭也没吃,一个劲地抽烟,一支接一支。直到半夜了,仍翻来覆去不能入睡。白炎也没睡。

白炎是人民美术出版社的一名普通编辑,为人处世一向安分守己,谨小慎微,生怕惹是生非,在单位里从不多言多语。这固然与她的性格有关,但也有家庭出身的缘故。在这样一个讲家庭出身、政治运动又接连不断的年代里,出身于商人家庭的她,必须小心翼翼地工作,小心翼翼地过日子,才能平平安安。她生怕自己出点儿什么事而影响丈夫和孩子。她能管住自己,但她管不住彦涵。彦涵这人太不安分,又爱打抱不平,她真怕他在外面捅娄子,所以经常提醒他,而他总是满不在乎。结果怕出事怕出事,还是出了事!

她当然不相信彦涵会反党,他们一起生活了近二十年,她了解他,说他反党,打死她她也不会相信。问题是这个罪名太大了!在历次运动中,只要被安上了反党罪名的,王实味、萧军、胡风……哪一个有好下场?

她越想越害怕,忍不住埋怨地说:"唉,叫你别管闲事别管闲事,你就是不听……"

彦涵什么也不想说,只是默默地吸烟。说实话,他真有些后悔了。看来,问题很可能出在那一通发言上。而这个结果,确实是管了别人的事而造成的。如果当初不去参加那个座谈会,不去文化部反映情况,也许就不会引出什么鸣放会;即便开什么鸣放会,他有上级布置的任务在身,也完全可以不参加;即便参加了,也完全可以不发言;即便发言了,也可以说些不关痛痒的话……如果是这样,就不会有现在这个结果了。可是自己却偏偏那么热心,偏偏要抱打不平,偏偏不听王琦的告诫!

唉,王琦这个家伙,真是精明透顶!

可是,这不能完全怪自己呀,自己本来不想发言,是你领导一再动员让大家讲话,让党员带头讲话的呀,还说要畅所欲言,绝不打棍子,绝不扣帽子。这才几天哪,帽子就扣下来了。唉,经历过那么多的运动了,怎么还那么天真呢!

他猛然想起上面传达过的那两句话:"引蛇出洞"、"聚而歼之"。难道,这就是"引蛇出洞"、"聚而歼之"?这就是"阳谋"?他心里不由一阵颤栗。

看到他痛苦的样子,白炎又安慰他说:"唉,你不要压力那么大,想开点,像你这样的老党员,跟党出生入死二十年,领导上是了解你的,就是有错误,也是认识上的问题,顶多批评批评罢了,我看不会有什么大事。"

彦涵心里稍稍舒展了一些。是啊,领导上是了解自己的,不会认为自己真的会反党。也许这次是为了教育自己,才说得那么严重吧?如果真是这样,以后可得学聪明些,像王琦那样。

文化部反右斗争动员大会之后,中央美院召开了一系列的大会小会,互相揭发检举,然后是检查批判。第一个在大会上作检查的就是院长江丰。

检查大会在中央美术学院的礼堂里。群情激奋,口号如雷:"打倒反党分子江丰!""江丰必须坦白交代!""江丰必须低头认罪!""坦白从宽,抗拒从严!"

空气中充满了浓烈的火药味。这样的气氛,让坐在台下的彦涵不由想起当年土改时,斗争地主恶霸的场面。

夏衍主持会议。主席台上,坐着美协及美院反右斗争领导小组的负责人。

在愤怒的口号声中,江丰脚步沉重地走上了台。几天不见,江丰憔悴得厉害,腰板不像以前那么挺了,头发也有些花白,仿佛一下子老了许多;他神色显得有些惶恐,脸上带着沉痛和愧疚,完全没有了以往的自负,人一下子变得温顺而谨慎起来。

江丰走到台中的麦克风前,手指哆嗦着打开事先准备好的稿子,用沉痛而低哑的声音说道:"我身为一个老党员,身为中央美院院长,身为美术界的一个领导,我在这次运动中犯了严重的错误,我感到非常痛心!我对不起党,对不起人民!"

彦涵不由一怔:这本来是学术之争啊,怎么能说是错误呢!别人怎么讲是别人的事,自己怎么也能这么认为呢?江丰这是怎么啦?

江丰在给自己戴上了大帽子之后开始检查。检查了半天,却都是空对空,讲不出错误的具体内容。

台下的人又愤怒起来,大声喊道:"江丰必须老实交代具体的反党罪行!""打倒江丰反党集团!"

江丰惶惶然停下来,望着台下如林的手臂,愣在那里不知所措。

有人高喊:"江丰!你要揭发检举你的同伙!"

立刻有人响应:"谁是你的同伙?如实揭发!说!快说!"

江丰更加不知所措,站在台上不停地擦汗。

看到江丰惶恐狼狈的样子,彦涵心里一阵难受,一阵气愤:这哪里是什么检查大会,简直是在开斗争会!

正这样想着,忽然听见江丰吞吞吐吐地说道:"彦……彦涵……他对我说过,我的问题是学术问题,是可以进行辩论的……"

彦涵只觉得轰然一声,脑子就大了。江丰这是怎么啦?你江丰此时此刻这么讲,岂不是等于说,是我彦涵支持纵容了你的错误?怎么一切全变啦?

会场里响起了震耳欲聋的讨伐之声:"彦涵上台检查!""彦涵坦白交代!"

彦涵气血奔涌,直冲脑顶,再也坐不住了,忽地站起来,在阵阵口号声中,怒气冲冲地大步跨上台,站在了麦克风前:"夏衍同志,我有话要讲!"

"好,你说吧。"夏衍点点头。

彦涵的情绪冲动得厉害,嘴唇抖动,却无法开口。为了平静一下情绪,他伸手对夏衍说:"对不起,请给我支烟抽。"

"你抽,你抽。"夏衍客气地把桌上的中华牌香烟递过来。

他手指抖动地点着了烟,狠狠地吸着,吐着,直喘粗气。

"你说吧。"夏衍仍客气地说。

他却什么也说不出来。江丰,这位一向重友情的老朋友都揭发了他,他还能说什么呢?可是,既然上了台,总不能不讲话呀。就在那一瞬间,他脑子里闪过了很多事情:领导在整风会上的动员,要敢于讲话、要畅所欲言、绝不打棍子、绝不扣帽子;秘密传达的"引蛇出洞"、"聚而歼之";还有台下那些高呼口号的人们,很多面孔都是熟悉的,有的还是多年的朋友。二十天前,大家还有说有笑,还在一起为江丰鸣不平,转眼之间便换了一张面孔,喊出了另一种声音。他感到悲哀。

他满脸红涨,突然愤愤地冒出一句:"这……这种做法,实在是……太卑鄙了!"

这话很含糊。"这种做法"指什么?是江丰的揭发?是人们让江丰揭发的做法?还是人们在反右前后两种截然不同的态度?抑或是这场运动的"阳谋"?连他自己也说不清。

台下一片愕然,一片愤怒。

"彦涵!你不要这种态度!"有人站起来吼道。循声看去,竟是洪波。

二十天前,在文化部礼堂召开的整风座谈会上,彦涵还看见他忙前忙后地往前排拉人:"前面坐前面坐,一会儿好发言。"好不活跃。现在依然是好不活跃。

"彦涵坦白交代!彦涵坦白交代!"台下的人群连连振臂高喊。

对于台下的讨伐,彦涵根本不理,说完"卑鄙"这句话,便转身噔噔噔地走下台去,坐回自己的座位。然后,接着吸那支还没吸完的烟。他的这种傲慢态度激起了一阵更加强烈的口号声:"打垮彦涵的嚣张气焰!""彦涵要低头认罪!"

他却把头高高地扬起来,大口大口地吸着烟,任凭口号怎样喊,都像没听见一样,目不斜视,一言不发。心里却在悲哀地抽搐……

三 检 查

批判江丰的大会开过之后,蔡若虹把彦涵叫到家里,找他谈话。俩人都住在北官房一个大杂院里,中国美协和中央美院的一些人也住在这里。来往挺方便。

谈话相当严肃,蔡若虹板着面孔,拉着长腔说:"彦涵哪,你的问题不少噢,性质很严重噢!啊,人家别人早都交代了,你到现在还纹丝不动,一句话不讲,一点问题没交代呀!"

"我没什么可交代的。"

"没什么可交代的?"蔡若虹把脸一沉,"你们干的那些事,不要以为组织上不知道!别人揭发你的已经不少喽,人家洪波都起义喽!"

"起义?起什么义?"

"起你们和江丰一起干的那些事的义嘛!人家经过党的教育帮助,认识到了自己的错误,彻底交代了问题,起义了!"

"他起他的义,与我有什么关系?"彦涵对洪波在整风与反右两个阶段中截然不同的态度,很不以为然。

"你好好想想!现在是考验你的态度,看你对党老实不老实。党的政策你是知道的,坦白从宽,抗拒从严。你现在停止工作,在家老老实实写交代,把你最近参与的一些活动如实地写出来。"

"如果是要这些情况,我可以写。"

"明天就写出来!"

彦涵很快写了出来。把五月二十二日以后,他参加了什么会,什么人主持,自己讲了些什么,都一一如实写了出来,交给了蔡若虹。

过了两天,彦涵又被叫到蔡若虹家里。他刚在沙发上坐下,蔡若虹就把他的那份交代往茶几上一摔,劈头说道:"彦涵,你写的这是什么交代!这些情况谁不知道?啊?谁都知道!你知道人家揭发了你多少材料噢,多少人揭发你噢!你煽风点火,到处串联,策划于密室,点火于基层……"

"串联?"彦涵愣住了,"我哪也没去,怎么串联策划了?"

"没串联?你好好想一想,在李宗津的屋子里,江丰亲自召集你们开过会,有没有这回事?"

彦涵又好气又好笑。他去过李宗津的屋子不假,可那不是开会,更不是什么串联策划呀!便把去李宗津屋子里的经过如实讲了一遍。

"你都说了些什么?"

"我说,江丰同志你不要气恼……"

"哼,他还气恼!"一提到江丰,蔡若虹就激动、冒火。他俩在延安时矛盾就很大,曾在党小组会上发生过激烈的争吵。彦涵当时是他们的党小组组长。

彦涵接着说:"我对江丰同志说,你的问题可以辩论,总是可以辩论清楚的。还说,到时候我会为你讲话的。"

"这些问题为什么不交代?"

"我认为这没什么问题。"

"没什么问题?你知道这是什么性质啊?啊?这就是在搞串联!这就是在拉帮结派,密谋反党!你要老老实实把这些情况写出来!"

到这时,彦涵才算明白,自己之所以成为江丰反党集团的成员,主要原因就是稀里糊涂去了趟李宗津的屋子,说了几句宽慰江丰的话。

他回到家里,硬着头皮把交代补充了一下。

蔡若虹看了之后,仍然极不满意:"还是没有交代问题的实质嘛!"

但不再要他修改。蔡若虹有蔡若虹的办法,蔡若虹在美协机关专门为彦涵安排了两次会,让他到会上交代检查,接受革命群众的帮助。这是搞政治的人常用的办法。

这两次会都属于小范围,也就十几个人,但其中不少是反右斗争的积极分子,每次听完彦涵的检查交代,必是一阵呵斥、吼骂:"你不要老讲事情经过,不触及思想问题!""说!你到李宗津屋子里到底干什么去了?""你们都在那里搞了什么阴谋?""问题已经很清楚了,你已经陷入了资产阶级的泥潭,成为江丰反党集团的重要成员。这一点你必须老老实实承认!"

彦涵死活不承认:"我说的都是事实,我没有搞阴谋,也没有反党,更没有参加反党活动。说我是反党分子,我无论如何不能接受!"

积极分子们被弄得下不来台,拍起桌子来:"彦涵!江丰早就坦白了,你到现在还护着他,企图顽抗到底!""你这是抗拒反右斗争!""你不要执迷不悟,不见棺材不掉泪!""你要端正态度,重新检查,接受批判!"

彦涵心里的火一拱一拱的,他真想也拍它一回桌子,发火谁不会!但最终忍住了。他明白,在这种情景下,发火,只能罪加一等,自讨苦吃。

他强压住火气,说:"好吧,我回去再想想。"

回到家里就又写检查。他的心情非常矛盾。

一方面,他从内心里想承认自己有错误。他是一个老党员,应该严格要求自己;况且眼下是雷轰头顶,暴雨倾盆哪,他不可能连一个寒颤都不打,他有家有妻儿老小有他的事业,他不能不为这些问题考虑,他毕竟是一个人。

另一方面,他又不知道自己错在哪里。他一遍又一遍地想,是不是自己真的错了？想来想去，没有错，既没有反党，更没有向党进攻。自己只不过参加了几个座谈会，替江丰说了几句公道话，给领导提了些意见，如此而已。即便说的不对，也不能说是反党。但是，他又必须承认自己错了，不然就过不了关。

想承认错误却不知道错误在哪里，不知道错误在哪里却又必须检查错误，这种检查谁能写得了？彦涵写了撕，撕了写，到头来，检查上写的还是几件事情的过程。

检查还未写完，上面来了通知，要彦涵到美院的大会上作检查。这是美院专为彦涵作检查召开的群众大会。

彦涵是美协的专职画家，组织关系在美协，之所以让他到美院作检查，除了他是所谓的"江丰反党集团"成员外，还因为他曾是美院的教授。一九四九年彦涵进京后，先是随同江丰等人去了杭州，接管杭州艺专，秋天又调回北京，到中央美院任教。后来又在江丰等人支持下，组建了美院版画系，并当了几天系主任，直到一九五四年才离开美院，调到美协搞创作。

彦涵知道自己是主角，不敢有误，早早去了。

美院的反右运动正蓬蓬勃勃，从教学楼走廊一直到礼堂门口，铺天盖地贴满了大字报。许多替江丰讲了话，或给领导提了意见的人，如王曼硕、莫朴、冯法祀、李宗津、秦征，还有洪波，都上了大字报，被画了漫画。美院的人画漫画，小菜一碟，夸张，准确，而又传神。

一进礼堂门口，彦涵远远看见舞台两边各挂着一幅很大的画像，一幅画的是李宗津，一幅画的是彦涵。他不由自主地走到自己的画像前。

他画了二十多年画，也画过不少人像，有普通的战士和老百姓，也有将军和革命领袖。一九四九年北平刚刚解放时，大街小巷，乃至电车上悬挂的毛泽东画像，就出自他的笔下。别人给自己画像，而且堂而皇之地挂在会场里，还真是头一回。

他满有兴致地上上下下打量着。画像上的他，昂首挺胸，满脸不屑的神情——正是江丰揭发他的那次大会上,他上台讲话时的样子。画法基本写实,略有一点丑化,但相当传神。

彦涵看着自己的那副神情,竟忍不住嗤的一声笑了。

这时走过来一位女同志,是个写文章的,指着画像问他:"彦涵,有何感想?"

彦涵脱口而出:"画得很像,很有基本功哎!"说着又情不自禁地笑起来。

"你还笑哩!"女同志狠狠地瞪了他一眼,一甩秀发,扬长而去。

白炎也来了,已经坐在那里。彦涵走过去,和白炎坐在一起。虽说他经历过枪林弹雨,上台检查还是头一回,心里不免有些紧张。这种时候只有白炎真正理解他,和白炎坐在一起,他心里感到踏实些。

文化部的几位副部长夏衍、陈克寒、刘芝明,以及美协的领导蔡若虹等人都来了,在主席台上坐了一溜。大会由夏衍主持。光从这威严的阵势上就可以看出,他的问题是何等严重。

大会开始,彦涵在一片讨伐声中上了台。检查什么呢?尽管准备了数日,上了台了,却仍不明白自己究竟错在哪里。但眼前的阵势使他预感到,如果还像以前那样检查,肯定通不过,必得落个顽固不化,抗拒反右的罪名。另外,经过几次批判检查,弄得他自己也有点疑惑:是不是真的犯了错误而没有认识到?既然领导一再说自己有错误,那就尽量往上靠吧。

出于这样一种复杂的心态,他上来的第一句话就是:"当社会上的资产阶级右派向党发动进攻之际,我向领导提了些意见,犯了错误。"

这话实在缺乏逻辑性。怎么能说向领导提意见就犯了错误呢?这种逻辑连他自己也不信服。但是领导上之所以说他犯了错误,并把他的错误说成是右派向党进攻,不就是因为他向领导提了意见么?要想过关,就得先承认自己犯了错误,然后再找出右派进攻、提意见、犯错误这三者之间的关系,合理不合理全凭临时发挥了。

"我的错误在哪呢?"他问了自己一句。

借着问话的机会,他飞速转动着脑筋,临时编词儿。

"我的错误在……在这儿,"他脑子里一亮,似乎找到了一种合乎情理的解释,"一方面,由于我没有认真地学习毛主席在八大上的讲话,对当前的阶级斗争形势认识不够;另一方面,我学习了毛主席的《关于正确处理人民内部矛盾的问题》,受到很大鼓舞,因此当领导号召党员要在大鸣大放中积极带头给领导提意见的时候,我提了一些意见。但是我没有认识到,这正是社会上的资产阶级右派向党的进攻之际,所以我的这些意见,便在客观上起到了一种配合作用,也就是从党内配合了社会上的资产阶级向党进攻,因而犯了错误。"

他一边说一边编,弄得额头出了汗。虽然他自己都感到实在是牵强附会,但也只能编到这个程度了。

尽管费了九牛二虎之力,台下的人并不体谅他的辛苦,仍不满意,纷纷嚷道:"你讲具体点儿!""交代你的反动思想!""交代你的同伙!"

彦涵心里暗暗叫苦。这么检查还不行?还让我怎么编呢?他望着下面一双双愤怒的眼睛,一时不知该讲什么好了。

正在这时,艾青从会场门口走了进来。会场上立时出现一些骚动,不少人纷纷转头看他。

彦涵看见了,心中暗想,今天是美术界的批判大会,让艾青来是什么意思?但马上想到眼下的一种说法,即"江丰反党集团"与"丁、陈反党集团"、"反党分子艾青"是相互勾结的;让艾青参加"江丰反党集团黑干将"的检查大会,显然是给艾青来点儿精神压力。

"彦涵,艾青来了,你要揭发他。"主席台上的一位领导悄声勒令。

彦涵看见艾青正大摇大摆地朝前面走过来,一副满不在乎的样子。他在前排找了个座位,笑嘻嘻地坐下了。

"彦涵,快,揭发他。"领导又悄声催促。

彦涵明白他的用意,是想叫他给艾青当头一棒;同时也是在暗示他:反戈一击,立功赎罪。但他不买这个账,转过头冷冷地说:"我与他没来往,没什么可揭发的。"

他已经看清,现在有人已经昏了头红了眼,谁随便说了一句什么话,都会被人利用。他决不给人提供整治别人的任何把柄。

领导大失所望,不满地瞪了他一眼。

台下又冲他嚷道:"彦涵,你不要企图蒙混过关!""交代具体事实!"

具体事实还是以前讲过的那一套。台下的人一听,毫无新内容,大声喊道:"滚下台来!"

于是,他在一片口号声中,狼狈地回到座位上。白炎默默看了他一眼,又默默递过一方手帕。

彦涵擦着额头上的汗,惊魂未定,陈克寒站起来讲话了,劈头盖脸地将他大批一通——他带人去文化部转达群众的要求,被说成是"为民请愿,要挟于党";他到李宗津屋里转了一圈,被说成是"煽风点火,密谋策划";他批评领导的官僚主义、宗派主义、主观主义,被说成是"向党发动猖狂的进攻";他为江丰辩护,被说成是"江丰反党集团黑干将"。一切一切,都被加工了,篡改了!

彦涵既惊又愤,热血上涌,几次想站起来反驳,但忍住了。

他已经隐隐约约感到,上面是决意要打倒江丰了,而他因为替江丰说了几句公道话,又不知深浅地给上面提了些意见,就把自己同江丰牢牢地绑在了一起,再说什么也无济于事了。想想一向自诩为最讲民主的党,竟会发生如此专横、如此霸道之事,不禁齿冷心寒,悲从中来。

他扭头看看白炎,白炎脸色苍白,一动不动地低着头。望着她痛苦的样子,他心里禁不住有些愧疚。结婚二十多年来,她与他相依为命,患难与共,每回他去前线体验生活或是到敌占区执行任务,她都为他担心,生怕他出什么事。这次虽说不是掉脑袋的事,但是"反党"的罪名也足可以把人压垮,这种精神压力她承受得住吗?

一只手放在了他的手背上。不用看,他知道那是白炎的手。他心头不禁滚过一阵热浪。

"彦先生。"有人在他脑后悄悄说,是坐在他身后的一位女学生,名叫王绣。彦涵在一九五二年,创作过一幅大型木刻《我们衷心热爱和平》,这幅作品曾参加过在斯德哥尔摩举行的世界和平大会展览,苏联、波兰还把它制成明信片,用作画报的封面,影响很大。画中的那个女青年,就是以王绣为模特画的。

王绣安慰他说:"彦先生,你不要……"后面的话没说下去,但他完全明白她的意思。他没回头,轻轻点下头:"不要紧,不要紧。"

眼睛却有些湿润。在这人人自危的时候,这个平时蔫声蔫语的学生敢于安慰他,实在令他感动。他心里一阵温暖,挺直了腰板。

检查大会开过以后,下一步是听候组织结论。尽管上面已经给彦涵定了调子:江丰反党集团的黑干将、反党反社会主义分子,但毕竟不是正式结论,所以彦涵还抱着一丝希望,相信组织对他会做出实事求是的结论。

但是,一想到冤枉好人也是常有的事,心里又烦躁起来。为了摆脱这种烦躁心情,他把精力转移到了创作上。按着原先计划,他准备去南方体验生活收集素材,现在不可能了——上面有话,不许他乱跑乱动,只能老老实实待在家里闭门思过。

他开始创作彩色木刻《炼钢厂》。这幅作品,他在一九五六年陪同墨西哥作家安东尼奥和希腊女版画家玛克丽丝参观鞍钢之后,就已经酝酿了。他要把这幅画刻得气势磅礴、热情奔放。

"爸爸,你在刻什么呢?"大儿子彦冰问他。

"噢,炼钢厂。"

"是歌颂社会主义建设的吗?"彦冰十六岁了,对画已经懂一些了。

"是,当然是。"

"那他们为什么还说你反党、反社会主义?"

"你听谁说的?"

"反正有人说。"儿子眼圈红了。

"儿子,你还小,不懂大人的事情,你要相信爸爸。"

儿子擦着泪珠,点点头,到小屋做作业去了。

一天,白炎下班回家,生气地告诉他一件事情。

前段时间,社里组织批判"江丰反党集团",以肃清影响,社领导今

179

天在大会上做总结,并对群众在小组讨论中提出的问题进行解答。经过反右,现在已经没什么人敢提问题了,但也有例外——几个刚从中央美院毕业,分到出版社不久的大学生张汝济、田郁文等人,他们是彦涵的学生,就在小组会上提出了一个让领导难以解答的问题。

"他们说什么?"彦涵问。

"他们说,彦涵跟党革命二十年,创作了那么多的革命作品,怎么能说他是反党的呢?请领导解答。"

"噢?你们领导是怎么解释的?"

"他解释说,彦涵的作品是革命的,但他的思想是反动的。"

彦涵听了,不禁笑起来:"真是混账的逻辑!作品是人品的再现,这是起码的常识。"

"是呀,解释不通啊,他怎么能这么说呢,真叫人生气。"

"不值得生气,现在没什么道理好讲,随他们瞎说去吧。"

创作断断续续,因为美协、美院时常要开批判会,他是重点靶子,必须随叫随到。每次把他叫去,都是乱批一通。无非是吹胡子瞪眼,吼一通,骂一顿,让他坦白交代。面对冷冷的目光、大声的呵斥、震耳的声讨,他禁不住想:这是对待同志的方式吗?这是人与人之间应有的关系吗?

而且,他还发现,自他挨批判以后,没人再敢登他的家门了,即使在单位的走廊上或是他家的院子里,碰上什么熟人,人家也都像躲瘟疫似的远远躲

老羊倌　1957年

着他,生怕横祸降临到自己头上。这一点,他完全理解。

让他寒心的是,看到别人挨了整,有的人竟幸灾乐祸,甚至落井下石。他尝到了"墙倒众人推,鼓破万人捶"的滋味,也体察到了一些人为保护自己而变得冷酷无情。

一天夜里,白炎早已入睡,彦涵却怎么也睡不着。想着冰冷的现实,不由怀念起太行山的乡亲们。想着想着,似有灵感来袭,于是翻身下床,伏案抓笔,急速勾画起来。

数日之后,新作诞生,题为《老羊倌》。一个淳厚的陕北牧羊老汉,怀抱一只活泼可爱的小羊羔,静静凝视远方,像在回忆往昔,又似期冀明天。老羊倌和小羊羔相依为命,息息相通。温暖的画面,诞生于冰冷的时刻。

四 最后的权利

一九五七年的年底,蔡若虹把彦涵叫到家里谈话。

谈话前,蔡若虹对正在屋子里玩耍的孩子嚷道:"都到里屋玩去,大人有事情,不许出来!"

彦涵立刻有了一种不祥之感。命运马上要对他做出裁决了,他听到了自己的心在咚咚地跳。

沉默了足有半分钟,蔡若虹开口了:"彦涵哪,你的问题不行了,留不住了。文联党组讨论了五次,非划不可了。"

什么意思?留不住了,非划不可了——这就是说,要开除我彦涵的党籍了!要把我彦涵划成反党反社会主义的右派分子了!

"不!我坚决反对!我绝不同意!"彦涵嚷了起来,由于过分激动,声音有些发抖,"我多次表示过,我的发言可能有错误,我愿意接受批评,甚至是党内处分,只要把我留在党内,任何处分我都可以接受。可是你们硬要说我反党,一定要把我划成右派分子,我绝不接受!"

"唉,"蔡若虹叹了口气,态度不再像以往那样粗暴,甚至有些于心不忍的样子,"从内心来说,我也不希望把你划成右派,文联党组也是反复讨论过了的,没办法呀,保不下来呀,最后还是要划。"

"不!我希望组织上能够重新讨论我的问题!"

"唉,周扬同志已经定了,不好改变了。"

蔡若虹说的是实话。彦涵的问题如何定案,中国文联党组曾反复讨论过多次。经过调查核实,彦涵的问题就是那么几件事:参加了要求成立美术创作室的座谈会,去文化部转达大家的要求,到李宗津的屋子里转了一趟,在整风座谈会上为江丰辩护并给领导提了些意见。如此而已。调查的结果和彦涵的交代完全一致,确实找不出什么问题。说他反党反社会主义,是江丰反党集团骨干分子,实在没有根据。不少人觉得把他定为右派分子,未免太过于严重,所以文联党组就划不划彦涵为右派的问题,在会上讨论了四次,仍然定不下来。

到了第五次会议,中宣部副部长周扬亲自主持。会上先讨论了古元的问题,认为古元在座谈会上的发言有错误,但还够不上右派,决定不划,给了个党内处分。接着讨论彦涵。一些人认为,彦涵与古元的问题差不多,古元不划,彦涵也不应该划。有人为彦涵说情:"两个人都留下来吧。"

周扬说:"彦涵不行。两个人不要都划,也不能都留,只能留一个划一个。"

于是留了古元,划了彦涵。周扬的话在文艺界简直就是圣旨,他定了的事,谁能改变得了?

"周扬定了,我也不接受!"彦涵大声说道。

蔡若虹终于失去了耐心,把脸一沉:"彦涵!我现在正式告诉你,不管你接受不接受,你是划定了!"

"划定了我也决不接受!"

里屋的门开开一条缝,几个惊恐的小脸向外张望。"关上门!"蔡若虹冲里屋喝道。

事已至此，彦涵也没什么可顾忌的了，他冲动地从沙发上站起来，直呼其名地说道：

"蔡若虹同志，从延安到现在，历次政治运动你都审查过我，我反党不反党，你是了解的。三八年我就参加了革命，放着大学不上，跑到了延安。抗日战争、解放战争、土改、抗美援朝，哪样事情我没有参加？哪样事情我没有按着党的指示去办？从三八年到四二年，我在太行山整整待了四年，什么苦没吃过？什么险没经过？我从没动摇过。解放战争期间，我多次到前线，敌人的子弹就在头顶上飞，随时都有牺牲的可能，我从没退缩过。我是把脑袋别在裤腰带上，一个心眼儿跟着党干革命！这些情况你是清楚的。

"我说这些，绝不是给自己摆好，我是想说明一个道理：在革命最艰难的时候，我对党都没有过二心，现在条件好了，我怎么会反党呢？即便我给领导提的一些意见有错误，那也是认识上的错误，从我彦涵的主观愿望上讲，出发点还是为了党的工作。

"再说，我的那些意见并不是我主动要提的，是你们领导上一再号召大家提的呀，还说，党员一定要带头讲话，党员讲了话群众才好讲话。我是在这种情况下才提了意见的。

"退一万步说，我的意见就是有错误，我跟党出生入死所做的那些事情，哪一件事情抵不上我几句话的错误？现在你们要把我划成右派分子，使我成为五类分子，成为专政的对象，这一点我无论如何不能同意，永远也不会同意！请你向文联党组转达我的意见。"

这番话已经在彦涵心里憋了几个月，此时如同打开了闸门，全都倾泻出来。屋里一阵沉寂，只有墙上的钟摆滴答滴答响。

蔡若虹的口气软下来，近乎哄孩子似的说："唉，已经定了，就这样吧。以后吧，以后改造好了可以回来嘛，矛盾是可以转化的嘛。好了好了，该吃饭了。"

彦涵呆呆站在那里，站了好半天，然后，一句话没说，迈着沉重的脚步，走出了蔡若虹的家。

他知道事情已经无可挽回，怎么申辩都没有用了。因为，在文联

183

党组开会之前,领导上就已经公开给他定了性,无论对与错,都不好再收回,就像泼出去的水,拱过河的卒。小卒一旦过了河,就再也回不来了。倘若悔棋,就等于棋手承认自己走错了棋。

几天后,美协支部召开党员大会,对在整风中犯了错误的党员宣布处分决定。

宣布完一个,大会就举手表决一个,划了右派的一律开除出党,犯了错误但没划为右派的予以留党察看。全都一致举手通过,连他们本人也都举了手,有的还痛哭流涕,对自己的"错误"悔恨不已。

被划为右派的党员中有个叫佟波的老同志,他的一条主要罪状就是在整风会上发了几句牢骚。佟波是个老干部,以前也是画画的,调到美协后整天抄抄写写,苦于不能创作,就在小组会上给蔡若虹提意见,说:"我们都是画画的,可在美协里整天办公搞行政,一年到头也没个创作假,长期下去都不会画了。这是误人子弟嘛。"

一句"误人子弟",就把他"误"进了右派的行列,当然也就"误"出了党员的行列。

大家举手表决后,佟波流着泪说:"我在整风中犯了严重的错误,实在是不配做一个党员,把我开除出党是应该的,这会使我们党的队伍更加纯洁,我完全同意组织上的决定,我对不起党,对不起人民……"说罢,声泪俱下。

最后一个是彦涵。会议主持人宣布对他的处分决定:"划为右派,开除党籍。"

彦涵坐直了身子。他要好好听听处分他的理由——那是党组织对一个党员做出严肃处分时所必须有的严肃的理由。却没有了下文——只宣布处分决定,不讲任何理由。

彦涵不禁有些愤怒。这太武断,太霸道了!宣判犯人还要讲个理由呢!但他对此不再提出异议。他已经看明白了,整个运动就是武断的、不讲理的、事先设好了圈套的,任何个人的抗争都是无济于事的。

宣布之后,会议主持者请大家发表意见,实际上是要大家再对彦涵来一通批判。满满一屋子人,只有一个人发言,是位老同志。这位老同志当年在延安的"抢救运动"中曾吃尽了挨整的苦头,这次反右却很积极。他说:"我完全同意组织决定,坚决把反党分子彦涵开除出党!"

其他人都不讲话。动员了半天也没人讲。

会议主持者说:"好,既然没有不同意见,就请大家举手表决。"呼啦啦,所有的人都举了手。没人敢不举手。甚至刚刚被开除出党的人,忘了自己不再有表决权的身份,也不由自主地把手举了起来。

只有一个人没举手——彦涵自己。

在所有的手臂忽地举起的一瞬间,他只觉得眼前一片发黑,热血呼呼涌上脑门,心跳也咚咚咚地加快了。他冲动得厉害,甚至有点不能自制。入党二十年,他参加过无数次会议,每次会议表决,他总是和大家一样,按照上面的意思举手——尽管有时并不那么情愿。这好像是一种惯性,而惯性的力量是很大的。

他怕自己因为惯性而一时冲动举了手,便用左手死死按住自己的右手,一动不动地按着!他在心里大声地命令自己:你自己决不能举手!决不能!

蔡若虹一边举着手,一边环视屋内,看看谁没有举手。很好,大家都举了手。忽然,他看到了彦涵,不由愣了一下,厉声问道:"彦涵!你为什么不举手?"

似乎很奇怪。彦涵极力克制着内心的冲动,几乎是一个字一个字地从嘴里迸出一句话:"这是我最后的权利!"

彦涵第一次当众顶撞了美术界的这位大领导。蔡若虹的脸立刻涨得紫红,勃然大怒,猛地一拍桌子,震得桌上的茶杯和烟缸稀里哗啦直响:"在家里我不是跟你说好了吗?"

举座怵然而惊,会场气氛陡然紧张起来。

彦涵看着蔡若虹,冷冷说道:"说是说了,可是我不同意!"

"你,你,你……"蔡若虹嘴唇发抖,说不出话来。

《美术》杂志的一位编辑赶紧出来救驾:"彦涵!人家佟波、高岩刚才都举自己的手了,你为什么不举自己的手?你什么意思?啊?你要

185

1957年，刚刚四十一岁的彦涵被打成右派分子，从此开始了长达二十一年的屈辱生活。

对大家做出解释。"

"很简单，我不举手是因为我不同意对我的处分决定。我有这个权利，尽管这是我最后的权利！"

那位编辑被噎得一句话也说不出。其他人也都说不出话。会议一下子冷场了。

主持者赶紧宣布："好，全体通过，开除彦涵党籍。"一瞬间，彦涵的脑子里一片茫然：怎么？真的就被开除了？

他望望会场里的人，明白自己已不再属于这里，便很知趣地站起来，对主持人说："现在，没我什么事了吧？"

"没事了，没事了。"

"那我走了。"说完，彦涵头也不回地走出门去。隆冬季节，万物肃杀，天地一片灰蒙蒙，凛冽的寒风迎面扑来……

五　处理决定

彦涵被划为右派，并被开除党籍，是在一九五七年的年底。到了一九五八年年初，美协机关又召开群众大会，宣布对彦涵和另外几个右派分子的行政处分决定。

右派分子共分六类处理：一类劳动教养，二类监督劳动，三类自谋出路，四类、五类降职降薪，六类免予处分。

彦涵属于五类,连降五级,由文艺二级降至七级;工资减半,由二百八十元降至一百四十元。

大会开过之后,还要履行一个手续:在美协党支部的《关于右派分子彦涵的政治结论》上签字。美协副秘书长钟灵代表支部,把彦涵叫到了办公室,让他在结论上签字。结论只有一张纸,上面列举了彦涵在一九五七年整风期间的错误,主要有三条,每条都是一句话,没有具体事例。

一、彦涵与江丰秘密勾结。
二、彦涵曾说:"我不保江丰谁保江丰。"
三、彦涵曾说:"破釜沉舟,一竿子插到底。"
结论:彦涵陷入了资产阶级右派的泥坑。划为右派分子,开除党籍,降五级。

彦涵看罢,十分气愤,完全是断章取义,歪曲事实。结论上所引用的话,他可能说过,然而是在什么时候什么场合说的,以及说这些话的本意是什么,领导全然不顾,硬是昧着良心,生拉硬拽地说成是反党的罪证。其实,彦涵明白,领导更明白,他之所以被划为右派,其根本原因是他为江丰说了几句话,给领导提了一些意见。而江丰和蔡若虹等人是死对头。可是这些东西拿不到桌面上来,只能用断章取义的办法编织罪状。真是欲加之罪,何患无辞。

"老彦哪,你在上面签个字吧。"钟灵把钢笔递了过来。

"不,"彦涵推开钟灵的手,一点不给面子,"这个字我不能签!"

"为什么?"钟灵有些吃惊。

"这完全是断章取义、任意歪曲、横加罪名嘛!"

"这是组织的决议呀。"

"我已经多次向组织表明,我从来没有反对过党。我对这种毫无事实根据的粗暴决定,绝不能同意!"

虽然结论已定,彦涵签不签字都是那么回事,但他不能违背自己的良心,不同意就是不同意。这是他做人的准则。

钟灵一脸为难的样子,说:"你不签字,让我怎么交代呀?"

"那好办,你就说我不同意嘛!"

"老彦哪,"钟灵的口气已经近乎恳求,"你还是签了吧,签了吧。"

彦涵摇摇头,仍然不肯接笔。

"老彦,老彦,签了吧,签了吧。你不签,我不好办哪。"

彦涵沉默良久,忽然说道:"好吧,我可以签字。"

钟灵赶紧递过笔来。

"等一下,签字可以,但是……"

"什么?"

"你要在上面写明我在支部大会上的个人意见。"

"这……"钟灵有些为难。

"不然我没法签字。"

"好吧,我来写。"钟灵无奈,只好把彦涵在支部大会上不同意支部决定、没有举手的情况,写在了支部结论的上方。

彦涵认真看过后,在那几行字的后边签上了自己的名字。

钟灵一看,忙说:"哎?老彦,你得把你的名字签在支部结论的下面哪。"

"我只对我个人的意见负责。"

"那……请你在支部的结论下面再签个字。"

"我已经说过了,我不同意支部的结论,我不能在那个地方签字。"

"这……你让我怎么交代呀?"

"你就这么交上去嘛。"

"好吧好吧,就这样吧。"钟灵哭笑不得,一脸无奈。

彦涵却是满心的悲哀。他知道,这份组织结论将装进他的档案袋里,无论他走到哪里,都将像影子一样跟随着他,就像囚徒脸上的刺字,也许一辈子都不会抹掉。

他也知道,在中国,一个人的命运,从某种意义上说,并不是个人所能掌握的,而是取决于装在档案袋里的那些纸,那些由掌权者任意书写的纸。

这天晚上,彦涵喝了个酩酊大醉。

当了右派,彦涵的工作自然要变动。今后干什么,听候组织处理;处理之前,先在单位里由群众监督劳动。

他每天的工作是打扫机关的厕所。这活不重,干不上两个钟头就没事了,但不能回家,也不能到别处去。他就弄了个小凳子,打扫完厕所,和另一位打扫厕所的老工人一起,坐在厕所门外的楼梯口旁,默默地抽烟。

美协机关每天人来人往,在楼梯口上来下去,看见他坐在那里,要么扭过头,装作看不见,要么眼睛朝上翻,一脸的不屑与轻蔑,即便有人抱有同情心理,也绝对不敢上前与他搭话。

有一回,叶浅予来美协办事,见彦涵坐在厕所门口,脑子一时没转过弯来,仍像往常一样,热情地和他打招呼:"哎?彦涵同志,你怎么坐在……"话未说完,被旁边的人一捅,这才反应过来,马上装作不认识的样子,匆匆离去。

开始的时候,出于自尊,彦涵宁可在厕所里多磨蹭一些时间,也不愿意让人用各种目光瞥来瞥去,日子一长,也就不在乎了,身正不怕影子斜,别人愿意怎么看就怎么看吧,管他呢!所以活儿一干完,他便往楼梯口上一坐,点上烟,慢慢吸着,目不旁顾,对于投来的各种目光,只当没看见,脸上一副平静安然的神态,内心深处,却波澜起伏。

他考虑最多的是今后怎么办。专职画家肯定是当不成了,回美院教课也是不可能的。当然,按照文件规定,既不可能送他去劳动教养,也不可能开除他公职,他的右派级别不够。今后,很可能会把他弄到一个什么单位,干一些跑腿打杂的事,或是发配到一个什么地方,去种地。没什么了不起的,只要有一口饭吃,全家人饿不死,他就不怕。

至于画画,他已经想好,今后不管干什么,他仍旧要搞创作,搞业余创作。他可以白天上班跑腿打杂,晚上闷在家里搞创作。他想画的东西太多了,不愁没的可画,他相信他会继续搞出好作品来。这么一想,他的心里稍稍平静了一些。他准备处理决定下来之后,根据实际条件,认真计划一下今后的创作。

可是,就在这个时候,他听到一个消息:上海人民美术出版社出版他画集的计划取消了。

一九五六年他去上海出差时,上海人民美术出版社向他约稿,准备出版一本他的画集,计划一九五七年出版,他同意了。回京后,出版社还寄来了一百元钱,作为约稿费。一九五七年反右之前,他就把作品选好了,从三九年到五六年,共一百多幅。去年秋天,出版社来了位年轻的编辑,把他选出的作品拍成照片,带了回去,准备制版出书。当时,他正在挨批判,曾有些担心地说,我正挨批判,画集恐怕出不成了吧?编辑说,批判归批判,出版归出版,等着我给你寄样书吧。彦涵想想也是,作品都是以前的,肯定没问题,还不至于因为我挨批就不出版我的作品了吧?可是,那位编辑回到上海后,出书的事就此没了消息。他心里不禁嘀咕起来:现在我已经成了右派,是不是计划取消了?

现在看来,计划应该是取消了。尽管这是从上海传来的非正式消息,但他相信这消息绝对可靠。至于为什么取消,那消息没说,其实不说也知道,因为他是右派。

当了右派以后,他一直有种预感:作为右派,今后不可能允许他再发表作品,再参加展览了。他不知道有没有这方面的明文规定,但可以肯定,上面一定有这样的精神。因人废言,好像是中国自古以来就有的传统。

现在,预感终于被证实。听到这个消息后,他马上把那一百元钱约稿费,给出版社寄了回去。他不想等出版社来信要这笔钱,人家不好开口,还是主动一些好。也许那个非正式消息本身,就是一种婉转的通知他的方式。

寄还约稿费的那天晚上,彦涵独自在桌前坐了好久好久。他打开了装刻刀的盒子,用一种哀伤的目光,默默抚摸着里面各种各样的刻刀。他想象不出,如果不让他执刀创作,那样的日子该有多么难熬。

外面刮着呼呼的北风,天气极其寒冷。他浑身上下,从里到外,都感到冰凉。他刚刚四十二岁，正当创作盛年的时候，一场政治风暴把他掀倒了，发表作品的权利也被剥夺了。

真是雪上加霜！许多人被划为右派时，痛哭流涕，他连眼圈儿也没湿。可是现在，望着那一排排刻刀，不由得掉泪了。

一九五八年三月，美协支部的一位负责人来到彦涵家，通知他说："彦涵哪，中国文联党组已经作出了决定，要你到北大荒下放劳动，进行思想改造。你准备准备吧。"

彦涵半天未语。下放劳动，这早已在他的预料之中，但他没想到是去北大荒。一提北大荒，他脑子里就浮现出风雪茫茫，荒无人烟的凄凉景象。他觉得那是充军发配的地方，去那里就等于被发配，心中不禁有种屈辱之感。

另外，他怕冷。一九三八年冬他随部队去太行根据地，途经棉山雪峰时，冻得手脚肿裂，耳朵冻出核桃大的水泡，生疮化脓，烂得像鸡冠花。打那以后，一到冬天，手脚和耳朵就钻心地痒。解放初期，在东北鲁迅艺术学院当院长的杨角，想调他去东北工作，他没去，其中一个重要的原因就是怕冷。

"怎么样啊？你表个态嘛。"负责人催促着。

"下放劳动可以，但是我不能到北大荒去。"

"为什么？"

"我胃溃疡很厉害，正在出血。希望你们重新考虑我的工作安排。"

彦涵说的是实情。由于心情郁闷，他的胃溃疡又犯了，时常出血。北大荒缺医少药，去了那里对病情肯定不利，弄不好会死在那里。

负责人根本不听这一套，板起面孔说："这是文联党组的决定，你必须服从。我们决定不了你的事，我今天不过是向你传达上面的决定。"

彦涵不急不恼："既然这样，那就请你向文联党组转达我的意见。"

负责人愣了愣，无话可说，第一次谈话就这样结束了。

彦涵知道,文联党组绝不会轻易改变决定,还会继续找他谈话,所以这次谈话之后,一连好几个夜晚都睡不着觉,翻来覆去想着如何应对。

白炎也睡不着,忧心忡忡地说:"听说,文联的好些右派,包括艾青、丁玲、丁聪他们,都得去北大荒下放劳动。你不去行吗?"

"下放劳动?说得好听!"彦涵忽地激动起来,"这是流放,是变相的判刑!"

"唉……"白炎愁得不行,忽然说,"哎,周扬同志不是说过吗,那些有名的作家、艺术家只要改正了错误,将来还可以回来,重新安排他们工作。"

"你呀,想问题总是那么天真!整风的时候还说不抓辫子不打棍子呢,结果怎么样?比抓辫子打棍子还厉害!唉,即便真能回来,也许要三年五年,也许要十年二十年,也许还没等回来,我就死在那里了……"

面对严峻的现实,彦涵考虑问题往往最坏处想。

"你别想得那么坏……"白炎心里流泪,嘴上还要安慰他。

"唉,不是想得坏,这是现实呀。他们根本不讲法律,想把你怎么样就把你怎么样。党籍也开除了,级别也降了,工资也减了,还不够,还要流放!还有法律根据没有?这一次,我决不听他们的摆布!"

"可是……他们肯定还会要你去的。"

"不去,坚决不去!就是判刑,大不了也就是个十年八年,再严重些,有二十年足够了吧?那还有个盼头。如果真是去了北大荒,那就等于判了无期徒刑,真是一点盼头都没有了。"

前程茫茫,白炎落泪了。

过了大约一个月的样子,那位负责人再次找彦涵谈话,态度十分强硬:"你的意见我向文联党组反映了,党组决定,你还是要到北大荒去,必须去。艾青、丁玲还有丁聪,这两天就要走了,文联党组要你和他们一起走。"

彦涵依然不急不恼:"我已经说过了,我不能去。"

负责人有些不耐烦了:"艾青他们都去了,你为什么不去?"

彦涵几乎是笑呵呵地说:"情况不一样嘛,我身体不好,这是谁都知道的。你们要我下去是为了改造思想,如果我死了,怎么完成领导上交给我的思想改造任务呢?你说是不是?"

一向硬顶蛮抗的彦涵,也懂得了有时得说些冠冕堂皇的话。他得学会如何有效地保护自己。负责人怒不得恼不得,说:"反正……反正你不能留在北京。"

彦涵说:"我并没说一定要留在北京,但北大荒我是不能去的。请你再次向文联党组反映我的意见。"负责人无可奈何地走了。

白炎心里惶惶的,担心这么对抗下去,会罪加一等。

彦涵却一副豁出来的神情:"加吧,加什么罪名也不过如此了,总不会拉出去枪毙吧?反正我是坚决不去,除非他们用手铐子把我铐走!"

又过了几天,那位负责人第三次找他谈话,但态度已不像以前那么强硬了,而是带着埋怨的口气说:"彦涵哪,让你去北大荒你不去,人家艾青他们都已经走啦!"

彦涵心里"噢"了一声,觉得事情有了转机。

"北大荒你可以不去,但不能留在北京,必须要下去改造。"

"我早就表过态,我可以离开北京。你们让我到哪儿去?"

"现在文联有批干部要到河北怀来县下放锻炼,党组决定文联系统的一些右派,包括你,也和这批干部一起下去。你看怎么样啊?"

"到怀来去,我同意。"

"好,这就对了嘛!"

"但是,我有个要求。"

"要求?你还有什么问题呀?"

"我身体不好,我要求白炎同志能和我一道去。另外,我的小儿子还小,没有大人照顾,我们要带上。"

彦涵之所以提出这样的要求,是因为他已经看到,一些右派分子的家庭,已经发生了妻离子散的悲剧。这些悲剧,很大程度是人为拆

193

散的。他现在什么都没有了,不能因为下放改造,家庭再被拆散。痛苦也好,屈辱也罢,只要和家人在一起总会好一些,这是他最后的避风港。

"好吧,你的要求我们可以考虑。"

过了两天,上面答复了:同意他的要求。为了完成下放任务,领导上只能同意他的要求,只要他下去就行。

事情定下来之后,彦涵全家都忙着下放的准备:办理关系,收拾东西。白炎决定和彦涵一起下去劳动。她不能离开他,尤其在这种时候。彦涵身体、心情都不好,她要照顾他。至于编辑不编辑的,她已经不在乎了。

大儿子彦冰现在已经十八岁了,正在读高中,一直住校;小儿子彦东才十岁,正上小学。彦涵和白炎决定把彦冰留在北京,带上彦东一起下去。

彦涵动身去怀来的前几天,钟灵忽然来到他家,说:"老彦哪,你就要下去了,组织上研究,希望你把名字改一下。"

彦涵十分惊诧:"改名字?为什么?"

钟灵吞吞吐吐地说:"这个……你是个有名的画家,当然这是党培养的,可是现在你成了右派,再用这个名字影响不好。你这次下去劳动,单位里要开介绍信,趁此机会改个名字算了。"

彦涵一听,火噌地冒上来,他把脸一绷,一字一顿地大声说道:"我——不——改!坚决不改!"

钟灵被噎得有些尴尬,又像上次那样哀求地说:"改了吧,改了吧,改了对你好一些。"

彦涵激动起来:"名字是我自己的,我叫什么名字,这是我自己的事情,别人有什么权利让我改?再说,我已经到了这个地步,改了对我会怎么样?不改又能对我怎么样?"

"我不是说了嘛,你是个有名的画家,不改名字对党影响不好,对你个人影响也不好。"

"没什么不好的!右派都划了,脸上刺上字了,到哪里都得亮相,我不在乎。我彦涵没做过什么见不得人的事,为什么要改名字!"

钟灵无可奈何,说:"那……那就不改了?"

"当然不改!"

"那介绍信上……"

"就写彦涵!"

几天以后,彦涵携妻带子,以及简单的行李,登上了一列慢车,驶向河北怀来县,驶向他的流放地。

六　下放怀来

中国文联系统各个协会的下放干部,包括下放的右派,有一百二十多人,大部分被分到怀来县的南山堡、二台子等村子进行劳动,有的养猪种地,有的大炼钢铁,全是重活、苦活。

以彦涵的多病之躯,承担这样的劳动,很难吃得消。幸运的是,他没有被分到下边劳动,而是被安排在了县文化馆。这多亏了美协机关的党总支书记张悟真,还有负责安排下放干部的县委齐副书记和组织部安部长。

张悟真是三十年代初的老党员,美协副秘书长,五十多岁,温和善良,机关的人都叫她张大姐。从内心来说,对彦涵被划为右派,又带着重病下放劳动,她既惋惜又同情,却又无能为力。她所能做的,就是以领导的身份,请怀来县委关照一下彦涵。为此,张悟真专程陪送彦涵一家,来到了怀来沙城。

沙城是怀来县的一个乡村小镇,由于怀来县城遭受水淹,县委和县政府便搬到这里,成为县直机关的临时所在地。

张悟真对齐副书记和安部长说:"彦涵是个老同志,有名的画家,过去对革命做过贡献。他身体不好,希望县里对他多加关心,尽可能给予一些照顾。"

齐副书记和安部长也都是战争年代参加革命的老同志,富有正义感,思想也比较开明。齐副书记说:"我们早就知道彦涵,你放心,我们会尽力关照他的。"

当场就定下来:彦涵在县文化馆工作,白炎在附近的村子里劳动。

都安排好了,张悟真才回北京。彦涵从心里感激张大姐,庆幸遇上了齐副书记和安部长这样的好人。

可是,对这样的安排,有人心里很不舒服,这当中既有县里的干部,也有文联的下放干部。他们私下里放出风凉话:"一个大右派,怎么能让他在文化馆待着?应该让他去干重体力活儿,这才有利于思想改造嘛!"

安部长不听那一套,在会上说:"他身体那个样子,真要累躺下,谁负责?还怎么锻炼?安排他在文化馆也是人尽其才嘛!"

文化馆很小,只有两个人:一个馆长,一个老赵。馆长是搞戏剧的,常年带着县剧团在下面演出,剩下老赵在家里看摊儿,跑腿打杂。老赵是搞美术的,为人厚道,知道彦涵的大名,对他非常客气。

彦涵一到文化馆,老赵就说:"馆里现在就咱们两个人,主要任务是看摊儿,你身体不好,有事你就来,没事就在家休息。"

彦涵很感动,说:"老赵,有事你尽管盼咐,千万别客气。现在你就是我的领导。"

老赵忙说:"不敢,不敢。你是大画家。"

彦涵实心实意:"真的,老赵,你就是我的直接领导,有任务尽管分配,我坚决完成。"

全国正在大跃进,文化馆自然要宣传大跃进。沙城有个土城门,老赵想在那里挂一幅宣传画,宣传大跃进三面红旗。老赵只会写美术字,不会画画。老赵就跟彦涵商量说:"老彦,你看这画是不是你来画?"

彦涵说:"没问题,我来画。需要画多大?"

老赵说:"馆里有块布景片,少说也有两米高。是不是太大了?你身体行不行?"

彦涵说:"没问题,再大也能画。"

老赵从仓库里搬出不用的布景片,裱糊了一番。

彦涵说:"行啦,下面的活就是我的了。"就在文化馆的院子里画起来:三面红旗,千里马,还有工农商学兵。他画这个自然不在话下,两天就画好了。

老赵在文化馆干了多年,还从没见过县里有过这么大又这么好的画,高兴得不得了,连连说:"老彦,名不虚传,名不虚传哪!"

彦涵摆摆手,笑着说:"不是名不虚传,我现在是臭名远扬啊。"

"不不不,不能这么说。"

老赵连连摆手,看看旁边没人,悄悄说,"老彦,你的事我听说了一些,唉,唉……"老赵好像有许多话,却什么也说不出,只是连声唉唉。

宣传画往土城门上一挂,十分显眼,引得过往行人驻足观望。齐副书记也从这里经过,一看,眼睛直放光:"哎呀,不得了,真是不得了!这是谁画的?"

正在一旁的老赵忙说:"老彦,老彦画的。"

齐副书记连连称赞:"画得好,画得好哇!"

他身旁的县委县政府的其他几个干部也一个劲儿地点头:"不错不错,这个老彦确实有两下子!"安部长也在场,说:"看来,把老彦安排在文化馆真是没错,这就是人尽其才嘛!"老赵听了喜滋滋的,回到文化馆,马上就把这番话学给了彦涵。

彦涵正在刻一幅木刻,刻的是一个正去植树的红领巾,题目叫《植树去》。

前几天的一个早晨,东东扛着工具去学校参加植树劳动,彦涵目送着儿子,看着晨光中儿子那天真的笑脸,冰冷的心里不禁涌起一股温暖。现在,儿子成了他精神中重要的慰藉,只要看到儿子,心情就会快活一些。于是又有了创作欲望,拿起了刻刀。这是他当了右派以后,第一次画画。画中的红领巾少年,就是以东东为模特。

老赵是第一次看人刻木刻,一边看一边夸:"老彦,这画刻得好,有意义,你准备送哪里发表?"

彦涵苦笑笑:"发表?谁敢发表?只当是刻着玩儿吧。"老赵"噢噢"了两下,说:"唉,可惜了,太可惜了。"

在文化馆干了没多久,齐副书记找彦涵谈话。"老彦哪,你不要待在文化馆了吧。"彦涵以为让他下去劳动,心里马上做好了准备。齐副书记却说:"那么个小单位,没啥意思,别待了。"

彦涵忙说:"不小不小,我待在那里挺好。"

齐副书记摆摆手,"那里发挥不了你的作用,我准备重新安排你的工作。"

"去哪里?"

"去怀来报社。"

《怀来报》属于县委的报纸,是文联的下放干部们帮着办起来的,因条件所限,制不了锌版,报纸没有插图,黑乎乎光秃秃的。齐副书记想让彦涵到报社去搞木刻插图。因为木刻不需要制版,可以直接印在报上。

彦涵说:"我不能去报社。"

"怎么不能去?你在太行山《新华日报》干过,搞过木刻嘛。那时我在晋察冀,经常看你们的报纸,还看过你的木刻,我早就知道你。你去,还搞老本行,不比你待在文化馆里强?"

"我不是这个意思。我是说,我是个右派,报纸是党委的机关报,我去那里不合适。"

"噢,这个呀,"齐副书记好像这才想起彦涵的身份,但马上又说,"那有什么关系!老同志了嘛,我们信任你嘛。"

"老同志是老同志,可你别忘了,我今天的身份不一样了。我在报馆里干过,报馆要经常开会,讨论党的方针政策,我一个右派搅和在里面算怎么回事?"

"他们开会你也参加嘛,为了工作嘛!"

"那怎么行,党的会议我怎么能参加,我已经被开除党籍了呀!"

"噢……那好,你说不参加,那就不参加,只工作,不开会。这行吧?"

彦涵还是摇头:"不行,我不能去。"

齐副书记并不生气,很大度地说:"那好,你再考虑考虑。"

以后又谈过几次,彦涵还是没有同意。他不愿去报社,主要是有些心理障碍。报社里的人都是文联的下放干部,负责人是下放干部的领队。一般来说,下放干部大都是不被领导赏识的人,思想虽然谈不上明显的"右",起码不太"左"。可是,当不太"左"的下放干部和不太"左"的下放右派在一起的时候,一些下放干部便有了一种政治上的优越感,他们看不起右派,鄙视右派,甚至觉得与右派为伍降低了自己的身份。

这一点,刚到怀来不久,彦涵就感觉到了。刚到怀来时,安部长为了照顾他的身体,安排他在县委食堂里吃小灶,和县委领导在一起,下放干部的领队也在其中。领队是位从新四军出来的老同志,大概也是因为不太"左"被下放了。他和彦涵每天在一个桌子上吃饭,却从来不和彦涵讲话,总是高傲地板着副冷冰冰的面孔,理都不理睬,仿佛彦涵这个人根本就不存在。有时即便不小心看到了,也立即把目光转移到别处,然后轻蔑地干咳一声,那神情分明是不屑与右派分子同桌用餐!

彦涵哪里受得了这个?只吃了一个月,便吃不下去了,他找到安部长,要求到大食堂去吃。

安部长说:"老同志嘛,身体又不好,吃大食堂怎么行?大食堂经常吃大麦饭,你的胃受不了的,就在这里吃!"

可无论怎么劝,彦涵还是去了大食堂。他实在看不得那张自以为了不起的冷冰冰的脸。

彦涵离开小灶的同时,家也搬出了县委大院。刚到怀来时,安部长安排彦涵一家住在县委大院。县委大院里住着县委办公机关,彦涵觉得以他的身份住在这里不合适,几次向安部长提出要搬出去。

安部长只好同意,说:"外面的房子都不太好,你们自己找吧,看上哪儿的房子跟我说一下,由县委出面去办。"

房子是白炎找的,让彦涵去看,他看了,觉得不行。因为房东家里放着一口棺材,出出进进都看得见,让人心里不舒服。另外东东还小,看到棺材害怕。于是又另找了一家,在县委大院的对面,吃饭也方便,就搬了进去。

没过几天,下放干部中就有人议论开了:"太不像话了,住个房子还挑挑拣拣,这哪里是来改造的?没有一点改造的态度嘛!"事情还被汇报到了北京。

彦涵听了,心里发寒。这么一点小事,为何要小题大做呢?大家都是来下放的,都不容易,何必要与别人过不去呢?

这两件事,使彦涵产生了一些心理障碍。心想,真要去了报社,那里只有自己是右派,地位之低可想而知,那还不成了众矢之的?还不整天听闲言碎语,看白眼冷脸?还是待在文化馆里好,老赵为人厚道随和,从未因为自己是右派而瞧不起自己,两人还经常有说有笑的,关系十分融洽。他愿意和老赵在一起。

过了两三个月,齐副书记又来找彦涵,手指着报纸,说:"老彦哪,你看看,咱们这个报纸,黑乎乎的一片,上面连个画儿也没有,这怎么行?你还是去吧,报社需要你呀。"

齐副书记三番五次,彦涵不好再拒绝了,说:"你说报社需要我,可人家报社是什么态度?人家需要不需要我?"

"当然需要,让你去报社,就是他们提出来的嘛!"

过了几天,下放干部的领队亲自找彦涵谈话,以公事公办的口气,讲了一番工作需要之类的话,要调他到报社去。

彦涵说:"既然是工作需要,我可以去,但我只完成我的木刻任务,别的事情,包括开会,我一概不参加。"领队说:"可以。"

"另外我的身体不好,你们交给我的任务,我可以在报社里搞,有时也要回家里搞。"

"也可以。"领队知道彦涵的脾气,如果不答应,他肯定不会去。没他,报纸插图还真搞不了。

彦涵离开文化馆时,老赵恋恋不舍,要请彦涵喝酒。彦涵说:"免了吧,让人知道了,对你不好。"老赵连连叹气:"唉,唉,没法说,没法说。"

尽管彦涵不大愿意去报社,但工作起来,还是相当认真。他每天的任务是为报纸刻插图,内容多是反映农村生活的新闻报道和小故事,每期要刻好几幅。那些插图只有火柴盒大小,为此,他自制了一把极细的木刻刀,刀头是用给牛打针的针头磨制的,刀痕精微清晰,有些画面是在放大镜下完成的。

这些插图很有生活气息,从春耕秋收到开山修渠,从鸡鸭猪狗到牛马驴羊,几乎涵盖了农村生活的方方面面,极具民俗风情,给黑乎乎的报纸带来了生气。

他的工作完成得又快又好,报社里的人不得不暗暗佩服。不久,全国搞县一级的报纸评比。县一级的报纸一般没有条件搞插图,《怀来报》因木刻插图,在各报之中独具特色而榜上有名。

当然,外人没人知道那是彦涵刻的——他的名字不准在报上露面。报社的人都感到脸上有光,背后说:"到底是有名的画家,搞出的东西就是不一样啊。"

领队也洋洋得意,对报社里的人说:"对他,我们还是

《怀来报》插图

《怀来报》插图

要团结的嘛！"

齐副书记也很高兴，见了彦涵说："你看看，让你去没错吧？这事就得你来搞！"

彦涵又是苦苦一笑。他正值创作盛年，整天搞这些雕虫小技，他不甘心，却又无可奈何。

报社编辑部在一间大屋子里，里面还有个很小很小的套间，原先是堆放杂物的。彦涵到了报社以后，不愿意坐在大屋子里让人瞅来瞅去，就弄了张小桌子，一个人待在里面。平时把门一关，他不出去，别人也很少进来，几乎与外屋隔绝。

每天，他就关在小屋里刻插图。当年他在新华日报社干的就是这个，轻车熟路。用他的话讲，小菜一碟，一个小拇指就干完了。刻完之后，有时看看报，或者想想心事，有时稿子一交，干脆走人，很少与人说话。

回到家里也是这样，除了和白炎聊聊天儿，或是辅导辅导东东学习之外，便是读书、想事，绝少出门。有段时间，他读陀思妥耶夫斯基的小说《被侮辱与被损害的》，深陷其中，心情越加忧郁，更不愿意出门了。

其实，当了右派以后，他的性格就发生了很大变化，变得沉默寡言，喜欢孤独，不愿意与人来往。当然，别人也极少登门。右派是过街的老鼠，人人喊打，即便不喊打的，也都避而远之，谁也不愿意给自己找麻烦。

在下放干部里，敢来登门看他的，是两位诗人：徐迟和邹荻帆。徐迟和邹荻帆在下花园劳动。一九五八年大兴诗歌，两人在《怀来报》上办了个诗刊，他俩写诗，彦涵插图，配合得很默契。彦涵和邹荻帆在延安就认识，徐迟是解放以后认识的,他们对彦涵都很了解,也很同情。徐迟和邹荻帆进城办事,有时就悄悄到家里来看望彦涵。

有天,徐迟来了。徐迟喜欢美术,说起彦涵给《怀来报》刻的那些插图,就问:"老彦,你的那些木刻都保留下来没有?"

"没有,留它干什么,都扔了。"对于那些插图,彦涵完全是当做任务来完成的,随刻随扔,并不经意。

"可惜了,可惜了。"

"咳,小玩艺儿,完成任务而已。"

"别看是小玩艺儿,刻得很精致,另有一番韵味,我很喜欢。老彦,你应该留起来,这也是你的作品哪。"

"噢?这我倒没有想过。"彦涵很高兴。

"留起来,留起来。"徐迟鼓动他说。

邹荻帆也提醒过彦涵,要他把这些木刻留起来。彦涵这才开始注意保存,还送给了徐迟一些。

徐迟和邹荻帆对彦涵从来不谈一九五七年的事,每次来,只是问问身体,聊聊家常,但是大家都心照不宣。敢来看他,本身就说明了一切。彦涵从这些平常的闲谈中,获得了一丝难得的精神安慰。

冬天到了。沙城这地方风大,冬天特别冷,彦涵早早买好了煤面子,掺上黄土,做成煤坯,准备烧炕取暖,可是镇子上却买不到引火的劈柴。县里机关等单位,包括下放干部,都有供应劈柴的渠道,派车拉回就是了。彦涵虽在报社,但属另类人物,要弄劈柴,得自己想办法。

外面已经滴水成冰了,屋里还没有火,冻得大人孩子整天打哆嗦。有一天,彦涵打听到,十几里外的一个供销社,明天会来一些劈柴。于是第二天就到那里买劈柴。对别人来说,这算不得什么,但对彦涵就不那么容易了。他的胃病一直不好,经常便血,身体十分瘦弱,买劈柴得全家出动。彦涵借了一辆独轮车,一大早就和白炎、东东出发了。那个地方很难找,找到的时候已经中午了。

却没有劈柴,白跑一趟。说是没来货,明天也许会来。

第二天又去，又白跑一趟。第三天，咬着牙，又去。这回还不错，总算买到了劈柴。

劈柴装上车，彦涵在后边推，白炎和东东轮换着在前边拉，摇摇晃晃往回走。推独轮车需要技术，得会扭屁股，彦涵从未推过，怎么也掌握不好重心，推起来非常吃力。路又坑坑洼洼，有时就在窄窄的田埂上走，走不了多远，便要翻一回车，劈柴散一地。重新装好接着推，推了没一会儿，又翻了，又重新装好，又接着推。循环往复，半天也没走多远。

病弱的彦涵实在经不住这么折腾，没推一会儿就累得大汗淋漓，气喘吁吁。走着走着，偏偏又下起了雪。不是雪花，是雪粒，沙子似的雪粒，带棱带角，坚硬锐利。呼吼的西北风夹着雪粒打在脸上，火辣辣地疼，打得人睁不开眼睛。

1958年，彦涵被下放河北怀来，租住在沙城农民家里。

从早晨折腾到下午,三个人走了大半天,粒米未进,滴水未沾,已经累得挪不动步了。彦涵磕磕绊绊推着独轮车,头冒虚汗,腿下打晃,每迈一步都很沉重。他望望在前面吃力拉车的瘦弱的儿子,又看看跌跌撞撞走在风雪里的白炎,心中禁不住一阵酸楚:唉,为了一点劈柴,要跑这么远的路,折腾了好几趟,大人孩子跟着受罪,还不因为自己是右派!

一阵风雪吹来,刮得落叶四处飞舞。

他看到路边的雪地里埋着的落叶,在那一刹那,他忽然想到了自己的命运。也许,他会像这旷野上的一片落叶,被风雪吹来吹去,吹到一个意想不到的角落,然后被埋在冰雪下面,最后悄悄腐烂掉。

一路上,他就这么感叹着,心里渐渐积起不可名状的怒气。

正艰难走着,他觉得胃里忽然一阵绞痛,手一哆嗦,腿一发软,连人带车翻倒在田埂下。白炎和东东慌忙上前,费了好大劲儿才将他拖起。他蹲在地上,用手捂着胸口,半天站不起来。他的胃病又发作了。

天已经黑了下来,风雪正大,而离家还有好几里的路程。白炎说:"算了,劈柴不要了吧。"

彦涵没做声。他的心思已经不在劈柴上了,而是在想自己的命运。沉默良久,他忽地站起来,满肚子的火气终于爆发了,像是对白炎,又像是对旷野,大声感叹道:"唉!诚心诚意提几条意见,却落到这样的地步,这叫什么民主?哪里还有真理?这么搞,谁还敢提意见?谁还相信那一套?"

这话,已经在他心里憋了一年,现在毫无顾忌地发泄出来。四周是苍苍旷野,茫茫风雪,没人听得见,任他慷慨激昂。宣泄之后,长叹一声,像是对白炎和东东,又像是对自己,仰天说道:"我相信,真理,是不会永远被乌云遮住的!"

说完,霍地扶起小车,推起就走,一路再未开口。

到家的时候,已是半夜,彦涵已经摔成了个雪人。当夜,胃又出血,呕吐不止,不光是因为身体太累,也是因为情绪太激动。他的心气太盛,总想把五七年的事想个明白。

205

七　奶妈李焕莲

　　刚到沙城不久的一天中午,彦涵接到一封从北京转来的信。信是从山西武乡县北上合村寄来的,写信的人叫梁占吉。信上说,他的母亲李焕莲去世了。

　　李焕莲就是彦冰的奶妈。整整一下午,彦涵难过得什么也干不下去。

　　李焕莲对他们一家的恩情真是太深了!他们的儿子彦冰——那时叫白桦,半岁多的时候,就送到了李焕莲家里抚养,整整抚养了四年。这四年里,李焕莲一家为孩子操心受累就不必说了,最难挨的是整日提心吊胆,生怕孩子出事。一九四二年以后,敌人占领了武乡一带,经常进村骚扰。李焕莲一家人明白,敌人一旦发现这孩子是八路军的,孩子肯定活不了,全家人也会遭杀身之祸。为了保护这孩子,李焕莲的丈夫梁二成和他的哑巴弟弟在山里挖了一个山洞,一有风吹草动,李焕莲就抱着白桦跑进山洞藏起来。

　　有一回,敌人进了村子,李焕莲顾不上自己两个儿子的哭叫,背起白桦就跑,藏进了山洞。没想到村子里出了汉奸,敌人找进了山洞,从李焕莲怀里一把夺过孩子,举起来就要摔,孩子吓得哇哇叫。在那一瞬间,李焕莲像疯了一样,不顾一切地扑上去,双手死死抱住孩子,大声哭喊着:"这是我的孩子!我的孩子呀!"任凭敌人又踢又打就是不放手。同时用警告的目光狠狠盯着汉奸,大声叫道:"这就是我的孩子!我的孩子!"汉奸害怕了,怕八路军回来饶不了他,只好对鬼子说,这孩子确实是李焕莲的,白桦这才逃过一死。

　　以后一提起这事,李焕莲就有些后怕:"孩子真要有个三长两短,我可咋向他父母交代呀!"

又一回,敌人扫荡,李焕莲抱着白桦跑反,心慌腿软,在山梁上跌了一跤,孩子从山梁上滚了下去。李焕莲吓呆了,从山梁上往下看,不见孩子踪影。下去找吧,那山梁立陡立陡的,根本下不去。李焕莲心想,这下完了,坐在山梁上伤心地大哭起来。敌人撤走后,乡亲们听说了,下到沟底去找白桦,一看,白桦正躺在地上哭呢!大家都觉得奇怪,从那么高的山梁上摔下去,竟一点没伤着!

"我娘总说,这孩子命大呀!"全国解放后,李焕莲的大儿子梁占吉到北京看望彦涵一家时,曾经这样说。

"不,不是孩子命大,"彦涵感激地说,"是多亏了你们一家。"

上面这两件事,是梁占吉来北京时随便说起的。在这之前,彦涵一点不知道。

全国解放后,彦涵曾写信给李焕莲,要她到北京住些日子,看看病。当时,李焕莲已经患偏瘫多年。她怕来了添麻烦,说什么也不肯,最后推托不过,才让儿子占吉代表全家去看看,并带来了很多红枣,还有小米,白桦就是吃这些东西长大的。那是一九五三年。

梁占吉那次到北京,还讲了他父亲梁二成和他哑巴叔叔的情况。

大约是一九四三年,有一回敌人扫荡,抓住了梁二成,要他带路。梁二成死活不当汉奸,鬼子恼羞成怒,举刀砍死了梁二成,接着又杀了他的哑巴弟弟。兄弟俩就死在离他俩挖的那个山洞不远的山坡上。当时,李焕莲就藏在山洞里,外面的声音听得清清楚楚。她悲痛欲绝,却不敢哭出声来,因为她怀里正搂着白桦……

一九五三年,当彦涵听到这些情况时,非常惊讶,又非常感慨,全家人当时全掉泪了。

梁二成死后,李焕莲两个儿子还小,再加上白桦,日子的艰难可想而知。为了养活三个孩子,她带着孩子改嫁了。她仍旧像过去那样照料着白桦,直到一九四五年,部队来人把孩子接走。

一九四五年的时候,生活稳定了,白炎想孩子想得夜里时常掉泪,就想把孩子接回延安。可是路途那么遥远,还要通过敌占区,谈何容易。

一天,白炎到抗大同学栗格家里闲聊,说起白桦的事,不禁眼泪汪汪。栗格安慰她说:"别急,这事让我们家的老陈办好了,他准有办法!"

栗格的丈夫是陈锡联,一二九师三八五旅的旅长,当时正在延安开会。陈锡联非常爽快,当时就让白炎写了李焕莲的姓名和地址,随后便让人给一二九师拍了电报,请他们设法把孩子带回延安。

事情最后落实到一二九师的木刻工作队。彦涵离开太行后,木刻工场改成了木刻工作队,在师政治部领导下继续开展活动,负责人是木刻家艾炎。艾炎接到师政治部黄镇副主任的指示后,马上派赵宝贵、张哲二人去武乡接孩子。他俩带着一支步枪,从豫北的涉县王堡出发,步行二百多里,在夜色的掩护下摸进村子,最后找到李焕莲的家。

起初,李焕莲怀疑他俩是敌人冒充的,怎么也不肯交出孩子,一定要见到孩子的母亲才行。后来经过赵宝贵和张哲的耐心说明,才不得不相信。

孩子走的时候,李焕莲哭了。事情来得太突然,她一点精神准备也没有,舍不得。她想给孩子做顿好吃的,可是人等着要走,来不及了,她随手抓了几把红枣,塞满孩子的口袋……

为了铭记李焕莲一家的救命之恩与养育之情,铭记太行山四年里的深情岁月,彦涵将白桦改名叫四年。

儿子回到身边后,彦涵和白炎给李焕莲写过许多信,李焕莲也回过信,但从未提起过丈夫和小叔子被害的事,也从未说过那四年里担惊受累的事。一个字也没说过。每次来信,她总是问白桦怎么样怎么样了,嘱咐这嘱咐那的。

梁占吉后来跟彦涵说,自打小桦走后,他娘跟掉了魂似的,好多日子缓不过劲来,还老是念叨:那两个接孩子的人是真的还是假的?别怕是坏人把孩子诓走了吧?

一九五三年,李焕莲让梁占吉到北京,有个重要的目的,就是要证实一下,小桦是不是真的回到了父母身边。她总觉得接走小桦的人不是他的亲生父母,心里不踏实。梁占吉从北京回到太行后,说他亲眼见到了小桦,李焕莲悬了八年的心才算放下来。

多少年来,彦涵一直没有忘记李焕莲。一九五六年,他为创作油画《八路军东渡黄河》,曾重返太行搜集素材,其间,特意去了趟武乡,看望李焕莲一家。因为是临时决定去的,事先没带什么东西,他向同行的画家刘迅要了些山西的布票,在供销社里买了几块布,给李焕莲做了几件衣服;临走,又把身上所有的钱都留给了李焕莲。

后来,作家海默根据李焕莲的故事,写了小说《四嫂子》,后来又改编成电影。四嫂子的原型就是李焕莲。彦涵为小说刻了插图。

1954年,四年与奶妈李焕莲的儿子梁占吉。

一九五六年彦涵回太行的时候,李焕莲告诉他说,附近的一个村子里,有一个当年八路军留下的孩子,是个女孩子,名叫留花。从她父母把她送来以后,她就一直生活在这里。

彦涵对抚养过八路军孩子的人家,有种特殊的感情,于是特意去了那个村子,想看看留花和她的奶妈。他觉得这是自己的责任。他去看她们,在某种意义上说,是代表着当年的八路军,代表着现在的政府。

彦涵很顺利地找到了那户人家。留花不在家,去地里干活了。彦涵就和留花的奶妈聊起来。奶妈告诉他说,孩子送来的时候,才生下二十多天,现在已经十九岁了,刚出嫁,嫁给了本村一个放羊的。奶妈说,孩子送来时,还没有名字,留花这个名字是村里人给起的,意思是:这孩子是八路军留下的一枝花。从谈话中彦涵得知,留花很小的时候,奶妈的丈夫就去世了,奶妈一个人拉扯着孩子,吃了不少苦。

提起这些,奶妈有些不大高兴,说:"这么多年了,她的父母一次也没有来过,没给过我们一粒小米,也没写过一封信,早把我们给忘了。"

彦涵听了,不禁替留花的亲生父母感到脸红,但又想,也许他们早已牺牲了吧?

正说着,留花从地里回来了,穿着新的花布上衣,一双水灵灵的大眼睛,长得很秀气,一进门就"娘,娘"地叫,和奶妈非常地亲。当时,留花还不知道自己不是奶妈的亲生女儿。就在那天,奶妈当着彦涵的面,对留花讲了她的身世。

留花顿时呆住了,然后扑在奶妈身上呜呜哭起来,哭得很伤心,觉得亲生父母这么多年也不来看她,把她丢下不管了。

后来,奶妈就和彦涵谈起了留花今后怎么办的问题。

奶妈虽然对留花很亲,像待亲闺女一样,但为留花日后考虑,还是希望她的父母把她领走,这样留花就可以进城,在城里安排个工作。这比一辈子待在山沟里要强得多。但奶妈只知道留花父亲的名字,不知道他现在何处,所以希望彦涵能帮助打听一下他们的下落。

彦涵痛快地答应了。临走时,他还代表留花的亲生父母,对奶妈表示了一番谢意,说她把孩子拉扯这么大,还帮孩子成了亲,不容易。又说,只要留花的父母活着,他们肯定会来的。

离开武乡后,彦涵便去打听留花父亲的下落,结果很快就打听到了。说留花的父亲是个资格很老的干部,现在在北京,在国务院某个部门里负责,是个部一级的领导。

彦涵找到了那位部领导的家。刘迅和他一块去的,部领导在客厅里接见了他们。彦涵讲述了留花的事情,希望他们把女儿接回来。他是怀着一种道喜的心情来讲这件事的。没想到讲完之后,部领导吞吞吐吐,半天没个明确的态度,眼睛不时看看他的妻子。而部领导的妻子从一开始就不大热情,好像来客给他们找了麻烦。果然,部领导的妻子表了态:家里已经有六七个孩子了,而且留花从小就离开了家……话虽未尽,态度已经相当明确:不想接留花回来。

妻子一表态,丈夫也只有跟着附和。

彦涵看出,部领导对女儿还是有些动心的,想接她回来,毕竟是亲骨肉。无奈他做不了主。彦涵心里有些不快,也不管对方部级不部级的,话说得很直:"不管有多少孩子,留花也是你们的孩子。过去是战争年代,没办法,现在条件好了,应该接她回来。老乡替你们抚养了十九年,吃了那么多苦,你们怎么也该去看看人家。"

部领导脸上有些不大自然,说:"是的是的,应该去应该去,我马上让秘书办。"

彦涵立即将了他一军:"那好,孩子接回来后,请一定通知我们,我们要来登门道喜。"然后留下电话地址,和刘迅告辞出门。

部领导的秘书送出来的时候,刘迅又对秘书嘱咐了一遍,"孩子接回来后,请一定通知我们,我们等着好消息。"

秘书点头:"一定一定。"

事情的结局是:彦涵没有得到任何消息。

这个结局让彦涵感到非常失望。他从这个结局里看到了一个严重的问题:革命胜利了,地位变了,有些人就忘了在艰苦中支援革命的老百姓。

他把这个想法在党的小组会上讲了,却受到了批评:这种问题可不能说,党内说也不行,甚至这么想也不对。

这是个插曲。

对于李焕莲的去世,彦涵并不感到突然,早有思想准备。一九五六年他去武乡时,李焕莲的病就已经很重了。彦涵知道她来日不多,临走时曾悄悄嘱咐过梁占吉:"你娘如果走了,请一定写信告诉我,我要出钱为她老人家安葬。"

现在,李焕莲走了,该如何表示呢?

晚上，彦涵和白炎反复商量着。从内心来说，彦涵很想和白炎带上彦冰去武乡一趟，为李焕莲送葬。可是，以他目前的处境，怎么去得了呢？他现在下放改造，上面绝不会同意他去的。他完全可以想象得到，如果去请假，上面会怎么说——你现在的任务是好好改造思想，怎么能到处乱跑呢！再说，即便能去，眼下的生活已经相当拮据，来回要花好些路费，又不能空着手去，家里的经济条件已经不允许了。

彦涵和白炎商量来商量去，最后决定，尽全家最大的可能，给梁占吉寄去一些钱，让梁占吉把老人家的丧事办得好一些。

当夜，彦涵给梁占吉写了封信。他没有说自己被划为右派的事，这种事情，庄稼人弄不清；只是说他现在正下放劳动，身不由己。他请占吉替他们全家人，在老人家坟前磕上几个头……

第二天上午，彦涵就把钱和信寄走了。可心里仍是沉甸甸的。

晚上，他独自走出家门，来到旷野上，面对着太行山的方向，默默站立着，心里叫了一声："大嫂，你走好……"然后，深深鞠了三个躬。

八　沙城的"老右"们

一天，彦涵到镇上的澡堂里洗澡。洗完后，正躺在长椅上休息，透过蒙蒙雾气，看见一个老头儿从里面出来，干瘦干瘦的，根根肋骨清晰可见，犹如搓板，举止却很斯文，一看便知道是从城里下来的干部。

彦涵觉得面熟，仔细一看，不禁叫道："这不是李又然同志吗？"

老头儿转过身，眯起眼睛，朝彦涵这边望："你……是谁呀？"

"我是彦涵哪！"

老头儿惊喜地"噢"了一声，便跌跌撞撞跑过来，紧紧拉着彦涵的手，亲热得不得了。

李又然在延安文协时，彦涵就认识他，两个人很聊得来。他早年留学法国,并在法国加入了共产党,是大作家罗曼·罗兰的学生。他比彦涵大十岁。在彦涵的印象里,李又然文学修养深,诗和文章都写得出色。进城以后,彦涵每次到中央文学讲习所去看他,他都拉着彦涵到街上的小饭馆里去喝酒,边喝边聊,海阔天空,话语滔滔,十分地风雅浪漫。

彦涵已有几年不见李又然了。自从划为右派以后,不许乱说乱动,也没人敢去看他,他对朋友们的情况几乎一无所知。没想到,今天竟在这里相遇。

彦涵又惊又喜:"你怎么在这里?"

李又然苦笑一下:"和你一样。"

彦涵很惊讶:"怎么?你也……"

李又然点点头,伸出两个指头:"二类,双开。"

"双开"是指开除党籍,开除公职。看来李又然的问题不轻。

"什么原因?"

"搞不清楚。"

"搞不清楚?怎么搞不清楚呢?"

"没人告诉我。说划就划了。"

李又然瘦瘦的脸上浮现出无可奈何的苦笑。

一阵沉默之后,彦涵问:"你现在怎么样啊?"

"唉,"李又然长叹一声,目光黯淡下来,"妻离子散!"

接下来又是一阵沉默。

过了好一会儿,李又然才说:"老婆离了,划了右派就和我离了。唉,她本来是为了与我划清界限,没想到,离了之后,她也被下放到张家口去了。"

"我记得你有两个小孩子,孩子怎么办了?"

"托给北京的朋友了,朋友帮着照顾。"

"你现在做什么呢?"

"监督改造嘛。在下面一个村子里,离这儿不太远。村子里大炼钢铁,我每天敲矿石,把大块敲成小块。"

李又然挥动一下麻秆一样的细胳膊,做着敲矿石的动作,模样有些滑稽可笑。

彦涵被逗乐了:"你这个诗人哪,五十多岁的人了,身体又这么羸弱,怎么干得了哇?"

"唉,干不了也得干哪,不然要挨训的呀……"李又然说得凄凄然。他因体弱无力,干不了太重的活,经常挨带队的训斥,但是从来一声不吭,默默忍受。

彦涵又问:"生活怎么样?"

李又然脸上一片愁云:"工资没了,每月给十八块钱的生活费,我和两个孩子就全靠这十八块钱了。不瞒你说,我现在是形同乞丐,身无分文哪。"

彦涵心里一阵难受。唉,一个著名的诗人,一个高级知识分子,一个心地善良的好人,竟沦落到如此地步,真是可悲!

他霍地站起身,说:"穿衣服穿衣服,到我家里去!"

等李又然穿好衣服,彦涵又是一阵难受。只见李又然衣裳破烂,满身粉尘,形同一个穷困潦倒的流浪汉,哪里还有一点当年那个西装革履、风度翩翩、斯文风雅的诗人的影子!

彦涵把李又然带回到家里。一进门,他就从箱子里找出十块钱,塞到李又然手里:"拿着拿着。"

李又然眼圈一下子红了:"老彦……"

"拿着拿着,我比你强一些。"

彦涵被划为右派后,工资减了一半,每月一百四十元,但实际上只给他三十几元的基本生活费。但白炎还有工资,加在一块儿也不算少,养两个孩子、吃饭还是勉强够的。这要比李又然每月十八元养三口人强多了。

李又然接过了那十块钱,一点儿没有拒绝。他没法拒绝,他还有两个年幼的孩子。

彦涵要留他吃饭,李又然说:"不行啊,请假时只说是来洗澡,回去晚了,要挨训的呀。"

彦涵只好作罢。临别时,他说:"又然同志,以后进城就到我家来,聊聊天,吃吃饭。不要总是一个人待在那里。"

李又然点点头:"是啊,一个人,太寂寞了……"

送出门,彦涵又说:"又然同志,以后有过不去的时候,你只管开口好了。"

李又然摇摇头:"都很难,不到万不得已的地步,我是不会要的。"

以后,李又然过一两个月就到彦涵家里来一趟,吃吃饭,聊聊天,尽量说些开心的话,互相安慰受伤的心灵。每次来,不需要他开口,彦涵都主动给他一些钱,多则十块八块,少则三块五块。李又然都默默接受,他实在是过不下去了。

这天,李又然又来了。他一本正经地说:"老彦哪,有一件事我琢磨了好久,一直拿不定主意,想听听你的意见。"

"什么事情?"

"我想给毛主席写封信。"

彦涵吓了一跳:"给毛主席写信?"

李又然点点头:"有件事,我想来想去,觉得还是应该直接给他老人家写封信。"

彦涵以为他要向毛主席申诉被划为右派的事,提醒他说:"反右运动可是毛主席亲自领导的。"

"不不不,不是这件事。"李又然说,"我不会为自己的事,打扰毛主席他老人家的。"

"那……那是什么事?"

"当然是大事,有关毛主席的事。"李又然说,"前些日子,我在一个杂志上看了篇文章,其中引证了毛主席的一段话,我发现,这段话的标点点错了。我弄不清楚,是毛主席写文章的时候就点错了呢,还是引证的人抄错了。不管是谁弄错的吧,但肯定是错了,这一点我有绝对的把握。我觉得这对毛主席的形象有影响,他是个伟人,是个大诗人,不应该出现这种常识性的错误。我想给他老人家写封信,请他查一查,如果是他点错了,建议他改过来,免得影响他老人家的形象。"

彦涵听了,哭笑不得,说:"老兄哎,你没看看你自己已经到了什么地步了,还给毛主席写信?算了吧,老兄!你写了,他也不一定看得到。"

"不不不,我相信他会看得到的。"

"你怎么能肯定?"

"只要在信封上写上我的名字,毛主席就一定能看得到。毛主席知道我的。"李又然的表情非常认真,"在延安的时候,毛主席接见过艾青和我,我们一起谈过话。毛主席的记性特别好,肯定还会记得我。"

"老兄啊,那是哪年的皇历了?你想想你现在是个什么身份哪?啊?是右派,反党反社会主义的右派!"

一提右派,李又然便像被人揭了短,顿时耷拉下脑袋,不再言语了。但对彦涵的话好像仍然不大服气,想了想,又说:"咳,过去,我毕竟也是个老干部、老党员,发现问题不能不讲话嘛。退一万步说,即使现在不是干部和党员了,我和毛主席也算是朋友嘛。出于朋友之间的友谊,我也得提醒他一下。"

彦涵苦笑着摇摇头,说:"老兄哎,听我一劝,一定不能写。你不要忘了,你是右派,右派是不准乱说乱动的。你现在的任务和我一样,是劳动改造。老兄,还是老老实实敲你的矿石吧,没人需要你推敲什么标点不标点的。再说,我敢肯定,你就是写了信,也寄不到,弄不好还要惹出乱子来。老兄,五七年的苦头你还没吃够吗?"

李又然垂下了头,沉默半天,喃喃地说:"其实,我是好意,完全是好意呀……"

彦涵反问一句:"那么多的右派,有多少是恶意的?"

李又然眨了眨眼睛,没说话。

"老兄,看来,划你右派一点儿没错。"

"为什么?"

"书生气太足,而且,不长记性。"

李又然叹口气,又嘟囔了一句:"我是好意,真的,我真是好意。"

彦涵看着他那副认真的样子,脸上苦笑,心里发酸。

以后,李又然再未提过标点的事,老老实实敲他的矿石去了。

除李又然外,在彦涵的"社交生活"中,还有另外几个右派人物:版画家郑野夫、漫画家肖里、作家刘大海、戏剧家王少燕、文学编辑方轸文。

这几个右派都分在下面的村子里劳动。一九五八年热火朝天地宣传大跃进,他们时常被抽调到沙城来,和一些下放干部一起画壁画,写街头诗,有时还排演小戏。

每次活动,他们都要叫上彦涵。彦涵不大爱动,另外又身在报社,不大好出来,所以每次都得派人来叫他。

每次叫他的都是刘大海。刘大海是东北人,"九一八"东北沦陷后,流亡到内地,写诗写小说,后来参加了革命,在部队上干过好些年,以后转业到地方。人很豪爽,就是嘴爱咧咧,结果咧咧成了右派。虽然成了右派,依然大大咧咧的,右派们画壁画,他写打油诗,还忙前忙后紧张罗。

刘大海趴在报社那个小屋的窗台外面,悄声叫道:"嘿,彦涵,出来出来!出来热闹热闹,见见阳光!一个人憋在屋子里有什么劲儿!"

彦涵就笑着指指大屋:"不行,不能乱说乱动啊!"

刘大海说:"狗屁!宣传大跃进是政治任务,谁不支持谁政治态度有问题!"然后大摇大摆地走进大屋,冲着小屋喊:"彦涵,出来出来!画壁画去!"众目睽睽之下,把彦涵拉走了。

有时剧协的人排戏,刘大海也来叫彦涵。彦涵说:"我也不会演戏,我去干什么?"

刘大海说:"你记时间,看看每场戏要多长时间。"然后朝他一笑,"管他干什么呢,图个热闹嘛!"

"老右"们满街画画写诗,有时看看弄得差不多了,便背着下放干部,互相使个眼色,一个个偷偷溜走,然后钻进街上的小饭铺,大家一起凑钱,弄上点酒和肉,解解馋虫,说说心里话,吐吐闷气。

"老右"们在一起,精神放松,什么都敢说,彦涵感到很开心。

他最乐意听王少燕聊天。

王少燕是中国青年艺术剧院的喜剧作家,与彦涵同岁。抗战初期,他与吴雪、陈戈等人,组成了一个"四川旅外剧人抗敌演剧队",他任名义上的队长,领导者实际上是共产党人吴雪。后来演剧队从成都出发,一路宣传抗日,最后到了延安。王少燕家里有钱,演剧队去延安的经费,就是他筹集的。王少燕没有去延安,仍留在成都,从事进步文化工作,与周恩来、罗隆基、阳翰笙等人关系密切。四十年代在重庆的时候,他来往于民盟与共产党之间,为共产党做了不少好事。罗隆基他们写了文章,经常是由他送到《新华日报》,《新华日报》有事要找罗隆基他们,也常常通过他来转达。一九五六年,"双百"方针提出后,王少燕接连发表了《葡萄烂了》、《春光明媚》、《墙》等政治讽刺剧剧本,讽刺官僚主义。结果反右运动一来,便被戴上了右派分子帽子。

王少燕对彦涵讲起这些事,口气淡淡的,像是说别人的事,只是在末了说了一句:"我是对得起共产党的啊。"说完又嘻嘻哈哈,跟没事儿一样。王少燕这人生性乐观,什么事都想得开,划了右派之后,照吃照喝照睡照开玩笑,落得个心宽体胖。即便发牢骚,也不动肝火。

彦涵很佩服王少燕这一点。他也想像王少燕那样,对什么事都看得淡想得开一些,可是不知道为什么,他做不到。他的心太重了,认死理。

转眼快到一九五九年的春节了。春节前,王少燕回了趟北京,回来时悄悄对彦涵说:"哎,伙计,我带回了一样东西,给你瞧瞧。"看看周围没人,打开了手提包。

原来里面装着一个熟猪头。"嗬,好大的个儿呀!"彦涵高兴地拍了拍那个硕大的猪头。

"老彦,大年三十的时候,你到我这儿来,咱们好好过个年!"

王少燕喜欢吃,而且会做菜。

"光咱俩有什么意思?把'老右'们都叫上,一起热闹!"

"好,就这么办,全是老右,不要别人。"

大年三十晚上,几个"老右"聚在王少燕的屋子里,共度除夕。白炎带着东东也来了。大家围坐在火炕上,畅饮竹叶青,大嚼猪头肉,一个个吃得满嘴油光光,喝得满面红扑扑,又说又笑,感到异常地温暖和快活,忘却了心中的郁闷。

大家酒兴正浓,有人提议,吟诗助兴,每人两句。

"好,吟诗吟诗!""老右"们一齐响应。

"我先来!"彦涵稍事默想,吟道:

当年刀枪挂在腰,
革命未死到今朝。

"好!"众人举杯起哄。

老实巴交的野夫一饮而尽,接了两句:

风云早已飘忽去,
军旗不摇酒旗摇。

在"老右"中,肖里最年轻,颇有才气,说话也像画漫画一样,形象而夸张:

只因嘴巴没封紧,
一顶小帽扣得牢。

刘大海酒性正酣,脱口而出:

从此变作无嘴人,
装聋作哑更逍遥。

王少燕笑眯眯地看看大家,接下去:

全国掀起大跃进,
我们右派如何好?

王少燕说完,大家搜肠刮肚,不知如何接下去。

这时,窗外响起噼噼啪啪的爆竹声。刘大海想了想,随即笑着高声说道:

一九五九快来到,
大家一起向左跑!

说完,做了一个雄赳赳气昂昂挥手前进的姿势。

大家顿时哈哈大笑,边笑边说:"对,向左跑,向左跑。"说着,一个个笑得东倒西歪。笑声中却充满了酸楚……

1959年春节,全家人在沙城居室前。

在沙城的"老右"里,与彦涵接触较多的,还有方轸文。方轸文是《戏剧报》的一位年轻编辑,苏州人,毕业于苏州社教学院,专攻戏剧。他性格直率,敢说敢讲,到《戏剧报》工作不到一年,正赶上大鸣大放,遂成右派,发配到怀来,在离沙城不远的二台子监督劳动。他和彦涵很谈得来,星期天时常到彦涵家里坐坐,聊聊天儿。虽然自己已遭不幸,却对彦涵深抱同情,甚至抱打不平。

鸡蛋事件,即是一例。

五九年春天,彦涵的胃溃疡日趋严重,已经到了吃饭难以下咽、天天呕吐的程度,体重比一年前下降了十几斤。白炎很为他担心,就去商店里买鸡蛋,想替他补养身体。可是,鸡蛋实行统购统销,商店无售。出得商店门来,恰巧有个农民蹲在门口卖鸡蛋,白炎喜出望外,便买了几斤。

没想到,这几斤鸡蛋却惹出了麻烦。很快有人把白炎买鸡蛋的事情汇报到北京,美协立即指示,要对白炎进行严肃批评。白炎属于下放干部,在下边砸矿石,归下放干部队领导。

那位领队把白炎叫了去,狠狠训了一顿:"彦涵是下来改造嘛,有点儿小病就不得了啦,还要吃鸡蛋!这么娇气还行?那什么时候才能改造好?你是一个老同志、老党员,不但不帮助他进行改造,还给他买鸡蛋,这是什么性质的问题呀?啊?鸡蛋,国家有政策,统购统销,不能随便买卖。你身为国家干部,这么做又是什么性质的问题呀?啊?"

个别批评不算完,接着又在下放干部中,点名大批了一通。

白炎性格软弱,又不善争辩,憋了一肚子气回到家,把挨批的事说给了彦涵。彦涵一听就火了:"这些人怎么一点同情心都没有!"

然后,又无可奈何地叹口气,"算了,以后不吃就是了。"

鸡蛋事件发生后,方钤文很是愤愤不平,对彦涵说:"要说买鸡蛋,下放干部里买鸡蛋的人多了,怎么就不算事?右派生病,吃几个鸡蛋就兴师问罪,我怀疑这些人的心是不是被狗叼走了!彦涵同志,鸡蛋该吃还得吃,城里不好买,我从乡下帮你买!"

没过几天,方钤文就把一篮子鸡蛋送到彦涵家里。彦涵和白炎自然十分感激,但又怕给方钤文惹麻烦,劝他说,以后别买了,弄不好会惹麻烦。

方钤文说:"好些干部都买,怕什么!彦涵同志,你尽管放心吃,下个星期天我再给你带一篮子来。"

到了下个星期天,方钤文果真又来了。却是两手空空。

上次他从彦涵这里回去以后,二台子村的下放干部领队就把他找去谈话,说他帮彦涵买鸡蛋,是故意破坏统购统销政策,是臭味相投,拒绝改造,让他要在会上作检查。并严厉警告他,以后绝不允许再帮彦涵买鸡蛋。

"这帮家伙太不像话了!右派就不是人了?他们还讲不讲点人道主义?"

方轸文一副余怒未消的样子。彦涵很过意不去,因为生病吃点鸡蛋,竟惹出这么多麻烦,唉,这个鸡蛋真是不能吃了。

他劝方轸文说:"别人整我们,我们自己就别再窝囊了,得学会苦中作乐。等到哪个星期天,我们一起到郊外的河滩上去野餐,散散心。"

一个春光明媚的星期天,彦涵和白炎带着东东,与方轸文一起,来到了二台子村外的沙滩上。这是一片非常纯净、洁白的沙滩,沙子又细又软。大家躺在沙滩上,吃着从沙城买来的烧饼,聊着轻松的话题,很是惬意。东东在沙滩上跑来跑去,时而会扑进彦涵的怀里,父子俩便抱在一起在沙滩上打滚,滚起一阵一粗一细的笑声,飞入白云悠悠的蓝天。

自从划为右派后,彦涵还是头一回这样心情放松,开怀大笑。这一刻,心中的郁闷和烦恼都被笑声驱散了。

玩了一个多小时,大家打道回府,方轸文回二台子村,彦涵一家回沙城。分手时,又兴致勃勃地约定,有机会再来野餐。

谁也没想到,这是第一次,也是最后一次。

彦涵一家回到家里没一会儿,一个陌生人破门而入,劈头就问:"你们到哪儿去了?"

彦涵弄不清怎么回事,问:"请问你是……"

"县政府的!"来人气势汹汹,"我问你,你们到哪儿去了?"

"到二台子玩去了,吃吃东西……"彦涵如实回答,然后又补充一句,"今天是星期天,我们休息。"

"休息?休息不老老实实待在家里,往外跑什么?"

好像休息就是待在家吃饭、睡大觉,否则就不叫休息。

"我们想到外面走走,呼吸呼吸新鲜空气,这有什么不可以的?"

"你们的任务是什么？是下放改造！改造嘛,还要到外面吃吃喝喝,随随便便就出去,也不向政府说一声。"

"休息还要向谁说一声？"

"你不要以为休息了就可以随随便便,想干什么就干什么。告诉你,你们的一举一动,我们都有人在盯着！"

彦涵惊讶得呆住了。在沙滩野餐的时候,他就发现对面的小树林里有个人,一直探头探脑朝他们这边窥视,当时还觉得奇怪,原来是在监视他们！

他恍然大悟,怪不得白炎和方轸文刚买了鸡蛋,上面的人就知道了,原来他们的一举一动,一直都有人在暗中监视！

彦涵有些恼火了,说:"我们又没做什么见不得人的事,有什么可盯的呢？"

"你应该明白你们的身份,到处乱跑可不行！"

彦涵的倔脾气上来了:"不行又怎么办？"

"怎么办？你们好好考虑考虑,这事不算完！"来人怒气冲冲地走了。

全家人呆呆地愣在那儿,野餐带来的那点儿难得的快乐,全都烟消云散了。彦涵气得晚上连白炎做的鸡蛋汤也喝不下。这太不像话了,简直把右派当成了犯人,连点行动自由也没有了。他弄不清,派人监视他们,是县政府的意思呢,还是下放干部领导的指使？但可以肯定,那些人绝不会善罢甘休的,肯定要借此机会来整治他和方轸文。他必须采取主动的措施。

第二天,彦涵找到安部长,把星期天发生的事说了一遍,然后问道:"我们又不是犯人,为什么总有人监视我们？"

安部长似有难言之隐,没有正面回答,只是说:"星期天嘛,出去玩玩,没有什么不可以的。这件事,我跟他们说一下,就算了。"

大概是安部长替彦涵讲了话,没有人再来找麻烦,事情就算了结了。

但是却没有放过方轸文。不久,方轸文被调到一个农场去了,虽说也是劳动,却要比农村艰苦得多,而且带有强制性质。据说,上面认为他一直不好好改造,屡犯错误,而且拒不检查,其中包括买鸡蛋和到外面野餐这两件事。

处理方轸文,显然与文联下放干部的领队有关,"老右"们提起这件事,都说领队太没人情味了,太左。耐人寻味的是这位领队后来的命运。许多年以后的七十年代末,有一天,彦涵在北京街头意外地碰见了他。

彦涵问:"这么多年没见,你到哪儿去了?"

领队已经没有了当年的傲慢,苦笑着:"唉,别提了,你离开沙城以后,我就被发配到了新疆,一待就是十几年,现在刚落实政策回来。"

"什么原因把你弄到了新疆?"

"说我思想右倾。"

九　顿　悟

彦涵的胃溃疡越来越严重,夜里疼得无法入睡,经常捂着胸口在地上走来走去,并且时常哇哇大吐,吐血便血。最为痛苦的是,由于幽门溃疡而狭窄变形,食物无法通过,彦涵只好用手抠着喉咙引起呕吐,以缓解痛苦。沙城是个农村小镇,缺医少药,根本治不了。

他实在挺不住了,硬着头皮去向领队请假,想回北京看病。领队见他病得确实厉害,如果真的出了事,他也不好交代,于是同意了,但是只给他一个星期的假。

彦涵的身体已经相当虚弱,本想让白炎陪他去,除了挂号、拿药、跑前跑后之外,万一有什么事,也好有人商量。但是领队不准。没办法,只好让上小学二年级的东东陪着他。

彦涵的合同医院是北京医院。到了那里一检查,医生吃惊地说,怎么才来,太晚了,十二指肠幽门已经畸形,所以无法正常进食。现在唯一的办法就是手术,把它割掉,越早越好。医生让他先在北京治疗,观察一段时间,稳住病情,尽早手术。

彦涵明白,如果手术,有两个问题必须解决:一是手术之后住在哪儿? 现在,北京已经没有他住的地方了,他下放之后,领导把他的房子分配给了别人,这次回来看病是临时找了间小房子。二是手术之后谁来照料他? 东东还小,照料不了他,再说东东还要上学,不能因此影响他的功课。那么只有白炎,可是领导会不会批准她来? 他心里没有底。所以要不要手术,彦涵有些犹豫。

手术的事情还未定下来,美协机关来人了,也不问彦涵的病情,见面就说:"彦涵哪,你回来一个多星期了,病也看了,赶紧回沙城去吧。"

彦涵解释说:"我的病现在很重,胃还在出血,需要在北京观察一段时间,下一步也许会手术的。"

"不行,你要马上回去,怀来报社已经来信催了。"

"我的病还没有看完呢,是不是请美协把我的情况向报社说明一下,他们应该会同意的。"

"让你回去,也是美协组织的决定。你不能老待在北京。"

"我待在北京是看病啊,关于我的病情,你们可以去医院了解。"

"不行,你必须回去,尽快回去。"

美协的人态度冷漠而强硬,没有一点商量的余地。

彦涵不想再说什么,既然是美协领导的决定,再说什么也没有用。他已经看透,跟这些连起码的同情心也没有的人,是没有什么道理可讲的。他们就是要用手中的权力整你,折腾你,让你难受。既然如此,病不看了,回去就回去,大不了就是一个死嘛。他已经死过好几回了,没什么了不起的。

离开北京前,彦涵来到北京医院,对医生说,手术不做了,他得回沙城去。

医生惊讶地看着他,说:"你这个样子怎么能回去呢? 弄不好要出危险的!"

彦涵不便多说，带着病，也带着气，回到了沙城。每天依然刻插图。每天依然忍受病痛的折磨。

由于得不到任何有效的治疗，彦涵的病情越来越重，到了夏天，他已经基本吃不下东西了，天天呕吐，吃什么吐什么，最后可吐的东西只有胃液和血。严重的一次，吐出的胃液把铁皮脸盆的盆底都烧穿了。而且天天便血。他的脸色灰黄，身体虚弱到了极点。

终于，在彦涵经过一次大吐血之后，领队动了恻隐之心，或者说怕出人命，这才允许他再次回北京看病，并且同意白炎送他去北京。但是只能送到北京，送到北京之后就得返回。

白炎老实而软弱，把彦涵送到北京，连火车站都没敢出，就返身登上开往沙城的火车。她怕回去晚了，领队又借故整人。回到沙城，赶紧去领队那里销假，然后去砸矿石。

彦涵拖着病弱之躯，摇摇晃晃来到北京医院，把挂号单递进了窗口。以前他一直在这里看病，享受高干的医疗待遇。

挂号的护士一看彦涵的名字，禁不住看了看他，眼里流露出同情的目光，说："对不起，你的医疗关系已经不在这里了。"

彦涵立刻明白，作为右派，他已经没有资格在这里看病了。他也明白，一定是在他上次离开北京之后，美协领导马上派人取消了他在这里看病的资格。可是，右派也得有地方看病啊，不能连看病的地方也不给吧？

彦涵赶紧又跑到美协询问。回答是，他的医疗关系已经转到第三医院了。那是一家区一级的医院，在东单三条。彦涵来来回回折腾了好几趟，等到看上病的时候，已经累得大汗淋漓，快要虚脱了。

一位主治医生给他做了检查。这位医生很正直，他显然已经知道了彦涵的身份，所以检查之后对彦涵说："我是个医生，到我这儿来的都是我的病人，我必须对病人负责。你的情况很严重，需要住院治疗。"

在医生的安排下，彦涵当即住了院。是一间大病房，里面人很多。条件虽然差些，但这位主治医生看病非常认真。

治疗了一段时间,胃出血止住了,下一步要动手术。由于彦涵的体质太弱,主治医生要他回家休养一段时间,等体力恢复了再来。他便回到北官房那间临时的小房子里,慢慢休养,等待手术。

小屋里只有他一个人,生活上无人照料。平时,他就躺在床上看看书,或是想想心事;吃饭时,便拖着病病歪歪的身子,到街上胡乱吃点烧饼面条,有时体力不支,走不动路,干脆就不吃了。

这一切,都被住在同院的张悟真看在眼里。她觉得彦涵太可怜了,生活没人照料不行,便对美协的领导说:"彦涵的病很厉害,应该给他找个地方去疗养疗养,不然他的身体就毁了。"

在张悟真的努力下,彦涵住进了小汤山疗养院。彦涵在疗养院里每天散步,洗温泉,心情也尽量放松,不去想那些想不通的烦心事,身体状况渐渐好转。

疗养了差不多一个月,有一天天还没亮,彦涵突然感到腹部一阵剧痛,如同刀扎一般,疼得他在床上直打滚。医生匆匆赶来,看了看,马上断定说:"这是胃穿孔,得马上送医院手术!"

疗养院里没有汽车,要单位派车来接,电话打到北京的北官房。也是真巧,这天白炎不知道因为什么事,刚好在北京,她接完电话,赶紧找张悟真。

张悟真一听,马上安排车。因为是星期天,又是清晨,蔡若虹的小车恰巧在家,司机老戴二话没说,拉上白炎,开车飞奔小汤山。

汽车一开走,张悟真立即打电话,联系医院找医生。她找到她的哥哥——著名的内科专家、协和医院的内科主任张孝骞教授。张悟真告诉他说,彦涵是有名的画家,请他务必帮忙,马上安排手术,要找最好的医生。

张孝骞也知道彦涵,他放下电话,立即找到了著名的内科专家赵溥泉大夫,请他准备为彦涵做手术。

老戴的汽车赶到小汤山的时候,彦涵已经昏迷不醒。大家立刻把他抬上汽车,疗养院又派了一位医生跟着,老戴一路猛开,赶到了协和

227

医院。

从医学角度上说,胃穿孔七个小时后病人就会死亡。彦涵被送到医院时,发病已经五个小时,手腕上已经摸不到脉搏了,只有脖子上还能摸到一点点,情况非常危险,必须马上手术。

当彦涵被推进手术室的时候,赵溥泉大夫已经在里面等候着了。为了争取时间,麻药还未完全发挥作用时,手术就开始了。

手术进行了四个半小时,非常顺利。彦涵的胃被切除掉五分之四。

"唉,幸亏遇上了这么多的好人,整个抢救过程一环紧扣一环,没有一点儿耽搁,倘若这中间稍一耽搁,后果可想而知。"许多年后,彦涵回忆这段故事时,还带着无限的感慨与感激。

也幸亏彦涵当初没去北大荒,如果病情发生在北大荒,以后的故事恐怕就不会有了。

彦涵在阴曹地府的门口晃了一圈儿,又回到了人间。对他来说,这一圈儿晃得太重要了!当他醒过来之后,忽然明白了一个十分简单、以前却被忽略了的道理:人生最为宝贵的乃是生命,其他东西都是次要的。

同时,他也明白了,身体之所以坏到这般地步,以至于差点丧命,就是因为他对五七年的事情总也想不通,心情长期郁闷,压力太大的缘故。这次能活过来,实属万幸。他不能再这样了,他要好好活着,好好爱惜自己的身体。他上有七十多岁的老母,下有两个未成年的孩子,还有患难与共的妻子,自己万一死了,他们可怎么办呢?仅仅为了他们,他也不能再想那些想不通的问题了。开除党籍就开除党籍了,没有什么了不起的;右派就右派了,右派也是人当的!中国有几十万右派呢!再说,哪个朝代没有屈死鬼呢?这样一想,他的思想忽地一下通了,积压在内心的苦闷随之释放出来,心情一下子轻松了许多。

这是一次人生的顿悟。这次顿悟,影响了他的后半生。一个人倘若接近过死亡,可以改变过去的许多想法。

赵大夫的手术做得非常成功，也非常漂亮，八寸长的刀口笔直一条线，没有一点疤痕，以至于很多年后，许多外科医生见了，都对赵大夫的手术赞叹不已。

手术后，赵大夫对彦涵说："你现在要多活动，防止肠粘连，越活动越好，争取早下床。"

赵大夫指了指对面床上的病人："他就不活动，怕疼，一个月了还不下床，将来要肠粘连的，还得做第二次手术。"

彦涵说："只要对身体有好处，再疼我也可以忍受。"

赵大夫说："好，那你肯定恢复得快。"

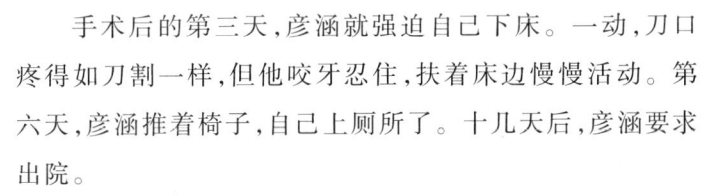

手术后的第三天，彦涵就强迫自己下床。一动，刀口疼得如刀割一样，但他咬牙忍住，扶着床边慢慢活动。第六天，彦涵推着椅子，自己上厕所了。十几天后，彦涵要求出院。

赵大夫非常惊讶："你还没到出院的时间呢。"

"我觉得出了院可以多活动。"

赵大夫点点头，说："如果你感觉可以出院了，你就出院，我同意。"

"我感觉可以。"

当天下午，彦涵雇了辆三轮车，也不通知任何人，一个人回了家。白炎一见，又惊又喜，又是埋怨："天哪，还没到出院的时间，你怎么就出院了？"

彦涵说："赵大夫同意的，要我多活动。"

下床也好，出院也罢，他都当做是向命运的一种挑战。

1960年秋，彦涵大病初愈后，和小儿子彦东在北海公园游玩。

229

十　扼住命运的咽喉

一九五九年秋天，中国文联党组根据彦涵的身体状况，批准他回到北京，留在美协里做些抄抄写写的工作，也就是跑腿打杂。白炎和东东也一同回到北京。

房子也退回来了。收拾房间的时候，彦涵照例在桌上摆上了笔墨纸砚，还有一盒刻刀。他要以新的心态，开始今后的生活。

刻刀盒里有一个油纸包，他顺手打开。里面包着三把刻刀，刀上涂了厚厚的防锈油。他一下子认出，这是五月大扫荡留下来的那三把刻刀。时隔近乎二十年，刀锋依然闪亮。

彦涵端详着刻刀，心中感慨不已。那次扫荡是多么残酷啊，前有堵截后有追兵，要吃没吃要喝没喝，体力虚弱到了极点，随时都会倒下来……可是他最终闯过来了。当时哪来的那么大的力量呢？精神！关键是精神没有垮！如果那时候精神稍一松懈，肯定完了。看来，人在逆境中，最重要的是精神不能垮。

现在，自己不正处在逆境之中吗？要想不被别人整垮，首先是自己在精神上不能垮。要挺直腰杆，决不能自暴自弃，枪林弹雨都过来了，还在乎一顶帽子！发表作品的权利可以被剥夺，但创作的权利谁也剥夺不了。五月大扫荡之后，自己几乎什么都没了，只剩下了这三把刻刀，还不是照样创作！

他一边这样想着，一边把那三把刻刀擦干净。今后，他不会再使用它们了，但是他仍把它们摆在刻刀盒里。这样，每次打开盒子，就能看见它们，以激励自己。

彦涵审视着桌面，觉得桌旁还应该有一条座右铭才好。他一下子想起了贝多芬说过的一句话，随即用毛笔写下来，贴在了桌旁——

我要扼住命运的咽喉,它决不能使我完全屈服!

大约是一九五九年底的一天早晨,中央人民广播电台播送了一条重要消息:人民政府释放了一批战犯,并给一批右派分子摘去帽子。这是人民政府第一次释放战犯和第一次给右派分子摘帽。

当这条消息从千家万户的收音机里传出的时候,东东背着书包正穿过院子去上学。邻居家的收音机里传来一长串的名字,其中有溥仪。忽然,他听到了一个熟悉的名字:彦涵!

广播里能念爸爸的名字,东东认为是件好事。他高兴地转身跑回家,推门就喊:"爸爸!爸爸!"

全家人正一边吃早饭,一边默默地听广播。

"爸爸,广播里念了你的名字!"

"喊什么!"已经上了高中的彦冰(即白桦、四年)呵斥道,"有什么可高兴的!"

"广播里念了爸爸的名字!"

"你懂什么!上你的学去!"

东东懵懵懂懂挨了顿训,又懵懵懂懂地上学去了。他才十一岁,还不大明白广播里的事。

彦涵什么也没说。他事先不知道这个消息,当他从广播里听到自己的名字时,既不喜也不惊,只是觉得把自己和战犯们列在一起,心里有些别扭。

过后,他找来当天的《人民日报》,重读了那条头版头条的消息,呆呆地想了好久。

为什么要给自己摘帽?是认为划错了吗?显然不是。除了在右派前面加了"摘帽"一词之外,并没有从根本上澄清是非。是因为他改造得好吗?也不是。他压根就没同意过对他的处理决定,何以谈得上改造得好与不好?也许,只有一点好解释:给他摘帽,主要是为了体现党的政策英明伟大。

他苦苦一笑，认定今后的境遇并不会有多大的改善。

果然，摘帽之后，他的党籍、工作、级别、工资待遇都没有恢复，跟没摘帽的时候没有什么两样。人们仍以歧视的态度对待他。他每天上班下班，在院子里进进出出，除了张悟真和钟灵之外，几乎没什么人和他打招呼，甚至都不拿正眼看他，哪怕走个正对面，也装作不认识。他很知趣，既然别人不愿理睬，他也绝不主动和人家说话，免得叫人家为难。

他仍旧在美协里跑腿打杂，抄抄写写。他待的那个部门是美协会员工作部，他主要负责会员通讯录的登记，写写信封，发发材料。这工作轻闲得很，没有多少事好干。他不想虚度光阴，便坐在办公室里练习钢笔字。大概与他的心境有关，他常看郑板桥的字，一笔一画地研究，给会员们写信封，登记会员通信录，一律板桥体。

同室的一位画家见了很惊讶："想不到你的硬笔书法这么好，这是板桥体呀！"

他笑笑："闲来无事，学着写写。"

下了班，回到家里，门一关，悄悄开始刻木刻。

回到美协的头一年，也就是一九六〇年，他刻了《风暴》《怒潮》等，刻完之后只能锁在抽屉里。没人敢发表一个右派的作品，尽管是摘了帽子的。无论是他还是别人，大家心里都清楚：摘了帽的右派，仍然是右派。

但他并不气馁。夜深人静时，他大量地看书，看那些描写伟大画家的传记。看米勒，看梵高，看戈雅……他读这些书，主要是想从中学习这些伟大画家对人生、对挫折的态度。这些书使他对苦难有了新的认识。连伟人们都遭受过那么多的苦难，自己所遇到的那点挫折打击，又算得了什么呢！苦难是财富，对于搞艺术的人尤其如此。

他的心态越来越平和了。他静下心来，苦读画论，磨研木刻的技巧和刀法。他相信，早晚会有一天，他会重新发表作品，彦涵这个名字，早晚会出现在报刊里和展览会上。他要为东山再起做好准备。

日子平静地到了一九六一年。春季的一天,彦涵家里突然来了两个不速之客。

"我们是中国青年出版社的美术编辑。"客人递上介绍信说道,"现在我们社准备再版萧三同志主编的《革命烈士诗抄》,这次是增订本,里面要增加一些插图。我们想请您刻几幅书中烈士的肖像,作为插图。"

彦涵感到有些意外。他看过《革命烈士诗抄》,那是一本政治性很强的诗集。让一个摘帽右派给这样的书刻插图,有关方面会同意吗?

"我的情况,你们可能知道,这恐怕得要有关部门的批准才行。"

"没关系,出版社和美协领导都同意了。"

"是吗?"彦涵更是意外,"让我来刻,这当中恐怕有些阻力吧?"

"有阻力是难免的,不过都过去了,有些人想顶也顶不住。"

"为什么?"

"请您刻插图,是萧三同志亲自点的名。"

"萧三同志?"彦涵又是惊讶,又是兴奋。

"是的,萧三同志。"

接着,两位编辑把事情的来龙去脉说了一番。这次增订《革命烈士诗抄》,萧三根据读者的意见,要在书中搞些烈士肖像作为插图,插图想搞成木刻的,于是想到了几位木刻高手:李桦、古元和彦涵。这个想法一提出,有关方面的领导就说,这本书政治性很强,彦涵是右派,让他刻插图不合适,有李桦和古元就够了。

萧三不听那一套,说:"我不管他右派不右派,我就是要请他来搞,因为他搞得好!"

这话也只有萧三敢说。萧三不光是有名的诗人、翻译家,更重要的,他是毛主席的同乡、同学和好友,资历老,名气大,腰杆子硬得很。他如此坚持,别人便不好再反对了。

彦涵听了,心里十分感动,也意识到,这是重新发表作品的一个机会,一定要牢牢抓住!他从内心感谢萧三和出版社给了他这样一个机会,当即答应了下来。

《革命烈士诗抄》插图:叶挺
1962年

按出版社的计划,三位版画家每人刻六幅烈士肖像,分给彦涵的六幅是:殷夫、吉鸿昌、何叔衡、刘伯坚、叶挺、罗世文。

彦涵全力以赴,开始了创作。在他看来,这次创作实际上是一次战斗,一次争取重获发表作品权利的战斗。他情绪振奋,一鼓作气,完成了六幅肖像的创作。出版社和萧三看过,十分满意。

过了一些时候,彦涵在美术编辑引见下,见到了萧三,提起插图的事,他对萧三说:"萧三同志,谢谢您……"

"不,我要感谢你,给我们刻了那么好的插图。"

"萧三同志,您可真大胆哪,我是个右派,您怎么敢让我搞呢!"

萧三把手使劲一挥,大声说道:"我才不管他那一套呢!请你搞,是从工作考虑,你搞得好嘛。今后还要请你搞!"

不久,增订版的《革命烈士诗抄》出版了,出版社给彦涵寄来了样书。彦涵打开了还散发着墨香的诗集,他看到,在他创作的那些木刻肖像上,赫然印着他的名字。

他很激动。这不是一次普通的署名,而是意味着从今往后,他又有了发表作品的权利,尽管这权利极其有限。

而且,在萧三写的序言里,有一段关于插图的文字,其中写道:"感谢我国著名木刻家李桦、古元、彦涵三位同志……"彦涵的名字后边加上"同志"两个字,这是他被划为右派以后,见诸文字的第一次。

禁锢的藩篱,终于被打开了缺口。缺口一打开,后面的事情便好办了。

这年下半年,人民文学出版社的美术编辑秦萍、叶然找到彦涵,请他为李季的长诗《王贵与李香香》作插图。

他们对彦涵说,我们之所以请你,是因为你在陕北生活过多年,对诗中所描写的生活十分熟悉,另外,这本书准备参加在莱比锡举办的国际图书展,质量要求高,大家相信你一定会搞得很好。

还有一点他们没有说,但彦涵心里明白,那就是,秦萍是从太行出来的老同志,在华大美术系学习过,对彦涵很了解,也很同情,他和叶然都想尽力帮他一把。

彦涵想象得到,为了请他作插图,秦萍和叶然一定做了不少工作。在不少人对他避而远之的情况下,主动请他作画,既需要友情,更需要勇气。

秦萍和叶然还告诉彦涵,他们已经找过美协领导了。美协领导说,你们要请他画就请他画好了,这是你们的事情,用不着征求我们的意见。

彦涵很高兴。这么说来,现在的政治环境已经有所松动,对他,上面卡得不那么紧了。

一个多月之后,彦涵刻完了《王贵与李香香》的全部插图,共有十几幅。但他没有马上交稿,搁了几天之后,重又拿出来,翻来覆去地看,这一看便看出了一些问题。当然,画稿就这样交上去,也肯定能过,但是考虑再三,他还是决定全部推翻,重新再来。

他明白,在没人敢找他约稿的情况下,能有刻插图的机会,实在难得,他必须倾尽全力,一炮打响。他相信,只要这炮打响,局面就会逐渐打开,以后找他刻插图的人就会多起来。另外,除了在一九五四年,他给孔厥的小说《新儿女英雄传》作过插图之外,以后再没搞过。他想就此好好钻研一下插图艺术,并在艺术上有所突破。

于是,他又反复阅读《王贵与李香香》,仔细揣摩,又花了近两个月

赵树理小说《李有才板话》
1962年

赵树理小说《小二黑结婚》
1962年

的时间，重新创作了插图。全部是套色版画，无论是艺术上，还是技术上，都相当精湛。这回，他总算满意了，拿出来交给了出版社。

第二年，在莱比锡国际图书展上，《王贵与李香香》受到广泛好评，获"世界插图"一等奖。《美术》杂志的陈伯平就这套插图的艺术特色，在《文艺报》上写了评论文章，大加称赞。许多人都感到惊讶：没想到彦涵的插图也搞得这么好！

局面打开了，各个出版社纷纷派人找上门，拿来各种书稿，请彦涵作插图。小说、散文、诗歌，都有。赵树理的《小二黑结婚》《李有才板话》，曹靖华的《花》，闻捷的《复仇的火焰》，海默的《四嫂子》《宿店夜记》，巴金的《军长的心》《团圆》，王老九的《走南山》，碧野的《情满青山》，李健彤的《刘志丹》，陈登科的《风雷》……彦涵一概来者不拒。他已经看到，为文学作品刻插图是他东山再起的一条捷径。道理很简单，尽管他的作品可以署名了，但要想单独发表作品，还会受到一种无形的限制，而插图是人家约稿，自然容易发表。

另外，他想通过刻插图多挣些稿费。全国正逢灾荒，吃的东西价格飞涨,而他的工资被砍了一半,且又上有七十多岁的老母,下有正能吃饭的两个孩子,生活十分拮据,他必须尽可能地多挣一些稿费,以养家糊口。

但是,这丝毫不会影响插图的艺术质量。他像创作独幅木刻一样,认真对待每一幅插图,力求在艺术上有所创新。他很清楚,无论是他的政治处境,还是他的生活处境,都要求他必须这样做。如果马马虎虎,应付差事,那就是一锤子买卖,以后就不会有人再找他了,等于自己断了自己的路,何谈东山再起!

随着这些独具特色的插图作品,彦涵,这个久违了的名字,又重新活跃在中国的画坛上。

一九六二年春天,中国军事博物馆美术组组长关夫生来到美协,说,博物馆准备搞一幅大型的美术作品,悬挂在博物馆的大厅里,内容是描绘人民解放军横渡长江,解放全国的壮阔场景,总政想请美协的画家来创作。

这是一项重要的政治任务,美协领导蔡若虹和华君武亲自出面接待,就此事在会议室里进行商谈。蔡若虹让彦涵也参加了,做会议记录。

关夫生说到要请美协的画家来完成这幅作品时,两位美协领导很高兴。蔡若虹问关夫生:"这个任务很重要,你们准备请谁来搞呢?"

关夫生回答说:"彦涵。我们想请彦涵同志来完成这个任务。"

两位美协领导顿时目瞪口呆,半天说不出话来。彦涵是个摘帽右派,怎么能把这么重要的政治任务交给他呢?

两位美协领导互相看了看,却找不出任何理由来拒绝,何况彦涵本人也在场,话又不好明说。一时间,竟然不知所措,显得有些尴尬。

彦涵却为之一震。他也没有想到,关夫生会指名要他来搞。他马上意识到,这又是一次机会。心想,只要让他来搞,他一定会搞得非常出色,他有绝对的把握。当然,让不让他来搞,得看两位美协领导的意见,他知道两位领导此刻心里在想些什么。他们十分清楚,搞革命历史题材作品是彦涵的拿手好戏,让他搞,等于给了他一次出头的机会。这是他们很不愿意的事情。

彦涵也不说话,局外人似的摆弄着铅笔,且看领导如何答复。

屋里的气氛一下子沉闷起来。关夫生感觉到了,而且似乎猜到了两位领导的心理活动,便说:"彦涵同志有丰富的战争生活经历,艺术上又很有经验,肯定会搞得很成功,所以我们才决定请他搞的。"

当年,彦涵在八路军鲁艺分校当教员时,关夫生是美术系的学生,他了解彦涵。

两位领导更为难了,看来不同意是不可能了。

华君武脑子转得非常快,马上说:"这样吧,关夫生同志,彦涵可以参加,但我们想再找一位同志与他合作,两个人一起搞。"

此话的用意,彦涵一下子就猜到了:作品成功了,也是两个人合搞的,彦涵的作用只能占一半,影响会被冲淡。

华君武这样一说,关夫生不好再坚持了,便问:"那么找谁来和他合作呢?"

华君武回答:×××,那也是画坛上的一位高手。

关夫生想了想,只好说:"好吧,两个人合作也可以。"

两位领导马上表态:那好,那就这么定下来吧。

"不!"一个声音从会议室的角落传来。大家回头一看,说"不"的乃是彦涵。

彦涵明白,在这种场合下,他是没有资格说话的,他只是个记录的。但是话题既然谈到了自己,并被领导强加了意志,他就不能不说了。他心里十分清楚,领导上找人与他合作,就是怕他出头,其缘故既有政治上的歧视,也有艺术上的扼制。作为一个摘帽右派,他虽然没有权利要求创作任务,却可以有权利拒绝。拒绝就是抗争。

彦涵开口说道:"如果让我搞,我就一个人搞;如果是合作,我不想参加。"

两位领导一听,顿时呆住了,没了主意。

关夫生立刻表态:"那好,彦涵同志,就由你一个人来搞吧。"

关夫生这么一定,两位领导不好再说什么了,因为这是军事博物馆的事,得尊重人家的意见。就说,既然这样,下一步的事情你们自己商量吧。说完,两位领导有些不大自在地离开了会议室。

当即,彦涵与关夫生就在会议室里,商量起有关创作的具体问题。

"你们准备要多大尺寸的?"彦涵问。

"最少要两米长。"

"什么画种?"

"由你定。"

关夫生知道,彦涵不仅是版画高手,油画也相当出色,一九五七年,他就给军博画过《八路军东渡黄河》,以前还画过《豆选》《以水代兵》,气势浑厚。

彦涵说:"我给你们搞一张两米长的套色大木刻,从来没有过的。"

"那好哇,木刻是你拿手的。"

"你们先替我备好料,我先画小稿。"

"好,就这么定了。"

彦涵绝对是个快手,只用了一天时间,彩色小稿就画好了,而且画了三张。三张小稿以三种不同的方案,描绘了解放军攻渡长江的壮观场面。

因为是美协接受的任务,所以小稿出来后,首先要送美协领导审查。蔡若虹和华君武一看,没说的,顺利通过。

送军事博物馆和总政

1962年,彦涵去内蒙草原体验生活,画了大量反映牧民生活的水粉画。左边是画家张汝继。

宣传部审查时,大家都非常满意,认为三张小稿都好,斟酌再三,选定了一张。

两个月后,作品刻出来了。整个作品凝重热烈,气势磅礴,有一种史诗的意味,题名为《百万雄师渡长江》。

这是彦涵有生以来最大的一幅木刻,长一百八十四公分,宽六十二公分。拓印的时候因为画幅太大了,一个人印不了,彦涵七十多岁的老母亲还在一旁默默地帮着抻纸。

此画一共印了六张。军事博物馆两张,中国美术馆一张,中央档案馆一张,总政送给了来访的缅甸军事代表团一张,彦涵自己留下一张。

当《百万雄师渡长江》在军事博物馆大厅里悬挂起来的时候,彦涵和白炎都去看了。两个人都很兴奋。四年多了,彦涵的作品终于又可以公开展出了。

十一 趴在地上的战士

彦涵虽然可以发表作品了,但工作境况没有任何改善,仍在美协机关里抄抄写写。不少人觉得,让一个有名的画家整天跑腿打杂,实在是大材小用。

私下里,钟灵劝彦涵说:"老彦哪,你是个有名的画家,何苦要在美协里窝着呢,总这么下去不是个办法,还是挪挪地方好。"

"我一个右派,往哪儿挪?谁敢要我?"

"你可以去教你的书嘛,人家冯法祀、李宗津不是都教书去了吗?"

冯法祀和李宗津也在一九五七年成了右派,后来,冯法祀去了中央戏剧学院,李宗津去了北京电影学院,很受学生们的欢迎。

彦涵也想离开美协,到一个什么大学里去教书。教书是他的本行,从八路军鲁艺分校、延安鲁艺、华北联大,到杭州艺专、中央美院,差不多教了二十年的书。问题是,现在哪一个学校敢要他呢?他又向来不愿开口求人。不求人,就只能在美协机关里窝着。窝着就窝着吧,彦涵想,只要还能忙里偷闲地搞创作,在哪儿他都无所谓。

在美协机关里,彦涵因为身体不好,开始是每天去坐半天班,后来是三五天才去一次。负责他的那位同志心眼儿不错,知道他是在家里搞创作,也就睁只眼闭只眼,由他去了。彦涵觉得,日子就这么下去,也没有什么不可以。

但是后来,为了儿子彦冰,彦涵离开了美协。

一九六一年,彦冰高中毕业报考大学。虽说是画家的儿子,可他并不喜欢画画,而是热衷于航模,曾在北京市西城区中学生航模比赛中获得过第一名。报考大学,家庭政治背景相当重要,地富反坏右的子女上大学本来就很困难,报考重点院校,更是连门儿也没有。彦冰开始不知道这一点,便一厢情愿地报考了北京航空学院。结果可想而知:成绩比他差的同学都录取了,他却落了榜。彦冰明白之后,心里非常苦恼,觉得这辈子完了,待在家里整天闷闷不乐。

彦涵看了,又是内疚又是发愁。他感到对不起儿子,却又无能为力。

一天,彦冰从学校回来,突然闷闷地说:"我想到新疆去。"

彦涵和白炎愣了,问:"到新疆干什么去?"

"我们老师说,新疆需要师资,如果我愿意,他可以推荐我到新疆去当中学老师。我想去,这总比闲待在家里好。"

"你不要去。"彦涵劝儿子说。这些年由于自己的问题,儿子在学校受尽了歧视,现在又要无奈去新疆,他觉得这对儿子不公。他无论如何不能同意。

"不去新疆,我又能干什么?待在北京,上大学不要,找工作又难,人家一看档案,全完。"彦冰的声音里透着委屈。

彦涵的心像被狠狠揪了一把。他知道,儿子想去新疆,主要是想离开这个压抑的环境,远走高飞,免得受人家的歧视。这越发使他觉得欠了儿子一笔债。

那天夜里,彦涵翻来覆去地想了大半宿,愁火攻心,嗓子都嘶哑了。

第二天,他对彦冰说:"新疆不要去了,准备明年考大学吧。我保证让你能考上。"彦冰睁大眼睛看着父亲,以为在听天方夜谭。

彦涵说:"考别的学校我帮不了你忙,你必须考美术院校。只要你学画,我保证教会你,而且有办法让你考上。"

彦冰同意了,从此关在家里跟着父亲学画,画素描,学木刻。彦冰已经二十岁了,学画确实有些晚了,但毕竟是画家的儿子,艺术感觉好,又是彦涵亲自教,进步相当快。

这样画了半年之后,彦涵觉得家里地方小,不安静,又没有教具,影响学习,于是找到在北京艺术师范学院附中美术班任教的毕成,想让彦冰当旁听生。

毕成是沃渣的爱人,说:"让他来吧,这个主我做得了。"彦冰就成了美术班的旁听生,进步更快了。

转眼到了六二年春天,很快要高考了。彦涵想让彦冰报考北京艺术师范学院。他觉得,凭彦冰的文化课和专业课,考上大学绝对不成问题,关键是学校敢不敢收右派的儿子。向来不愿意开口求人的彦涵,为了儿子的前途,找到北京艺术师范学院的赵域和戚单。

赵域是美术系的系主任,戚单是副主任,和彦涵在延安时就是朋友。两人见到彦涵,又是倒茶又是递烟,十分热情。彦涵本来是为了儿子的事来的,可是见面聊了半天,却不知道该如何开口,只闲扯了一些别的事情。

赵域说:"老彦哪,你别在美协待着了,到我们这儿来教书吧。我们都了解你。"戚单也说:"来吧来吧,我们这儿就缺你这样的人才呀!"

彦涵的心思有点活了,说:"你们敢要我吗?"

赵域说:"只要你愿意来,别的你就不要管了,我们去找院长说。不过老彦,因为你的情况,来了可得委屈你,定不了教授啊。"

彦涵一笑:"这个我不在乎。都到这个地步了,还管什么教授不教授的,我就教我的书嘛。不过,我来,可有个条件。"

"只要你肯来,有什么要求尽管说。"

彦涵就把儿子的事讲了一遍,然后说:"你们必须录取我的儿子。"这等于给老朋友出了个难题。

沉默片刻,赵域一咬牙,说:"老彦,你来吧,只要彦冰考试合格,保证录取!如果上面怪罪下来,我顶着!"

戚单说:"老彦你放心,这个忙我们无论如何要帮的。你回去办关系吧,先调过来再说。"

彦涵很感动,半是玩笑半是认真地说:"先调过来可以,不过,彦冰如果没有被录取,我还是要离开的。"

赵域说:"你等消息吧,人事调动的事得由院长拍板,不过你放心,我们会尽力说通她的。"

院长是周扬的爱人苏灵扬,在延安时就认识彦涵。过了两天,赵域通知彦涵:"你办手续吧,苏院长拍板同意了,欢迎你来。"

一九六二年夏天,彦涵离开了美协,调到了北京艺术师范学院,教美术创作课。接着,彦冰参加了该校的招生考试。他的成绩绝对没有问题,但录取不录取,还得由院领导拍板。为此,赵域和戚单又是一番游说。苏灵扬说:"你们同意,我没意见。"

得知儿子被录取消息的那一天,彦涵不禁心花怒放,命儿子买来老酒,全家庆贺了一番。一块心病了却了。

转眼到了六三年,彦涵到师范学院已经半年了。彦涵本来就是有名的教授,到了师范学院之后,自然成了美术系的主力。他讲课既有理论,又结合创作实践,而且口才好,很受学生们的欢迎。学校里上上下下的人,都觉得这个摘帽右派表现不错。

一天,院长苏灵扬把他叫到办公室里谈话。"彦涵同志,你来了以后,工作上是很不错的。但工作好只是人的一个方面,你在政治上有没有什么要求哇?"苏院长很和气地问。

"政治上……当然有要求。"

243

"有什么要求?"

"我的党籍问题。"彦涵说。

他知道苏灵扬找他什么意思,这样的谈话,一九六一年他在美协就曾有过。

苏院长很高兴:"那好,你写个报告吧,把过去的错误认识一下,重新申请入党。"

从六二年开始,党内有个精神:在那些不该划为右派的党员当中,少数表现好的可以重新入党。全国美协根据这一精神,曾把彦涵列为重新入党的对象,并找他谈过话。现在,北京艺术师范学院也是根据这一精神,希望彦涵能够重新入党。

这当然是件好事,只要彦涵愿意,他就可以重新回到党内,从此政治地位也将大大改善。但问题是,以什么方式回到党内。在这个问题上,彦涵再一次表现出了他那难以改变的个性。

"不。"彦涵说,"重新入党我不入。我要求恢复我的党籍。"以前美协领导找他谈话时,他也是这么回答的。

苏灵扬并不感到吃惊,她了解彦涵的个性。她耐心地说:"彦涵同志,这是不可能的事呀,中央没有这个指示精神。"

"那我只好保留我的要求,重新入党我是不会入的。我认为入党是很严肃的事,宣誓只能有一次,哪能有两次呢?"

彦涵知道,苏院长希望他重新入党是真心为他好,他从内心感谢她的好意,但是他不能接受。

"彦涵哪,你是老同志了,只要你愿意回到党内,何必计较是重新入党还是恢复党籍呢!"

"不,不是计较,这是原则问题。"彦涵的固执劲儿又上来了,"我从来就没有同意过开除我党籍的决定,现在也不同意,所以我不可能重新申请入党。"

"唉,过去的事就让它过去了,你还是重新写个申请吧。"苏院长苦口婆心地劝道。

"不,只能恢复,不能申请。"彦涵咬住不放。

"难道你就这样下去了?"

"这种情况不是我造成的。"

谈了半天毫无结果,两个人无法再谈下去了。

"那就……"苏院长感到很失望,"只好这样了。"

"这样就这样吧。"

这场谈话就这样结束了。这件事,被彦涵的一个朋友知道了。这位朋友是某省的一位省级领导,每次到北京开会,都要来看彦涵。

他翻来覆去地劝彦涵:"你不要总是这么固执,重新入就重新入嘛,这有什么关系!"

彦涵已经听烦了,说:"算了吧,你别再费那个劲了,你说不服我的。"

"没的话!"这位朋友也是个犟脾气,"我一定要说服你,你一定要重新入党。"

"那好,有个问题请你解释一下,如果你解释通了,我就听你的,解释不通,这个问题再也不要谈了。"

"你说吧。"

"当初说我是反党反社会主义,犯了严重的政治错误,所以才开除我的党籍。对吧?"

"对。"

"如果说一个被开除党籍的人可以重新入党,那么他必须承认错误,并且改正了错误,这是个起码的条件。对吧?"

"对。"

"那么这里面就有了问题。"

"什么问题?"

"我从来就没有承认过错误,现在的态度也仍然不变,所以根本谈不上什么改正错误。既然我没有改正错误,为什么又让我入党?我现在要问你,开除我党籍和让我重新入党,这两个决定到底哪个是对的?如果说让我重新入党是对的,那么开除我的党籍就是错的,总不能两个都对吧?这个问题怎么解释?"

这位朋友并没有被难住,笑了一下,说:"嗨呀,这是政治需要嘛!"

"政治需要?这叫什么政治?需要开除你就开除你,需要你入党就要你入党,还讲不讲个是非原则?"

"你呀,吃亏就吃亏在太固执,认死理。不就是一张纸的事吗,何必那么认真呢!"

"事关原则问题,怎么能不认真呢?当初开除我党籍的时候,我既没有举手,也没有签字,现在我不能自己打自己的嘴巴呀。如果说是当初就错划了我,那就应该有勇气承认,给予平反!"

"平反?这怎么可能呢!"

"我相信早晚会有平反的一天。现在我并没有要求平反,我只是要求恢复我的党籍,如果连这一点都做不到,我宁可待在党外!"

"唉,你这样做对你有什么好处呢?不入党,很多实际问题都解决不了。你看看你现在的处境,工资减了,教授免了,儿子上大学人家不要,还有看病、吃药、住房……总这样下去怎么行呢?将来彦冰要找工作,彦东要升学,都是实际问题,你不能不考虑呀。"

"我当然考虑,但我总不能因此不讲是非原则,去搞投机嘛!"

"唉,你呀你……你是搞艺术的,不懂政治,不懂政治。"

这位朋友连连摇头。以后,再没有对彦涵提过入党的事。

既然不重新入党,一切待遇自然照旧。彦涵仍然是个摘帽右派。

虽然是个摘帽右派,彦涵的骨子里却依然是个战士。

六十年代初,正是国家最为困难的时期。粮食严重匮乏,人们普遍挨饿。就在那几年,彦涵刻了一批抗战题材的作品:《打草鞋》、《摘野菜》、《汗洒山岗上》、《工余》、《敌后方小学》……

他用这些作品告诉人们,当年,在抗战最为艰苦的日子里,敌后军民是怎样渡过难关的。没有布鞋吗?自己打草鞋;没有粮食吗?上山挖野菜;国民党禁运封锁吗?自己开荒种地;尽管敌人不断扫荡,敌后小学照样书声琅琅……

他还刻了《红军翻过大雪山》、《突破天险腊子口》、《向胜利进军》,

目的更是显而易见。

六二年的时候,彦涵刻过一幅《陕北说书人》:一个陕北说书盲人,怀里抱着三弦琴,腿上绑着呱哒板,自弹自唱,脸上绽满了自信的笑容。彦涵就像那个乐观的说书人,用刻刀讲述着当年的故事,鼓舞人们共渡难关,走出困境。

没有任何人向他布置这样的任务,完全是出自艺术家的责任感。而他在鼓舞别人的时候,自己同样吃不饱,同样瓜菜代,同样患有浮肿病。而且,还要忍受着别人的白眼和内心的伤痛。

陕北说书人　1962年

他的刻刀充满了温暖,有时却又相当无情。

也是在那段时间,彦涵刻了几幅土改题材的作品,即《血泪的控诉》、《捣碎封建的牢门》和《封建的末日》。数量不多,却思想深刻。

五七年以后,彦涵从自身和周围人的遭遇里,已经明白,中国虽然进入了社会主义,虽然上面说,地主阶级打倒了,人民翻身解放了,当家做主了,但在现实生活中,封建势力仍然无所不在:容不得批评意见,容不得不同观点,家长制,一言堂,运动不断,专事整人,残酷打击,无情斗争,致使许多善良的人,尤其是知识分子,遭受到了极大的不幸。

个人的不幸,知识分子的不幸,中国的不幸,根子在于封建专制;不根除封建势力,人民是不可能彻底翻身的——这是彦涵经过长久而痛苦的思考之后,得出的观点。

依彦涵的性格,他不可能不在作品中表达这样的观点。但是他也知道,如果明白地讲出,无疑会招来牢狱之

捣碎封建的牢门　1962年

灾。经过了五七年,彦涵已经懂得了保护自己,自然不会再干这种傻事。经过一番思索,他找到了一个办法,那就是借助再现当年的土改,隐讳表达他的观点。于是就有了这三幅作品。这三幅作品,实际上是互相关联的一套组画。

《血泪的控诉》,借助农民控诉地主的场面告诉人们,封建势力给人们带来的灾难是多么深重。那令人撕心裂肺的控诉,是对地主的控诉,更是对封建专制的控诉。

在《捣碎封建的牢门》里,愤怒的农民手持长矛,冲向地主的庄园。庄园壁垒森严,雄踞画中,显示出封建势力的强大与顽固,也预示着斗争的艰难与漫长。题目中的"捣碎"二字,道出了画家对封建专制的深恶痛绝!

而《封建的末日》,则是通过再现地主被农民押出庄园的情景,形象地告诉人们,封建势力无论多么强大与顽固,终将会被人民押上历史的审判台。这是不可抗拒的历史潮流。

土改时期,彦涵创作中的反封建主题,是出于朴素的情感,经历了五七年,则成为理性的觉醒。一旦觉醒,便绝不妥协,勇猛抨击,并贯穿他后半生的创作生涯。

有人谈起彦涵,称他是"趴在地上战斗的战士"。这个比喻,准确而形象。

一九六五年七月下旬,中国美协打电话给彦涵,说,为了纪念抗战胜利二十周年,美协要举办一个美术展览,因为这方面的作品不多,需要补充一些,希望他能刻一套这方面的组画,限期十四天完成。其实,就是救急。

彦涵以前就有过创作抗战生活组画的想法,现在机会来了,而且要在展览会上展出,这对一个摘帽右派来说,实在难得。他当即答应下来,而且不要美协掏一分钱,材料全部自备。

放下电话没一会儿,彦涵就把创作计划想好了。他决定以根据地民兵的生活为内容,表现抗战的胜利是人民的胜利这一主题。根据民兵生活的不同侧面,他把组画分为六幅,分别是《埋地雷》、《麻雀战》、《打岗楼》、《抬担架》、《支援前线》、《送参军》。

十四天要完成六幅作品,实在是太紧张了。为了确保按期交稿,彦涵对时间进行了周密的计算和安排:三天定稿,十天刻印,最后一天送稿。他有这个把握。

正是盛夏,屋里闷热难耐,他搬了把椅子,放在院子里的屋荫下,以椅当桌,将木板竖靠在椅背上,自己光着膀子,只穿一条肥大的裤衩,坐在小板凳上,一手夹着香烟,一手起草画稿。他已没有时间在纸上起草画稿了,干脆省去,直接画在木板上。

这是他创作时最紧张的时刻,整个神经都处于高度兴奋状态,谁也不能打搅他,否则会破坏他的情绪,甚至惹他发怒。白炎和孩子都清楚这一点,从他身后走过时都放轻脚步,叫他吃饭时,也只是白炎说到而已,吃与不吃全由他。

整整三天,他几乎没和家人说过话,整个心绪都回到了硝烟弥漫的太行山。三天后,六幅画稿如期画好。第四天一早,彦涵把六块木板捆在自行车后座上,送到美协审查。这是必不可少的程序。美协领导一见,又惊又喜,当即通过。他们心里明白,画稿完成得这么快这么好,恐怕只有彦涵能办到。

接下来的工作是刻制。刻木刻既是脑力劳动,又是体力劳动,加上时间紧迫,且要一气刻六幅,工作的艰辛可想而知。白天,彦涵光着膀子,在院子里从日出刻到日落,晚上又转到屋里刻到半夜。到后来的几天,手指磨破了,手腕累肿了,他裹上胶布,忍着疼痛继续刻。

白炎怕彦涵把身体累垮，特意为他熬了鸡汤，可他累得没一点胃口，喝不下去。

　　终于，在第十二天的晚上，六幅作品全部刻完。当天夜里，全家人一齐上阵，帮他印画，一气干到凌晨四点，才全部印完。

　　早晨一上班，彦涵骑车把画送到了美协，比计划还提前了一天。这时，他才如释重负，感到无比地轻松和欣慰。回到家里就累倒了，呼呼地连睡了三天。

　　八月初，《纪念中国人民抗日战争胜利二十周年美术展览》在中国美术馆开幕。这次展览，不仅展出了彦涵的这套木刻组画，还有他以前的一些抗战题材作品，包括《百万雄师渡长江》，一共三十多幅。他是参展作品最多的一位画家。

　　彦涵也去了展览会，他的作品前围了很多人。他在观众中听到这样的反应：一位观众指着他的作品，对另一位观众悄声说道："这个画家是个右派。"

　　另一位观众惊讶地睁大了眼睛："右派？"显然无法把眼前的作品与"右派"这个称呼联系起来。

十二　祸起插图

　　文化大革命来了。"文革"到来之前，彦涵正随中央美院，在河北农村搞"四清"。

　　一九六四年，北京艺术师范学院美术系合并到中央美院，彦涵也随之回到中央美院版画系，干的还是教课的老本行。当时，全国正搞"四清"运动。六五年冬天，中央美院部分师生也被派去"四清"，地点是邢台地区的会宁公社第六生产队。彦涵也被派了下来。不过，他的身份和别人不大一样，带有一定的思想改造任务，工作上只是个跑腿打杂听别人吆喝的角色。

工作组搞了几个月,不但没搞出什么名堂,还把生产队搞乱了。家里穷得一塌糊涂,却被当做走资本主义道路的当权派而整得一塌糊涂的支书、生产队长和会计都撒手不干了,发誓不再当干部,生产几乎陷于瘫痪。

就在这个当口,一九六六年三月八日黎明时分,人们还在沉睡之中,忽然一阵沉闷的巨响从地层深处隆隆滚过,接着便有一道道耀眼的蓝光在大地上四处窜动,顷刻之间,山摇地动,房倒屋塌,哀声遍野……

这就是著名的邢台大地震。邢台地震就像一个预兆。没过几个月,一场比邢台大地震还要惊心动魄、还要轰轰烈烈、还要具有毁灭性的灾难,降临在整个中国大地上——文化大革命开始了!这似乎应了"地动山摇,老兵出巢"这句老话。

不过,当彦涵和美院师生一起搞完了邢台地委交办的

1966年,在邢台抗震救灾现场,绘制《抗灾图》。

地震展览之后，忽然接到全校人员返京命令时，他丝毫没有想到，等待他的将是一个又一个的灾难。

甚至到了北京之后，没有让他回家，而是把他和美院其他一些教授，直接拉到社会主义学院参加集训班，和北京文艺界的一群知名人士一起学习有关文化大革命的文件，批判《海瑞罢官》和《三家村》，批判周扬的"文艺黑线"，他也没有多想。建国以来，这种学习批判太多了，他早已习以为常，以为这次学习也是走走形式，不必认真。而且，集训班里好住好吃，比起"四清"生活来不知强上多少倍，他心里还挺高兴，每天都乐呵呵的。

直到有一天，中央美院的红卫兵来到集训班，把他们押上汽车，拉回学校进行大会批斗，他才感到事情有点不对头。

那天，被押上台批斗的有四五十人，有院长、副院长、美院附中校长，有教授、讲师，以及党、团、行政等方面的干部，他们一个个头戴纸篓糊的高帽子，胸前挂着"牛鬼蛇神"的大牌子，全都战战兢兢弯腰撅腚地站在台上，目光慌乱，好不狼狈。台上的红卫兵们对他们揪衣领、压脖梗、"坐飞机"，外加拳打脚踢；台下的人声嘶力竭地高呼口号：打倒打倒统统打倒，再踏上一万只脚，让他们永世不得翻身！此情此景，令人触目惊心，魂飞胆丧。

彦涵算是幸运，没有被押上台子批斗。因为押送"牛鬼蛇神"的汽车从集训班里出来以后，行至东华门快到美院的时候，不知什么原因，红卫兵们突然让他和古元、伍必端等人下了车，让他们步行回学校，因而使他躲过了这次批斗。

彦涵后来想，是不是因为他们几个人，是版画系的教授，而红卫兵的头头是版画系的学生，念恩师之情，有意放他们一马？

虽然彦涵这次没挨批斗，但是当他站在人群后面，目睹台上台下种种疯狂的举动，特别是在批斗会结束之后，看到那些连家也不让回，就被当场押向"牛棚"的"牛鬼蛇神"们，他心里还是受到了强烈的震撼。

他忽然觉得，这场突如其来的文化大革命，就像突如其来的邢台大地震,顷刻之间,一切都乱了套,整个社会进入了疯狂无序的状态。作为一个属于黑五类分子的摘帽右派,他不能不为自己的命运担忧了。

果然没过多久,造反派找上门来。是两个外单位的造反派,找到美院,说是调查情况。其中一个二十几岁,像是大学生,穿着旧军装,扎着军腰带,跷着二郎腿,坐在桌子上,口气大得很,态度狂得很。

"你就是彦涵?"

"是的,我是彦涵。"

"站起来,先背段毛主席语录。"

彦涵站了起来。当时,到处都在大背毛主席语录,从早晨起床,直到晚上睡觉,人们言必称最高指示。开会发言,第一句话就是:"毛主席教导我们说……"甚至上街买东西、吃饭,也要先背上一段。彦涵觉得未免有些滑稽,甚至庸俗,无奈形势所迫,不背也得背,不然就会说你对毛主席感情有问题——对毛主席感情有问题,那是可以打成反革命的。可他毕竟是五十的人了,记忆力差了,有些最高指示,尤其是新发表的,总是记不住,更不可能每条都背得下来。

他有些紧张地问:"背哪一段?"

回答说:"用小说进行反党活动那一段。"

彦涵模模糊糊记得有这一段,好像是新发表的,但是他从未背过。

"快背!"造反派催促道。

"好,我想想。"

"想什么,快背!背不下来,就别怪老子对你不客气了!"年轻的造反派解下了腰带,在手里拍打着。

彦涵心想这回完了,造反派野得很,动不动就施以拳脚,今天弄不好要受皮肉之苦了。

心里正嘀咕,一抬头,他隔着屋门的玻璃忽然发现,斜对面走廊的墙上正好贴着一张最高指示——哈哈,正是要他背的那一段!更为幸运的是,造反派正背对着屋门,不知道外面的墙上有这条语录!

彦涵暗自庆幸。他一边作出思考状,一边用眼睛看着外面墙上的语录,顺利地"背"了下来:

"利用小说进行反党活动,是一大发明。凡是要推翻一个政权,总要先造成舆论,总要先做意识形态方面的工作。革命的阶级是这样,反革命的阶级也是这样。"

"嗯,老家伙,算你走运!"造反派收起皮带,"坐下吧,现在你要老老实实回答我几个问题。"

"可以,只要我知道的,我一定如实回答。"

"你是不是给小说《刘志丹》画过插图?"

"画过。但没画完就停了。"

一九六四年,《工人日报》社的一位美术编辑,征得美协领导同意之后,拿着介绍信,找到彦涵,说是小说要在《工人日报》上连载,每期要配两三幅插图,请他为小说《刘志丹》作插图。由于时间要求紧迫,刻木刻已经来不及,彦涵就画成墨笔画。他一气画了十几幅,每次用两三幅,大约发了三四期之后,报社的美编突然告诉他,根据上面的指示精神,小说不再继续发表,插图不要画了。于是插图工作停了下来。至于小说为何不再继续发表,他问过,但编辑似有难言之隐,未予回答。

这件事,彦涵并没有多想。他之所以答应画插图,主要是想赚点稿费,以补贴拮据的生活,别的事情就不大关心了。

"我问你,你知道不知道《刘志丹》是本什么样性质的小说?"

"刘志丹是位革命烈士,这不是描写革命烈士的小说吗?"

小说《刘志丹》插图 1964年

"胡说！这是一本反党小说！你知道不知道,啊?"

"这……我不知道。"彦涵很惊讶,"我从小说上看不出来。如果我知道这本小说反党,我就不会画了。"

年轻的造反派一拍桌子："你态度不老实！告诉你,小说《刘志丹》是反党的大毒草,你要老实交代,你为什么要为反党的大毒草画插图？你和李健彤是什么关系?"

彦涵火了："年轻人,你不要吹胡子瞪眼,我不吃你这一套。如果你再这样,我拒绝回答你任何问题！"

另一个造反派年纪大一些,说话还算客气,赶紧说："都不要发火,慢慢说,慢慢说。"

气氛缓和下来。

"我再问你,"年轻的造反派继续问道,"你认识不认识李健彤这个人?"

"我不认识。"

"你和李健彤都是延安鲁艺的,怎么可能不认识！"

"李健彤是鲁艺的？我头一次听说。延安鲁艺的人很多,我一九三八年底就去了前方,一九四三年才回到鲁艺,这中间有很多人毕业后就离开了,我不可能都认识。"

"李健彤这个名字你知道不知道?"

"知道。"

"什么时候知道的?"

"画插图的时候知道的,小说清样上有李健彤的名字,是小说的作者。但是李健彤是男是女,多大岁数,是干什么的,我一概不知道。"

"她是刘志丹的兄弟媳妇。"年纪大的那一个说。

"噢？我头一回听说。"

"我问你,"年轻的造反派又有点不耐烦了,"你说你不认识,那李健彤为什么找你而不找别人画插图?"

"不,"彦涵纠正道,"不是李健彤找的我,是报社的编辑找的我,这件事是经过美协党组织同意的。"

"这……"造反派再也无话可说,悻悻离去。

彦涵以为这件事就算过去了,没想到过了不久,几乎在同一时间,北京各大报纸都刊登了小说《刘志丹》的批判文章。他惊讶地发现,自己的名字也上了报纸。他觉得有必要把为《刘志丹》画插图的事情说清楚,便写了份情况说明,交给了美院党组。

这件事情还没完,忽然有一天,《人民日报》以整版的篇幅刊登了批判小说《风雷》的文章,说《风雷》是为右倾机会主义分子彭德怀翻案的大毒草。看完那篇杀气腾腾的批判文章,彦涵真有些紧张起来。不光因为小说《风雷》的插图是他画的,还因为他认识小说的作者陈登科。给《风雷》刻插图,是朱丹介绍的,陈登科还在东来顺请他和朱丹吃了一顿涮羊肉。现在,陈登科被揪了出来,朱丹也被揪了出来,他觉得问题复杂了,自己被揪出来是早晚的事。

果然让他料到了,批判《风雷》的文章登出来以后,美院里面呼啦啦贴出了批判彦涵的大字报:"把反党分子彦涵揪出来!""打倒死不悔改的大右派彦涵!""揪出美术界的黑线人物彦涵!""彦涵要向人民低头认罪!"

大街上也出现了大字标语:"打退江丰反党集团进行翻案的进攻!"

新账老账一齐算,彦涵又一次成了众矢之的。

终于有一天,他被红卫兵戴上了高帽子,挂上了大牌子,押上了中央美院的批斗大会。在以喷气式飞机的姿势,听完了一通乱骂之后,便像囚犯一般,被押进了"牛棚"。

进了"牛棚",彦涵还是有些糊里糊涂:《刘志丹》和《风雷》不过是两部小说而已,为何要如此大动干戈?

一天,"牛棚"里组织"牛鬼蛇神"们学习最高指示,学的正是那天彦涵曾经"背"过的那一段。

讨论时,彦涵悄悄问旁边的王琦:"毛主席说的利用小说反党,指的是哪部小说呀?"

王琦十分惊讶,说:"怎么,你还不知道? 就是你画过插图的《刘志丹》哪!"

"《刘志丹》?"

彦涵这才恍然大悟。没什么好说的了,伟大领袖发了话,《刘志丹》反党,你彦涵竟然为它画插图,这回是跳进黄河也洗不清了!

没过多久,他被关进了单间。

所谓单间,是一间用木板隔成的小屋子,只有几平米大,一个地铺和一个桌子几乎占据了全部面积,人在里面不能活动。没有窗户,只有一盏昏暗的灯。门外上了锁,送饭时才打开。人在里面等于坐牢。关进单间的都是问题严重的人。

小说《风雷》插图　1964年

造反派要彦涵坦白交代《刘志丹》和《风雷》插图的事。

彦涵认为插图的事,早已讲得很清楚了,实在没什么好交代的了,翻来覆去,还是原先交代过的事情。造反派却揪住不放,认为他交代的只是皮毛,还有更深的情况没有说,勒令他端正态度,坦白交代。

彦涵把有关画插图的事,前前后后仔仔细细想了一遍又一遍,仍想不出有什么问题。

实际上,根据伟大领袖关于小说的那段名言,《刘志丹》和《风雷》早已被定为反革命案件,李健彤和陈登科分属两个反革命集团。如此一来,为这两部小说画插图的彦涵,也就顺理成章地成了这两个反革命集团的成员。上面之所以抓住他不放,就是想顺藤摸瓜,抓出他们在中央的所谓后台。

彦涵哪里知道事情有这么复杂,交代的东西当然不是上面所要的。交代到后来,也无所谓了,心想,爱怎么着就怎么着吧。于是,每天躺在里面睡大觉。

很多年以后,彦涵才知道有关《刘志丹》反党小说案的一些真相。其实,此案早在一九六二年就已经开始了,"文革"进一步升级,到了一九七九年才算结束,折腾了十七年。上至国家副总理,下至平民百姓,有上万人被牵连进去,跌入无边的苦海。他不过是其中之一。

彦涵在单间里被关了三个多月。后来,或许是造反派看出他实在没什么可交代的了,才把他押回到大"牛棚"。

从单间出来的时候,他已面无血色,头发花白了。那年,他刚刚五十岁。

十三　月亮悄悄走过

和单间相比,大"牛棚"里的情况好多了。人多,彼此都是熟人,看守不在时,还可以说说话,甚至发发牢骚,免去了孤寂的痛苦。

彦涵所在的这间"牛棚"里,有吴作人、李苦禅、李可染、董希文、王琦、黄永玉、力群、朱丹、许幸之、张治安、蒋兆和、张谔、王式廓等二十多人,几乎全是美术界的名家。这二十多人各有各的所谓"问题",心态也不一样,但有一个最普遍的心态,就是"战战兢兢"。因为命运掌握在别人手里,不能不小心谨慎,小心谨慎过了头,就变成了战战兢兢。

有一天,工宣队在门外喊:"许幸之！滚出来！"

许幸之是三十年代著名的电影编导,曾任中国左翼美术家联盟主席,是解放后中央美院的教授、油画家、理论家,非常老实又非常书生气。许幸之听到喊声,立即应声出门。

工宣队是喊他出来干活,把一个腌咸菜的大坛子从什么地方搬到

"牛棚"门前的院子里去。搬完坛子后,许幸之便老老实实地立在坛子旁边,听候下一步的吩咐。没有工宣队发话是不能随便乱动的,当然也就不敢进屋去。

工宣队看了他一眼,喝了一声:"进去!"许幸之听罢,犹豫了一下,瞅瞅坛子,又用手在坛子口上摸了摸,脸上露出为难的神色。

工宣队又一声吼:"听到没有?让你进去!"许幸之慌忙点头:"是,是,我……我这就进去。"然后弯起腰,围着坛子来回转圈,一边转一边上下打量着坛子,脸上带着一种非常认真的研究难题的表情。

工宣队急了,大吼:"你磨蹭什么哪?让你进去!"许幸之直起腰,无奈地把两手一摊,表情茫然地说:"我……我怎么进去呀……"

工宣队火了:"你他妈的是故意捣蛋啊!滚进去!滚进去你都不会?"许幸之也有点急了,涨红着脸争辩道:"坛子口这么小,我怎么滚得进去呢?"

工宣队听了,扑哧一下,差点乐出声来,强板着面孔喝道:"老笨蛋,我是叫你滚进屋里去!"许幸之这才恍然明白,如获大赦,跟跄逃进屋里。

事情的整个过程,彦涵在屋里都看得清清楚楚,听得真真切切。他觉得既可笑,又可悲!

许幸之钻坛子,后来成了大家的笑谈,每次说起,都会忍不住大笑,笑声里却有种说不出的苦涩……

大家就是以这种战战兢兢的心态,接受批斗,接受惩罚,写各种名目的交代材料,以求早日过关。

彦涵当然还得继续写交代,不过和别人比较起来,他的心态似乎要"洒脱"得多。他写交代完全是应付,甚至对这场运动本身,就是抱着应付的态度。经过多次政治运动,特别是经过了一九五七年,他似乎看破了什么:每次运动都要整一批人,越整坏人越多,到了现在,开国功勋们一个个被整倒了,国家主席也被整下了台,千千万万的人被整得家破人亡,整个运动就是耍弄人的荒唐把戏,翻手为云,覆手为雨,还有什么值得认真的?

他故意把字写得又小又草,让别人看着费劲。

"彦涵,你瞧你这字,写得这么草又这么小,认都不好认,你不会写得大一点儿认真一点儿?"工宣队翻动着他写的交代,很是不满。

"我是在认真写,可总写不好。"彦涵一脸认真的样子。

"你还是不认真!"

工宣队指了指正在埋头写交代的董希文,"你看看人家董希文,态度多认真,这才是认罪的样子嘛!你要好好向董希文学习,重新写!"

工宣队把材料往彦涵面前一摔,走了。

工宣队说的没错,在整个"牛棚"里,态度最为认真的就数董希文了,认真得几乎到了一种虔诚的地步。每天吃过早饭,董希文就端端正正地坐在小桌前,铺开纸张,开始写材料。谁也不知道他整天写些什么,反正总是见他坐在那里没完没了地写。到了晚上,大家都睡了,他还坐在那里写,好像永远写不完。晚上写的时候,他怕灯光影响别人,还自制了一个灯罩,把灯光遮住。暗淡的灯光把他孤独的身影投到墙上,越发显出虔诚。

董希文写材料总是一丝不苟,每一个字都是一笔一画地写,不肯马虎一点。材料开头儿,总是恭恭敬敬地先写一段最高指示,而且一律用红笔——红笔是特意托看守买来的,下面的交代或认识才用蓝笔或黑笔。工宣队曾在会上拿着董希文的材料让大家看,号召大家向董希文学习。于是大家纷纷托看守买红笔,专门用来写最高指示。

一天,大家都出去放风了,董希文仍在加班加点,趴在桌上写交代,一笔一画,极为认真。看到董希文那副认真的样子,彦涵心里很难受。他俩曾是国立杭州艺专的同学。他知道,其实董希文心里苦得要死,虽然整天写交代,却越交代事情越多,总也通不过。

看看屋里没人,彦涵走到他身边,劝他说:"老董,别搞得那么紧张,要当心自己的身体呀。"

董希文抬起头,一脸的惶惑,说:"说实话,老彦,我是诚心诚意地在写呀,诚心诚意地想改造自己,可是……"

"想开点,没什么了不起的。别太认真,就那么回事儿。"

"唉,我比不了你呀,你是老运动员了。"

"不敢当,不敢当。我不过是死猪不怕开水烫。"彦涵笑道。

"你别谦虚,老运动员了嘛,经验丰富啊。"

董希文也禁不住笑了,却是苦笑。他是真诚地想"触及灵魂",可现实很多事又让他想不通,弄不明白,所以倍感痛苦。没几年,这位曾创作过《开国大典》和人民英雄纪念碑《辛亥革命》画稿的优秀画家,就带着这种痛苦病逝了。死于癌症,这不能不说与他郁闷的心情有很大关系。

过了几天,彦涵把重新写好的材料交了上去。字是大了些,可仍然龙飞凤舞。其实,他把写材料当做练字。

"怎么写得还是这么潦草?你要一笔一画地写。"工宣队仍不满意。

"我是想一笔一画写,可是一写就成了这个样子,我也没办法。"彦涵仍一副认真的样子。

工宣队真拿他没法了。他已经关过单间了,还能把他怎么样?

随着运动的深入,工宣队组织"牛鬼蛇神"们互相揭发,互相批判。这天是批判李可染。不少人为了表现进步,在会上慷慨激昂。

彦涵始终一言不发。他觉得,提倡揭发检举,这一招太损了,简直就像古罗马的奴隶主看奴隶们角斗。

散了会,有人问他:"那么多人都讲了,你怎么一言不发?"

彦涵反问道:"李可染有那么多问题吗?你们给人家上纲上线,太不实事求是了!"

对方无奈地说:"工宣队要我批判的,不批判不行啊。"

彦涵说:"反正我决不给别人当枪使!"

接着,又揭发批判黄永玉。会上,一位广东籍的雕塑家揭发说,在邢台"四清"时,黄永玉与他聊天的时候,曾说过一些对大抓阶级斗争不满的话。

会场气氛陡然紧张起来。反对阶级斗争,就这一条,便可以把黄永玉打成现行反革命。黄永玉一口咬定:"我没有说过!"广东籍的雕塑家说,当时彦涵在场,彦涵可以作证。

工宣队就让彦涵站起来作证。彦涵确实听到过黄永玉说了这样的话。那是黄永玉在和那位广东籍雕塑家聊天时说的,当时他就在旁边。但害人的事,他绝不干。于是想了想,说:"他们俩说的是广东话,我一句也听不懂,我不能证明黄永玉说过。"

工宣队找不到旁证,事情只好不了了之。后来,工宣队又多次让彦涵揭发批判别人,每次,他都以"不了解"为借口,保持沉默。

工宣队也有办法,说:"彦涵,你和王琦是好朋友,你总了解他吧,你就揭发王琦,写他的大字报!"彦涵知道,这回逃不掉了,总得揭发点儿什么装装样子啊。他冥思苦想了好几天,也想不出到底该揭发王琦点什么。

正在发愁,看守在门外叫道:"彦涵,滚出来!出来看批判你的大字报!"彦涵一听,忙不迭地跑出门外。他喜欢出来。整天关在屋子里实在太憋闷,出来干干活,比如打扫院子、清洁厕所、搬煤弄菜,都是他乐于干的事,他干得也特别卖力气。这是难得的活动筋骨、透透空气的好机会,甚至认为,即便是看批判自己的大字报,也能给沉闷的生活带来一种新鲜和乐趣,至于批判他什么,他已经不大在乎了。

"让你批判王琦,你他妈的总是拖拖拉拉,"工宣队一边走,一边骂骂咧咧,"你看看,人家王琦就比你强,先揭发了你。"一听说是王琦写的,彦涵更来了兴趣。

那张大字报贴在美院的大字报专栏里。题目是《批判彦涵的资产阶级生活方式》。题目很大,内容煞有介事,说,彦涵每顿饭都要吃三个菜,简直是资产阶级的奢侈作风!然后一一列出三个菜的内容:一个炒菜,一个咸菜,还有一个辣椒。最后上纲上线,把彦涵狠狠批判了一番。看得彦涵直想笑。

"怎么样啊?有何感想?"看守问。"很好,很对,对我是个很大的教育。"彦涵连连点头,一副虚心接受的表情。

"别光他妈的说好听的,得拿出实际行动来!你们俩整天嘀嘀咕咕,他对你说了些什么,你要揭发批判。"

"是,是。"彦涵一边答应着,一边浏览其他的大字报。

"滚回去吧!"

"别急呀,好多的大字报我还没看呢!"

"我可没工夫陪你,你赶紧回去好好想想,怎么批判王琦。"

用不着好好想,回到"牛棚"没多一会儿,彦涵就刷刷刷地写好了大字报。完全模仿王琦批判他的套路,连题目也是从王琦那里套过来的:《批判王琦的资产阶级教学思想》。他也像王琦那样,先揭发事实,说王琦曾写过一本教材,叫《批判西方资产阶级形式主义》,进了"牛棚"以后,王琦曾对他说过,这本教材没有写好,将来打算再用马克思主义观点重新写一遍。结论是:这说明王琦的那本教材有资产阶级货色,不然他怎么会说要用马克思主义的观点重新写呢?最后是一本正经地一番批判,还从报纸上抄了一些时髦的词句,以壮门面。

大字报贴出去后,王琦也被叫出"牛棚"去看大字报。王琦看后回到"牛棚",朝彦涵眨了眨眼儿,彦涵也朝他眨眨眼,彼此都会心而又开心地一笑,一脸恶作剧的模样。

在美院或是版画系的批斗大会上,彦涵是重点靶子,也是常客。比起五七年,这时的彦涵老练多了,不管群众怎样批判,扣什么大帽子,他一不冒火,二不辩解,脸上的表情始终平静如水。

批斗会上,常有批判者发问一些这样的话:"彦涵!你说,你是不是对党和人民犯下了滔天大罪?"他一律点头说:"是,是是是。"

又有人问:"彦涵!你说,你是不是死不悔改的大右派?"他绝不说不,而是说:"我相信群众,群众说我是我就是。"如此一来,免去了许多皮肉之苦。

批判会开过之后,毕成说:"老彦,你怎么什么都承认啊?"彦涵凑近毕成,悄悄说:"没有策略的强硬不是真正的强硬,不过是拿着鸡蛋硬往石头上撞的匹夫之勇。这是演戏嘛,现在大家都在演戏。"

大家确实都在演戏。上台批判彦涵的人,大都是平日里最尊敬他同时也是他最得意的学生。他心里明白,这些学生批判他并非出于本意,正因为他们是他得意的学生,上面才指名让他们批判。他理解这一点。而且,他们毕竟年轻。

这天,彦涵又被揪到版画系接受批斗。批判者之一,是他的儿子彦冰。彦冰是版画系的学生,学校里要他批判他的父亲,说这是考验他的时候。彦冰思想斗争了好几天,硬着头皮上了台。他批判父亲在一九六二年去内蒙参观时,不画工农兵,却画了一批风景画,是资产阶级情调。他表示要与父亲划清界限,跟党走革命道路。

彦涵弯腰站在台上,心里说不清是一种什么滋味。让儿子批判父亲,还要让儿子与父亲划清界限,实在是够阴损的。唉,这个文化大革命就是要把文化都革没了呀。

彦冰当然不会与父亲划清界限。批判过后,彦冰到"牛棚"里看望父亲,脸红红的,不好意思地说:"爸爸,那不是我的心里话,您千万别往心里去。"

彦涵笑了:"儿子,这没什么,爸爸理解。演戏嘛!"

又一次批斗会过后,造反派们让"牛鬼蛇神"们全上汽车,说是要上街游斗。彦涵一听,非常兴奋。好长时间没上街了,他想看看外面的风景。可是要游斗的人太多,彦涵又排在最后,等到他要上车时,两辆大卡车已经挤得满满的了。他胸前又挂着个大牌子,半天也爬不上去。

工宣队喝道:"彦涵,你不要去了,滚回去吧!"他还是使劲地往上爬,一边爬一边兴奋地说:"不不,我要去,我要去游街。"又冲着车上的人喊,"嘿,拉我一把呀!"

结果被工宣队拽了下来,使他大为扫兴。

"牛棚"里管得很严,不许交头接耳,也不许活动,吃过饭就得老老实实坐在那里反省,或是写交代材料。

李苦禅悄悄对彦涵说:"老弟,长期这么下去不行啊,身体会搞垮的呀,得活动活动。"

李苦禅会一些京戏的招式,什么"起霸"、"拉山膀"、"打飞腿"……

都能来两下。工宣队不在时,李苦禅就在床与床之间狭窄的空地上操练一番。彦涵自告奋勇站在门口给他"望风",看到工宣队过来了,就说一声:"来了!"李苦禅立刻停止操练,拣起一本《毛选》,正襟危坐于床板上,一副刻苦攻读的模样。工宣队一走,彦涵一声:"走了!"李苦禅便扔下《毛选》,又开始操练。其他的人则兴致勃勃地看他操练,有人还悄声用嘴给他打锣鼓点儿,大家都很开心。彦涵对望风这一角色十分忠于职守,从未出现过半点儿差错。

这天,李苦禅正练得起劲得意时,彦涵突然来了一句:"来了!"

李苦禅慌忙收式,照例正襟危坐于床板之上,摆出刻苦攻读的架势。

可是这回怪了,李苦禅苦读了半天,并没有任何动静,不禁有些纳闷,一抬头,见全屋子的人都在掩嘴暗笑地看着自己,才发觉上当了,不由得手指彦涵,笑着骂道:"好你个彦涵,拿我老头儿开涮哪!"于是满屋子里爆发出一片开心的大笑。

彦涵表面上玩世不恭,时常苦中作乐,但内心深处却埋着深深的忧虑,为自己的命运,也为国家的命运。晚上熄灯以后,他常常睡不着,便趴在窗户上,呆呆往外张望。远处是王府井大街的灯光,耳边彻夜响着高音喇叭的鼓噪声:今天打倒了这个,明天又打倒了那个,谁谁跳楼了,谁谁自杀了,一片乱哄哄,一片血淋淋……

整个世界,只有天上的月亮是安宁的。月亮像是一只智者的眼睛,静静俯瞰着中国大地上的这场闹剧,这场悲剧。彦涵望着月亮,时常会入神地望上许久许久,也想上许久许久。时光就在月亮的移动中悄悄流逝,一点一点地流逝,一天一天地流逝,一月一月地流逝。想到自己的年华就这么白白地流逝掉了,国家的光阴也这么白白地流逝掉了,内心有说不出的痛楚。

"牛棚"窗外的那一弯明月,给他留下了永远难忘的印象。那是他从窗户外面看到的唯一美好的景色。二十年后,他画了一幅半抽象的中国画,题目叫《月亮悄悄走过》。画面上,透过几根黑色栏杆,是一排形态变幻而又朦朦胧胧的皎洁的月亮,四周一片血红……

十四　少写了一个"0"

一九六九年一月的一个星期六下午,工宣队向"牛鬼蛇神"们宣布,从现在起,以后每个星期可以回家一次。这个宣布,意味着关押式的"牛棚"生活结束了,"牛鬼蛇神"们有了一定程度的自由。

彦涵已经在"牛棚"里关了一年零九个月,虽然事情还没有结案,但毕竟可以回家了。整整一下午,他都处在兴奋之中,早早做好了晚上回家的准备。

心中却又隐隐有些不安。以前,白炎或是彦东差不多每个星期都要来看他,不知什么原因,现在已经有三个多月没有来了。家里会不会出了什么事呀?他恨不得马上就能回到家里。

晚上,许多人家里都来了人,接各自的亲人回家。吴作人家里来了人,李可染家里来了人……他们都欢欢笑笑地走了。

却没人来接彦涵。白炎没来,彦东也没有来。彦冰属于美院掌权这一派的对立面,因为对现实不满,发了几句牢骚,被打成"反动学生",正关押在美院附中,更不可能来了。

彦涵不想再等了,决定自己回家。正要出门,工宣队的一位工人师傅——这位师傅年纪较大,对彦涵的态度也比较好,说道:"彦涵,你不要回去了。"

"为什么?"

"白炎……已经不在家里了。"

彦涵一愣:"她到哪儿去了?"

工人师傅犹豫了一下,说:"因为她自身的原因,她被抓起来了。"

彦涵只觉得脑袋嗡的一声。三个多月来,他一直有种预感,家里可能出了什么事,但从未想到会是白炎被抓起来了。

266

"被谁抓起来的？是她单位？"

"不是，是专政机关抓的。"

"专政机关？"彦涵的脑袋又重重地嗡了一声，"什么问题？"

"听说是……现行反革命。"

"现行反革命？"

彦涵完全惊呆了。他不能相信，像白炎这样一个向来安分守己，就怕惹是生非的人，一个十七岁就背叛了地主兼商人的家庭，投奔了延安的人，怎么会是现行反革命？他绝不相信，哪怕是太阳打西边出来，白炎也绝不可能是反革命！他和白炎患难与共三十年了，他比任何人都了解她。

"彦涵，我看你还是不要回去了。"老师傅好心地劝他。

"不，现在我更要回去了，一定要回去！"

彦涵说罢，收拾好的东西也没带，便急匆匆出了"牛棚"。

他没有直接回家，而是直奔东四的钱粮胡同，他的一个亲姐姐住在那里。他想证实一下白炎被捕的消息是否可靠，尽管他明白，工宣队那位老师傅说的消息绝不是开玩笑，可他还是觉得像做梦一样，不肯相信。

到了姐姐家一问，白炎不但被抓了起来，而且被关进了监狱。他只觉得忽悠一下，悬吊的心缩得更紧了。白炎到底犯了什么罪？现在关在哪里？要关多长时间？他迫不及待地想弄清这些问题，姐姐却一概不知，只是唉声叹气。

彦涵无心再坐，匆匆告辞。出门时，已是夜里十一点多，没有公共汽车了，只好走回家。街道上冷冷清清，几乎没有什么人，路灯黯淡，寒风卷着大字报的碎片四处飞舞。

他一边匆匆地走，一边想着白炎被捕的事，思绪纷乱而茫然。从钱粮胡同到北官房，应该向北走到张自忠路，然后向西拐。由于彦涵脑子里一直想事，两腿不停地往北走，过了张自忠路后仍旧向北，一直走过北新桥快到雍和宫了，才发现走过了。又往回走，差不多夜里一点钟，才折腾到家。

家已经不像家了。屋里乱七八糟,空空荡荡。在他被关"牛棚"期间,造反派多次抄家,翻箱倒柜,抄走了他所有的作品,还有数不清的速写本。那是他几十年来的心血,其中一些跟他走过了八年抗战和三年内战,行军时无论怎样轻装都不曾轻掉,连交给别人保管都不放心,一直从太行山背到了北京城。现在却被人胡乱扔在美院的仓库里,与铁锹、扫把、老鼠为伍。还有他几十年积攒下来的书籍、画册也被抄走,家中几乎片纸不留。

屋里的红木家具也大多不见了,都卖掉了。彦涵关进"牛棚"以后,每月只发十六元钱的生活费,两个儿子尚未工作,虽说白炎还有工资,但是仍然不够吃饭的,所以白炎到"牛棚"探望他时,他曾告诉过她:卖东西,能卖的都卖,只要人在,比什么都强。

关在"牛棚"的时候,他天天盼着回家,无数次地想象过与家人团聚的热闹情景。现在终于回来了,迎接他的却是一个支离破碎的家。白炎不在,彦冰不在,家里只剩下彦东一个人。

其实,彦东也刚回家没几天。他被公安局关了好几个月。

起因是搬房子。在彦涵关进"牛棚"之后,中国美协的造反派勒令彦涵家搬房子,搬到更小的房子去。年轻气盛的彦东与其中的一个造反派争执起来,此人便怀恨在心,一直伺机报复。几个月前,此人带着派出所的人,以查户口为名,把彦东抓进了刘海胡同的西城公安分局拘留所。理由是因为彦东的父亲是大右派,要对他严加管制。和他一起被抓进去的,还有邓拓的儿子邓阿硕。因为不堪忍受里面的虐待,彦东逃跑过,未能成功,遭到三个家伙轮番殴打,导致内出血。

那天,正是他二十岁的生日。也就是在那天,他得知母亲被下了大狱。

直到一九六八年十二月三十一日的夜里,彦东才被释放。那天,漫天大雪,寒风呼啸。彦东不知道父亲要回来,工宣队没有通知他。

父亲的突然回来,使他既惊喜又紧张——他不知道该如何把母亲的事告诉他。彦东已经二十一岁,长成大小伙子了。他要给父亲弄水泡茶、洗脸,暖瓶却是空的,炉子也灭了。于是他手忙脚乱地忙着生火,装出很高兴的样子。

但彦涵看得出来,儿子的高兴是装的。这使他更加难受,他让彦东不要弄了,说说他妈妈的事。彦东的眼眶里顿时噙满泪水,说:"还是因为那本画册。"

那是一本反映解放前四川大地主大恶霸刘文彩残酷剥削农民的大型泥塑的画册,名字叫《收租院》。白炎是这本画册的责任编辑。这是"文革"前夕,白炎所在的外文出版社交给她的任务。白炎在工作上向来兢兢业业,认真负责,为了编好这本画册,她风尘仆仆跑到四川大邑县刘文彩的庄园,收集资料,拍摄泥塑,回来后又投入紧张的编辑工作。就在她编画册时,彦涵被关进了"牛棚"。她一再告诫自己要正确对待,不要分心,一定要把这本画册编好。

1971年,白炎在监狱里被关了十八个月之后,终于获释。这是她出狱后的第一张照片,眼窝深陷,神情忧郁。

不料,画册出来后,准备发行的时候,突然发现前言中的文字出现了校对差错,原文写的是:"大地主刘文彩霸占了100余户农民的土地",因为排版时少了一个"0","100余户"则变成了"10余户",白炎开始时没有检查出来。应该说,这是一个严重的责任事故。不过,因为发现及时,作了改正,并未造成任何影响。

尽管如此,作为责任编辑,白炎还是感到很内疚,曾多次在会上做了自我批评,并向社里写了书面检查。由于她态度诚恳,认识深刻,又未造成任何不良后果,社里在大会上对她进行批评之后,事情也就了结了。

这件事,白炎在去"牛棚"探望彦涵时,曾经对他说

269

过。当时彦涵就批评她粗心大意，以后一定要接受教训。

谁也不曾想到，随着"文革"的深入，这件事又被翻了出来，而且提到了纲上线上。有人联系到白炎的家庭出身，又联系到彦涵的问题，说她是有意少写一个"0"，以掩盖地主阶级的罪恶。

于是，造反派把白炎关进了出版社的"牛棚"，轮番审讯批斗，拍桌子砸板凳，外加拳打脚踢，一定要她承认她是站在地主阶级立场上，有意破坏《收租院》画册的出版，是现行反革命。

白炎这人，平时看着挺软弱，甚至有点胆小怕事，可是关键时候却血性十足，宁折不弯，对于不实之词，决不承认。所以不管对方怎么吼，怎么打，哪怕是脸被打肿，头被打出血，她就是不承认，嘴巴硬得很。造反派被激怒了，下手更加狠毒，几次把她打得几乎晕死过去，她摇晃着弱小的身躯，依然不肯承认。正是清理阶级队伍的时候，她被列为了从严处理的典型。

一个寒风凛冽的冬日，外文出版社召开批斗大会，被批斗的都是些个当权派，一个个坐着"喷气式"，在台上撅了一大溜。白炎作为"有严重问题的人"，被勒令参加，坐在台下。造反派们在台上冲着批斗对象又吼又叫，拳打脚踢，白炎吓得心惊肉跳，不敢抬头。直到批斗会快要结束的时候，她才稍稍松了一口气。

就在这个时候，大会主持人突然一声吼："把现行反革命分子白炎揪上台来！"空气顿时凝固了，几乎所有的目光都集中到白炎的身上。惊愕的、愤怒的、幸灾乐祸的、迷惑的、同情的……各种各样。

白炎已经傻了，她坐在那里目瞪口呆，脑子里一片空白。没等她反应过来究竟发生了什么事，就冲过来两个彪形大汉，像老鹰抓小鸡一样，把她拎到了台上。

有人宣布：白炎，出身于反动的地主家庭，顽固地站在地主阶级的反动立场上，蓄意破坏《收租院》画册的出版，实属现行反革命分子。现在押送公安司法机关，依法严惩！话音刚落，她就被人揪着衣服，连推带揉地带出了会场。

囚车，早已等候在院子里。一切都是预先安排好的，只有白炎蒙在鼓里。走向囚车的时候,白炎脸色惨白,泪盈双眼,目光里充满着惊恐、屈辱。

她被关进了半步桥44号监狱。彦东从拘留所放出之后,曾去过一回,是去送衣服,但没见到母亲,监狱不让见。

1972年初,白炎到河北磁县农场探望彦涵。此时,他们已有三年未见面了。

这一夜,彦涵几乎未睡,直到天快亮了,才迷糊了一会儿。

醒来的时候,已经到了中午。他在屋里茫然坐了一会儿,觉得心里憋闷得要命,想出去透透空气散散心。

他穿过后海,来到景山公园。天空阴沉沉灰蒙蒙,飘落着稀疏的雪花,虽然是星期天,公园里却几乎没什么人,显得空寂冷清,正如人们阴沉空寂的心情一样。他在一条长椅上坐下来,想一个人静静地坐上一阵,什么也不想,可是不行,脑子里翻来覆去总是想着白炎被捕的事,赶也赶不走。

这太荒唐了,一个工作上的失误,竟然被说成是反革命行为,这究竟是为什么呢?想来想去,原因无非有两个——一是出于卑鄙、残忍的心理,故意整人。

那些把白炎打成反革命的人明明知道,少写一个"0",既掩盖不了刘文彩的罪行,更达不到反革命的目的;倘若真是反革命,搞这种小把戏有什么意义?太小儿科了。但是,上面天天高喊大抓阶级斗争,不抓出个反革命还行?不抓出个反革命怎么证明你紧跟?怎么证明你路线觉悟高、斗争精神强?抓出了反革命,说明你阶级斗争抓得紧、

271

抓得好,抓出了成绩,也抓来了资本。上面赏识的就是这样的干部。所以得抓,抓错了也没关系,多抓一个总比少抓一个好,这符合"左总比右好"的指示精神。

另一个原因是,人们的神经出了毛病,真的认为白炎就是反革命。几十年了,天天都搞阶级斗争,搞得人们神经紧张、草木皆兵,看谁都像阶级敌人,碰到任何事情都要用阶级斗争的眼光分析一番,思维方式已习惯如此。党中央都出了那么多的反革命,谁敢说出版社里就没有?国家主席都成了叛徒特务内奸卖国贼,何况你这个小小的老百姓!

所以,不管是故意整人,还是神经错乱,归根结底,源于上面,源于大抓阶级斗争。几十年来,在阶级斗争的口号下,一个运动接一个运动,把成千上万的无辜者整成了反革命,整进了监狱,整成了含恨而死的冤魂;也把成千上万的家庭整得妻离子散,家破人亡;更把整个国家整得举国疯狂,遍体鳞伤,濒临崩溃。而整人者,坐收渔利,其乐无穷。

雪越下越大,在彦涵身上落了厚厚一层,他坐在长椅上一动不动,也不拍打,任由雪花在身上飘落,整个人就像一尊雪雕。他想起了和白炎在一起时的许多往事,心里充满了从未有过的孤独。又想到自己和白炎革命大半生,却落到如此地步,心里不由阵阵发寒,像是掉进了冰窟窿里,从头顶寒到了脚心。

他整整坐了一个下午,天完全黑下来的时候,才离开公园。他没有回家,也不想回家。好端端的一个家已经被人弄得支离破碎,回去会更令人伤心。

他拐进了路边一家小酒馆,要了二两酒。自打一九五九年胃切除五分之四以后,他就不大喝酒了,可是现在,心里太憋闷了,唯有借酒浇愁。说是酒能浇愁,其实越浇越愁,尤其是独自喝闷酒。他一口接一口地喝,也不怎么就菜,二两下去,很快就感到有些头晕了。他明明知道再喝下去就会醉的,却又要了二两。他想喝个酩酊大醉,这样,一切忧愁烦恼就全都烟消云散了。

就在等服务员上酒的工夫,他看见邻桌的一个人喝吐了,吐的到处都是,样子十分丑陋。

　　酒上来了,彦涵却猛然站起身,匆匆付了钱,逃跑似的离开了酒馆,弄得服务员莫名其妙。他匆匆走上大街,脸上火辣辣的,边走边在心里责骂自己:为什么要一醉方休?这不是自己糟踏自己吗?面对命运的打击,借酒浇愁,麻醉自己,实际上是软弱,是没有面对现实的勇气!抓进监狱有什么了不起?还有许多人含冤而死呢,从古至今这种事情多得很!看来,自己还未磨练到家呀!

　　他心里翻腾得厉害,不停地往前走。他自己也不知道究竟要去哪里,只是一个劲儿地走,走得飞快,似乎要把心中的郁闷全都甩掉。后来,他走到了鼓楼,看见一辆环行公共汽车,也不管是往哪儿开的,登门就上。这已是最后一趟车了,车上只有他一个人。他坐在后面,拉开车窗,让迎面的寒风使劲吹自己的脸,吹自己的胸……

　　公共汽车在寂静无人的寒夜里呼呼地奔跑着。他坐在汽车上,绕着北京城整整转了一圈。就在这近乎发疯的兜风中,他又一次想明白了,人生就是一场磨难,什么倒霉的事都可能遇上,关键是你要沉住气,挺直腰,保持住内心的光明,绝不能被命运击垮。过去,他是这样做的,今后,他也必须这样做!

　　渐渐地,他的心情平静下来。回到家里,快夜里十二点了。

　　彦东在家里急得都快哭了,一见他就说:"爸,你去哪儿了呀?我到处找你,找了一个晚上,你再不回来,我就要

1970年北京的第一场雪。在"牛棚"关了一年零九个月之后,终于被允许回家了,妻子白炎却以"现行反革命"罪被关进了监狱。他叼着黄永玉制作的烟斗,在雪中散心。

去报警了。爸……"说着,猛地坐在床上哭起来。

彦涵好多年没见过儿子哭了,他抚摸着儿子的肩头,笑着说:"儿子,我没事儿。好长时间没上街了,我到外面转了转。"

彦东抬起泪眼,看着父亲:"爸,你真的没事?"彦涵拍拍儿子:"儿子,你放心,一切都会过去的。家里有吃的吗?我饿了。"

十五　重握画笔

一九七〇年五月,彦涵和中央美院的"牛鬼蛇神",下放到了河北磁县的五七干校。

他已经什么都看透了,也想开了,于是随遇而安,让干

1971年,下放河北磁县农场劳动。

什么干什么。种稻种菜,养鸡养兔,掏茅坑,起猪圈,拉板车,烧锅炉……干得十分卖力,且苦中作乐。但在心里头,还总是惦记着画画。画家就得画画,几年都不能画画,还算什么画家?

劳动休息时,他和黄永玉常在一起议论:整天修理地球,艺术还搞不搞了?我们这些人还有什么用处?后半辈子是不是就这么修理下去了?谈起这些,两人心里都沉甸甸的,深感前途渺茫。

时光,在沉重的劳动中过去了两年多。一九七二年春节过后的一天晚上,连里忽然来了紧急通知,让彦涵,还有女画家邓澍,立即到连部去。天都这么晚了,而且是到连部,有什么急事?会不会是又让交代什么问题呀?彦涵怀着忐忑的心情,和邓澍来到了连部。

"上面来人了,让你们俩马上返回北京。"负责军管的连长表情严肃地说。彦涵一听,不由有些紧张,难道是上面"发现"了他什么新问题,让他到北京接受审查?

"回北京?什么事?"

"老彦,听说你过去画过很多画?"

"是,那都是很久以前的事了,文化大革命开始以后,我再也没有画过什么。到了干校以后,我只是给部队画过《红灯记》和《智取威虎山》的幻灯片,是部队领导交给的任务,而且都是革命现代京剧,这些你们都知道……"

"老彦,你误会了。上面让你们俩回北京,没有别的意思,是要你们回去画画。"

"画画?"这意外的消息,使彦涵和邓澍惊喜得呆住了。

"是外交部的任务,人家说任务重要,水平要求相当高,指名要调你们俩。任务也很急,你们明天一早就回北京。"

原来是这样!彦涵兴奋得简直要蹦起来。画画!真是久违的美差!六年了,现在终于又能画画了,而且是回北京,是到外交部!

"画什么呢?"

"具体的我也不清楚,你们回去就知道了。反正你们要完成好,有什么才能就尽管发挥吧!"

"这你放心,我们一定会好好完成任务。"

从连部出来,彦涵冒着大雪,兴冲冲地从东陈村赶到西陈村,匆匆和在那里劳动的彦东作了告别。

第二天一早,他便和邓澍离开农场,赶往火车站。两人上了火车,一转身,竟在车厢里碰上了中央工艺美院的几个人,其中有阿老、乔十光、张国凡等。他们在获鹿县的干校劳动,现在也要回北京。彦涵和阿老很熟,一问,他们也是被外交部调回去画画的。

"原来我们是一回事呀!"

"太好啦,现在终于又可以画画了!"

回到北京,彦涵便去外交部的外事服务局报到。这时才明白,他们的具体任务是为即将落成的国际俱乐部画画,用以装饰里面的各种厅室。这项工作是周恩来总理指示搞的。彦涵更来了情绪,表示一定要完成好任务。

好多年不画画,美术界又被批了个稀里哗啦,现在突然拿起画笔,大家竟一时弄不清应该画什么。国际俱乐部又是接待外国客人的,画什么样的画合适,谁心里也没有底。所以,外事服务局首先组织大家学习,学习周总理的有关指示。其中一条是周总理对工艺美术品出口工作所做的指示,叫做"内外有别"。外事局领导说,这条指示精神同样适合于宾馆画的创作。

自"文革"以来,对外接待工作很不注意"内外有别",甚至有不少强加于人的做法。比如外宾来了,接待的人马上塞给人家一本红宝书,外宾出于礼貌不好不接,但是走的时候,红宝书便被丢在宾馆里。有的宾馆还在外宾的房间里挂上毛主席像,贴上毛主席语录,有的外宾以为那些语录是针对他们的,对此很反感。所以在学习中,外事局领导特别强调了这个"内外有别"。

关于宾馆的布置,周总理也有具体的指示,说,宾馆的布置要朴素、美观、大方;要体现我国悠久的历史和独特的民族文化;要陈列中国画;等等。

大家心里有了谱。就是嘛,宾馆画是给外国人看的,人家是来住宾馆又不是来受教育的,搞的那么"革命",人家谁要看?宾馆画主要是装饰美化,只要健康向上就好。但是,画什么样的内容既不太"革命",又健康向上,还具有民族特色,而且适于宾馆,让人感到温馨雅致呢?讨论来讨论去,都说搞山水花鸟。却又心有余悸。

"文革"之初,山水花鸟画被列入"四旧",美术院校的学生们曾到北京饭店等宾馆造反,吓得经理们赶紧把齐白石、徐悲鸿等人的画儿从墙上摘下藏起来,挂上了毛主席像和毛主席手迹。报纸电台也大批山水花鸟,说是封资修,不少画家为此吃过苦头。现在要画山水花鸟,究竟行不行,谁心里也没有太多的把握。

这时候听说,民族饭店和钓鱼台国宾馆也有些名家在搞宾馆画,民族饭店有李可染、陶一清、李斛等,钓鱼台有吴作人、白雪石等,已经搞出来了,据说还不错。大家就去参观取经。一看,画的也都是些山水花鸟。在参观中还得知,这些画,上面领导已经看过,并给予了肯定。大家这才放下心,回来后,不再犹豫,放开胆子画起来。

参加这项工作的,最初是彦涵、阿老他们七八个人,后来经他们推荐,又调来了李苦禅、董寿平等,大都是画坛名家。阿老是组长。

根据工程进度的要求,首先要画的是二楼中型宴会厅。按照整体美术设计,宴会厅整个北墙要有一幅巨型壁画,面积约有四五十平方米。领导要求每位画家都画出设计小稿,然后从中选定一幅。大家便分头去画。

彦涵自然非常积极。多年不画了,一画就是大家伙,想想手都发痒。况且,画了大半辈子,画的大都是人物,正经八百地画山水花鸟,自参加革命以来还是第一次,多少带有一点挑战的意味。这使他很兴奋,一气画了好几幅,然后拿到会上讨论,结果其中一幅被选中。

这幅画,名曰《松鹤图》。画面上,九只白鹤展翅翱翔,几株松柏傲然挺立,一轮朝阳,遍地霞光,画面洋溢着祥和之气。在中国传统文化中,仙鹤富有祥瑞之气,是吉祥的象征,代表纯洁与友好,自古就有"鹤鸣客至"、"客至鹤舞"之说。而松柏则代表长久永恒,光照大地则寓意着四海之内同在一个太阳之下。此景此意,正是这个宴会厅所需要的。

彦涵接下来的任务是把画稿落实到墙面上。为了更具民族特色,并具有永固性,他要把《松鹤图》做成磨漆镶嵌画:以福建磨漆做画底,用寿山石和象牙镶嵌仙鹤。

这需要把画稿放大,还需要联系工厂加工,挑选材料,解决工艺难题……工作量相当大,一个人难以完成。组长阿老便请中央工艺美院的副教授张国凡给彦涵当助手。

彦涵热情高涨,劲头十足。他登上脚手架,面对巨大的画纸,一笔笔勾画上色,每片羽毛都交代得清清楚楚。又一趟一趟地挤公共汽车,跑金漆镶嵌厂,联系加工。还跑到仓库里,蹲在地上亲自挑选石料,一块一块地挑,不许有丁点儿色差。真是拳打脚踢,忙得不亦乐乎。

这是政治任务,没有任何报酬,只发一点补助,每人每月三块五毛钱的公共汽车费,每天五毛钱的伙食补助。吃饭就在食堂,几乎顿顿熬白菜熬茄子,清汤寡水,难得见肉。彦涵却吃得很香,因为心里高兴。许多画家还在干校修理地球,能够让他拿起画笔重新画画,已经很满足了。他珍惜这个机会,报酬不报酬,想也没有想过。

从春到夏,彦涵一连苦干数月,《松鹤图》终于完成了。按照当时的规定,作者一律不署名,所以没有几个人知道那是彦涵画的,但《松鹤图》却永久地留在了国际俱乐部的宴会厅里。这里接待过无数外宾,《松鹤图》给他们留下了深刻而美好的印象。外交部许多新闻发布会也是在这里举行的,新闻发言人的背景就是那幅《松鹤图》。因为有了《松鹤图》,特别是那九只栩栩如生的仙鹤,人们提起宴会厅,都习惯地称之为仙鹤厅。

《松鹤图》完成之后,彦涵接着又创作了一些花卉的套色木刻:《玉兰》、《吊钟》、《菊花》、《美人蕉》……一共八幅。

彦涵平素喜欢养花,这几种花都养过,画这些花卉时,更是精心照料,细心观察。他的木刻花卉别具一格,既有木刻的刀味,又有国画的墨趣,凝重刚健,且又清新高雅,具有很强的装饰效果。许多同行没有想到,刻了大半辈子战火硝烟、尤以人物见长而又大刀阔斧的彦涵,刻起花花草草来,竟然是那么地雅,那么地美。

工作进行到一多半的时候,外交部副部长韩念龙和几个司长来了,看过以后很满意,只是觉得个别作品不大合适,需要更换。比如东门厅里的一幅画,画的是一队少先队员打着队旗,参观韶山毛主席故居。韩念龙再次强调了周总理"内外有别"的指示精神。这幅画后来换上了董寿平的一幅山水,画的是青松、瀑布,象征着友谊长存,源远流长。

彦涵在国际俱乐部画了差不多有一年,直到七三年才结束。结束以后,彦涵以为要回干校了,正准备打点行装,忽然又接到通知:继续留在北京画画。

这次是为北京饭店画画。除原班人马外,又增加了一些人,其中包括黄胄、黄永玉、黄润华、郑乃光、许麟如、袁运甫等。自然还是画山水花鸟。而山水花鸟,乃是国画之所长。于是,搞了大半辈子版画的彦涵,也画起了国画。

还在国际俱乐部的时候,他就试着画国画了。虽说三十多年没画了,一开始,不免技术生疏,笔不从心,但毕竟是科班出身,在国立杭州艺专时,他学的就是国画,又是名师所教,功底还是有的。要想把国画捡起来,并且画出水平,也不是什么了不起的难事,只要狠下苦功就是了,这一点他很自信。于是,他白天在国际俱乐部刻木刻,晚上回家练国画,长进极快,最后还有两幅挂在了国际俱乐部。其中一幅《天山牧歌》,后来被驻法国大使黄镇要走,挂在了大使馆里,十多年后,彦涵去法国访问,那幅画依然挂在墙上。

这回在北京饭店,基本以画国画为主,彦涵更加劲头十足,白天在饭店里画,晚上回到家里练,夜夜如此。虽然已经五十七岁了,却仍像个用功的小学生。

这段时间,他的心情十分愉快,好多年都未曾有过的愉快。一是终于能够尽情画画了——对他来说,没有比画画更令他愉快的事了。二是家里的情况也大有好转——首先是白炎出狱了。白炎在监狱里关了一年半,后来说是搞错了,不算反革命,又放了出来。这件事情虽说有些滑稽,但人能出来,总是件好事。另外,大儿子彦冰毕业后,分配到四川工作,在成都的一个文化馆,工作也比较可心,而且结了婚,岳父是作家艾芜。在磁县劳动的小儿子彦东,也快调回北京了。

心情愉快,工作起来劲头就足。彦涵在北京饭店,一气儿画了四五十张国画:《大榕树》、《都江堰》、《渔汛图》……他的国画也别具一格,气势雄健,粗犷有力,带有他版画的味道。他把版画的东西融进了国画里,出手就不凡。黄永玉、黄胄、阿老等同行,都很惊讶,你在哪里学的国画?怎么从未听你说过?三十多年,他从未对人讲过他学过国画,而且师从潘天寿。

北京饭店的领导对画家们的画很满意。但是画家们却挨批挨怕了,希望上面有关部门能来审查审查。反映了几次,都没有人来。可能都怕万一将来有了问题,承担不起责任吧。

有一次,大家和饭店经理闲聊,知道周总理常来饭店理发,就希望经理能想个办法,请周总理来看看画。经理想了想说:"行,试试看吧。"

过了段时间,饭店经理知道周总理要来理发了,就事先把两幅画挂在理发室里,正对着总理坐的位置。一幅是李苦禅的《荷花》,另一幅是山水,题目叫《江山如画》。

总理理发的时候,理发师就指着墙上的画问总理:"总理,您看这两幅画,画得怎么样?"总理已经注意到了,说,画得很好嘛。总理还对那幅《江山如画》称赞道:"江山如画,画如江山哪。"画家们彻底踏实了。

画家们在宾馆作画,一般是不让参观的。一天,有个朋友来北京饭店找彦涵,说是想看看北京饭店和国际俱乐部的画。

这个朋友是延安鲁艺第三期的学员,也是搞版画的,正走红运,从四川调到了文化部的美术组。彦涵想,老朋友了,又是上面领导部门的人,这点忙总应该帮的,于是报告给了阿老。阿老说:"那就安排一下吧,请他过两天来看看。"

过了两天,那位朋友来了,还带来一个人,互相都认识,也是文化部美术组的。彦涵和阿老就很热情地陪着他们看,看完了北京饭店的,又看国际俱乐部的。

彦涵一边给两人介绍情况,一边很谦虚地说:"都是老朋友了,别客气,请多提宝贵意见。"老朋友并不提意见,只是嘻嘻哈哈地笑,看完就走了,自始至终也没讲过一句意见。

没过多久,一天早晨,彦涵照常到北京饭店来画画。一进门就发现,大家都在窃窃私语,没有了往日的说笑,好像出了什么事。一问才知道,原来昨天晚上大家离开后,突然来了一些人,说是文化部派来的,把所有的画,包括还没有画完的,统统收走了,有好几百张。

彦涵大惑不解:"他们收走这些画做什么?"大家都摇头。没有人知道他们要做什么。有人猜测说:"也许是领导们来这里不方便,让人拿回去审查吧?""那也应该事先打个招呼啊,怎么连个招呼也不打就拿走了呢?"

彦涵感到事情有点怪。正在这时,阿老来了,脸色不大好。阿老对大家宣布说:"我们的工作到此结束,以后也不再画了,大家可以回去了。"

大家互相看看,搞不清楚到底是怎么一回事。

彦涵问阿老:"到底出了什么事,昨天还画得好好的呢,怎么突然就不画了?"

阿老说:"我也搞不清楚是怎么回事,上面就是这样通知的。"

于是,画家们稀里糊涂地散伙了。

十六 "黑画"事件

中国的政治运动总是一个接着一个。好像不搞运动,别的事情就不会干了;不搞运动,日子就无法过下去了。一九七三年,批林批孔运动开始了,轰轰烈烈,声势浩大。

在北京饭店画画的画家们散伙以后,中央美院的军代表让彦涵先回学校,参加批林批孔的学习讨论。彦涵对政治学习早已厌倦透顶,整天一言不发,闭着眼睛打瞌睡。

忽然有一天早晨,组织大家学习的军代表宣布说:全体人员到中国美术馆去看一个内部画展。

彦涵立刻来了情绪。当时,"内部"是个很流行也很诱人的字眼儿,凡是一般人看不到的东西都冠以"内部"一词,什么内部电影、内部书籍、内部消息……而"内部"的东西往往是外国的。在这个文化一片荒芜的年代,大家一听说是"内部"的什么什么,就特别地来情绪,想尽办法也要看一看。尽管领导说,让大家观看的目的是为了批判,但往往是看着看着,就变成了欣赏。

在此之前,美院曾组织大家看过一部意大利电影,名字叫《中国》,导演是安东尼奥尼。领导说,这部电影是诬蔑和攻击社会主义中国的,非常恶毒,让大家看后狠狠批判。可是彦涵看了,并未看出怎么恶毒,倒是觉得画面拍得不错,手法很新颖,内容也很真实。

又要去看内部画展了,彦涵当然很高兴,心里猜想,一定是外国的,多少年没接触过外国的美术了,真应该好好开开眼界。画展在中国美术馆。因为是内部画展,参观的人特别多,门前人群熙攘,挤都挤不动,冷清了多年的美术馆一下子变得热闹非常。

下了车,彦涵直奔展览厅,连立在门口的画展《前言》也没顾上认真看,只是扫了一眼,就匆匆进去了。进得展厅一抬头,他不由得愣住了:迎面整整一面墙,挂的竟然全是他的画!细看,全是他这两年来,在北京饭店和国际俱乐部画的那些画,版画、国画,一共四十五幅。

怎么回事?我的画怎么都跑到这里来了?他很奇怪。

再往两边一看,所有的画都眼熟,黄永玉的、李苦禅的、李可染的、黄胄、黄润华的……好家伙,满满一展厅,也全是国际俱乐部和北京饭店的那些画。

他心里很纳闷,不是说看内部画展吗?闹了半天,都是自己画的呀,这叫什么内部展览!他一边看画一边想,半天也没弄明白是怎么回事儿。

忽然,他脑子一闪,恍然大悟了——咳,这就是内部审查、征求意见嘛!怪不得上面把所有的画都收走了呢。看来上面还真重视,请了这么多的人来审查。他不禁朝四周看了一下,看有没有领导来审查。

看了半天,也没有看到什么领导,耳边倒是响起了很有领导腔调的声音:"彦涵哪,怎么样啊?"彦涵一扭头,是学校的军代表。

他一时没有反应过来,问:"什么怎么样啊?"

"你画的这些画嘛,看了有什么感想啊?"军代表一脸严肃,依然拉着领导的腔调。

彦涵心想,怪了,画是我画的,审查是领导的事,怎么反倒问起我有什么感想了?这话当然不能说,便很谦虚地说:"今天是领导审查,还是多听听领导们的意见,以便今后进一步提高。"

军代表有些莫名其妙地看看他,说:"审查?什么审查?"

彦涵说:"今天……不是内部审查吗?"

军代表狠狠瞪了他一眼,说:"门口的《前言》你看了没有?"

"《前言》?看了呀。"

"看了,你还不明白是怎么回事!"

彦涵愣了愣,这才想起,《前言》上好像说过要批判什么,批判什么呢?当时没有细看,还以为是要大家看过画展以后,更好地批林批孔呢!于是猛地想到,难道是要批判这些画?不会吧?这些画有什么可批判的?

"你再去把《前言》好好看看!"军代表说。

彦涵这才感到事情不妙,赶紧跑到门口,认真把《前言》看了一遍。看完,顿时傻眼了。

《前言》上说,展出的这批画是黑画。这些黑画恶毒地攻击社会主义,宣扬资本主义腐朽思想,充当了资本主义复辟势力的急先锋、吹鼓手,是文艺黑线回潮的产物,也是"复辟回潮"在文艺界里的具体反映,应当进行严厉的批判。

得,又出事了。彦涵默然地回到展览厅,直到坐上汽车,再没说一句话。汽车上好多人都是画了"黑画"的，一个个垂头丧气，霜打了一样，谁也不说话。

车上，一个搞政工的问彦涵，问的话和军代表问的一样："彦涵，看了这些画，你觉得怎么样啊？"

"我不知道怎么样。"

"有什么感想？"

"无从想起。"他脸上毫无表情。

搞政工的恶狠狠地说："你要好好地反省！"

彦涵扭过头去，懒得再说什么。

汽车开回了学校。一进教学楼，彦涵又是一惊，只见整个楼里都贴满了大字报，全是批"黑画"的。出发去美术馆的时候，还一张没有，此时就像变魔术一样，全冒了出来，简直铺天盖地！他如梦初醒，原来早就准备好了！

军代表要大家先看大字报，看完以后认真反省，然后做出检查。

画了"黑画"的画家们默默地看着大字报。李苦禅七十多岁了，站着看受不了，坐着凳子也得看。看得大家瞠目结舌，脸色发青……

从这天起，中央美院就大会小会地开始了批"黑画"运动。与此同时，北京的各工矿、机关、部队、学校、电台、报纸也批起了"黑画"，还在北京工人体育馆召开了万人大会，声讨、反击"文艺黑线回潮"。接着，又从北京扩展到其他省市，掀起了一个全国性批"黑画"的运动浪潮。

彦涵又一次成了运动的靶子。

中央美院共有八人被定为"黑画家"，版画系占了两位：彦涵和黄永玉。于是，从系里到院里，乃至广播报刊，对八位"黑画家"展开了大批判。

毕竟是老运动员了，彦涵早已不在乎。暗想，批吧，不就是山水花鸟吗，看你能批出个什么名堂来？

他想得还是简单了。在中国，无数次的政治运动，造就了一批整人的高手，他们为着一种卑劣的目的，昧着良心，拉大旗做虎皮，以无中生有、任意捏造、生拉硬套、肆意歪曲等种种卑劣手法,摇动笔杆,鼓动舌簧,把白的说成黑的,死的说成活的。于是,在他们的口诛笔伐之下,画家们那些赏心悦目的精美之作,便成了攻击社会主义制度、鼓吹资本主义复辟的"黑画"了。

他们批黄永玉的《猫头鹰》为何睁只眼闭只眼?说这是对无产阶级文化大革命的刻骨仇视,是对社会主义的极端不满。批李苦禅的《荷花》为何只画八朵?而且黑乎乎的,还是残荷!这是在攻击八个革命样板戏,花都凋谢了嘛。黄胄画了一匹骆驼,题名为《任重道远》。他们说,把骆驼画得这么瘦,还任重道远,分明是在影射人民生活水平下降,国民经济停滞不前。宗其香的《虎虎有生气》画了三只小老虎。他们说,三虎为彪,这是在为林彪翻案,何其反动。郑乃光画了一群小鸟立在山顶。他们说,小鸟在山上叽叽喳喳,什么意思?这是恶毒攻击知识青年上山下乡。许麟如画了三个柿子和一棵白菜。他们说,三个柿子就代表"三世",有绿有白的白菜代表"清白",合起来就是"三世清白"!好个三世清白!你许麟如出身于剥削阶级家庭,竟然敢说自己三世清白,这是公开为剥削阶级唱赞歌!如此种种,令人啼笑皆非。

可怜的画家们,作画的时候,想也没想到过这些问题,甚至有些问题,连知道都不知道。批判李苦禅的时候,别人说他攻击八个样板戏,李苦禅竟然说:"样板戏只有三个,怎么成了八个?"固执地认为芭蕾舞剧、交响乐、钢琴伴唱不能算是戏。

其实,李苦禅画荷花的时候,自己都不知道画了几朵。这幅画是在国际俱乐部画的,当时许多画家围着观看。快画完时,李苦禅退后看了看,说了一句:"唔,这地方太空了。"随手补了一朵。

彦涵花了许多心血画成的画,现在也成了"黑画"。其中之一是《大榕树》。大榕树是南方植物,盘根错节,高大粗壮。批判者们就在树根上做文章,说这是在隐喻资本主义势力根深蒂固,不可摧毁!

又批《都江堰》。都江堰是两千多年前秦代蜀郡太守李冰父子修建的一项伟大的水利工程,其绝妙之处,在于在岷江中用卵石筑起的分水堤,把岷江分成了内江与外江,平时可以拦水灌溉,洪水期时则可以自动分流。彦涵画都江堰,本来是为了向世人展示华夏祖先的伟大智慧,做梦也没有想到,批判者们会给他扣上这样一顶帽子:分裂!分裂什么?分裂党还是分裂中国?这种鬼话,连批判者自己都不会相信!

还有《渔汛图》。这是描绘渔民出海捕鱼情景的水墨画:霞光灿灿,碧海滔滔,捕鱼船队鼓帆出海,海面上海鸥飞翔,洋溢着渔汛季节的忙碌和喜悦。批判者竟指着《渔汛图》说,为什么要画一群黑乎乎的乌鸦?这是故意给社会主义的天空抹黑嘛!

彦涵听了,真是哭笑不得。海面上怎么可能有乌鸦呢?那明明是海鸥嘛。海鸥追着鱼群飞,海鸥越多说明鱼群越多,画海鸥是为了表现渔汛的到来。他从小生长在海边,这是连小孩子都知道的常识。

但他不想解释,不想和这些人费口舌,大会小会,不管扣什么帽子,他只是慢悠悠地吸着烟,光吐烟不吐话。但是有时候,批判者会一边批判一边提问,问到头上了,就不能不开口。

有一次,有个曾是红卫兵的家伙,批判他的壁画《松鹤图》(这幅画因为镶固在水泥墙里,拿不下来,没有参加展览),问:"你画的仙鹤为什么要飞起来?"问题虽然可笑,但是不能不回答。彦涵说:"仙鹤象征友谊,客至鹤舞,当然要飞起来。"

对方眨眨眼睛,也不知懂了没有,又问:"那为什么要画九只?而不是七只或者八只?"

老实说,彦涵在画仙鹤时,根本没有想到要画几只,后来画成九只完全是出于构图的需要。但他明白,既然对方问的是数字问题,就肯定要在这上面做文章。心想,亏着没画八只,不然,也许要和样板戏扯到一起去了。便反问道:"画九只有什么不可以吗?"

对方不可捉摸地一笑,念了一句诗:"昔人已乘黄鹤去……"然后打住,眼里藏着不可捉摸的笑。

彦涵马上想到另一句:"黄鹤一去不复返",心想,这是要把我与林彪联系在一起呀。林彪是坐飞机出逃的,林彪出逃时是九个人吗?他搞不清楚。如果真是九个人,这幅《松鹤图》就又成了为林彪招魂喊冤的罪证了。他脑子飞快地转着,立即耍了个小把戏,说:"这还不好理解吗?九即五加四,五和四即五湖四海皆朋友也!"对方眨眨眼,没话了。

彦涵心中暗笑,你能胡来,我也能对付,反正这是一个没有道理好讲的年代!

彦涵一直不大明白,画山水花鸟究竟何罪之有,值得如此大动干戈?所以,批判会过后,他独自去了一趟美术馆,想看看一般群众对"黑画"到底是什么反应。

看"黑画"的人相当多,人头攒动。当时,老百姓有一种普遍心理,上面越是说不好、越是批判的东西,越是感兴趣,越是要看个究竟。这里既有一种好奇心,也有一种逆反心理。

彦涵来到了他的那几幅木刻花卉前。那些画,经过装裱之后又镶在镜框中,怎么看怎么美,美得好像能闻到淡淡的花香。他站在画前细细地欣赏品味起来,竟忘了前来的目的。

他旁边站着一个五十多岁的男子,很有些文化的样子,也在欣赏这些木刻花卉。"同志,"那男子凑到他跟前,悄悄说道,"你能看出这画有什么问题吗?"彦涵一笑,摇摇头。

那男子低声说:"反正我看不出有什么问题,这些版画多好看呀,你说是吧?"彦涵点点头:"是呀。"

那男子又凑近那幅《玉兰》,仔细端详,说,"上面的颜色这么细致,你说这个画家是怎么印上去的呢?"彦涵很想告诉他,可是现在……他笑着摇摇头,走开了。

他看到有人在对他的那些画偷偷拍照,还有青年人在临摹。在其他的"黑画"前,也有人在拍照、临摹。他心里不禁一阵感慨:黑画?那老百姓为什么还喜欢?

后来,他的那些木刻花卉统统被摘了下来。因为许多观众看了之后,不但不说那是"黑画",反而说很好看,起到了和举办者意愿完全相反的宣传作用。这实在是举办者事先没有料到的。

那天,彦涵刚从美术馆回到家里,突然有人敲门。开门一看,是常任侠。常任侠是美院的美学史教授,虽与彦涵相识多年,到家来访还是第一次。

彦涵很高兴:"老常,你胆子不小啊,我现在是'黑画家'了,你还敢来看我。"

常任侠说:"受人之托,忠人之事。我有个在医院工作的朋友,在'黑画'展览会上看了你的画,很喜欢,求我对你说,展览结束以后,希望你能送他一张。"

彦涵说:"那可是受批判的'黑画'呀!"

常任侠眨眨眼:"我们之间还用得着说这种话吗?"

两人禁不住哈哈一笑。彦涵很痛快:"没问题,只要他们退还给我,我一定送他一张。"

送走常任侠之后,彦涵越发百思不解:群众这么喜欢的东西,上面却如此兴师动众地大加讨伐,这到底是为了什么呢?

后来,他渐渐听到一些传闻,说是醉翁之意不在酒,批"黑画"是为了批周总理。当时,民间流传一个说法:批林批孔批周公。批孔,就是批儒,江青等人说周总理是"现在的儒"、"很大的儒",并从各个方面攻击周总理,批"黑画"不过是其中一部分。因为"黑画"是按周总理指示搞的,批倒了"黑画",也就等于给周总理增加了一条罪状。批"黑画"运动就是在江青指使下搞起来的,运动的直接指挥者则是文化部美术组的负责人王曼恬——一位一跺脚美术界就乱颤的女头目。

传闻又说,江青曾让周总理去看"黑画"展览。总理去了。江青问他:总理,你看这些画怎么样啊?总理一句话没讲,转了一圈就走了。彦涵恍然大悟,批"黑画"是有人出于政治斗争的需要,阴谋家们在打总理的时候,捎带着打了一下画家。

中央美院的批"黑画"运动仍在继续。批了一个多月,彦涵始终不发言,也不作检查。每天开会,泡上一杯茶,掏出一盒烟,慢悠悠地喝,慢悠悠地吸,杯干盒空,散会走人。

领导决定帮助他端正态度,派了三个人找他谈话。这些人上来就给他扣了一堆大帽子:黑画家、大右派、黑线人物、态度不老实,想把他镇住。

彦涵对扣帽子早已无所谓,一般情况都忍气吞声,不大理睬。但是这次,他被惹火了,决定给予反击。

他忽地站起来,指着那三个人,大声质问道:"你们说我是黑画家,究竟有什么根据?我画了四十多年画,绝大部分画的都是革命题材,抗日战争、解放战争、土改运动、社会主义建设,我哪个没反映?如果,你们敢说这些是黑画,那我就是黑画家,如果你们不认为这些是黑画,那你们有什么理由说我是黑画家?"三个人面面相觑,不知如何回答。

彦涵余怒未消,又说:"你们说我是黑画家,我要问,一个不热爱革命、不深入革命实践的画家,能画得出那些画吗?"三人无言答对。

"请问诸位,你们也算老同志了,当年我冒着枪林弹雨,在战场上到处奔波的时候,你们在干什么?能告诉我吗?"仍无言答对。

"我再问,当我画出那么多革命作品的时候,你们都画了些什么?如果有的话,请拿出来!"还是无言答对。

"我还要问,今天我彦涵响应组织上的号召,不讲任何条件,为弘扬我们的民族文化,宣传我们的大好河山,尽我的一点微薄之力时,你们又在做什么?"问得三个人面红耳赤,哑口无言,十分狼狈。

但是,胳膊终究拧不过大腿,彦涵还得作检查,而且要与林彪、孔丘挂上钩。他绞尽脑汁,怎么也挂不上林彪,只好求救于孔夫子。他在检查会上说,自己受了孔夫子的"游于艺"思想的影响,把文艺当做了娱乐,因而画了山水花鸟。

已经是违心地上纲上线了,却通不过。台下的人要他往思想深处挖根源。有人当场替他挖到了一九五七年,说他对五七年划为右派的事,一直心怀不满,思想上根本就没有改造好,因此一有风吹草动就会跳出来。要他下去好好反省,围绕这个问题,重新检查。于是又作检查。

检查之前,有好心人对他说:"千万别讲一九五七年,扯到对反右

289

的态度,就更麻烦了。"彦涵说:"不是我要讲,是他们让我讲。让我讲我就讲,没什么好怕的,反正已经戴了好几顶帽子了,再多一顶也无妨!"

检查会在版画系的办公室召开,来了很多人,不少外系的人也来了,屋里屋外都挤满了人,专门听他一个人作检查。彦涵也没稿子,上来就讲,真的就讲一九五七年。

他说:"坦白地讲,我对在一九五七年被划为右派的事,确实有看法,认为对我的处理就是不公正,我感到委屈。过去,我没有在对我的处理决定上签字,今天,我仍然保留这个态度。这一点,我毫不隐瞒。但是我想说,我画的那些宾馆画与我的这个态度毫无关系。我是响应组织上的号召,抱着为人民做些事的愿望来参加这项工作的。如果硬要把它和一九五七年扯到一起,唯一沾点边的就是,我想通过这项工作有所表现,证明我彦涵到底是一个什么样的人。"

检查很短,总共不过二十分钟。检查完了,主持人让大家发言批判,却没有人讲话。讲什么呢?不就是要他承认对一九五七年的事不满吗?他已经承认了,还能把他怎么样?于是散会。

系里检查完了,还要到全校大会上检查。军代表要彦涵准备发言稿。几天过去了,彦涵却一个字未写。军代表急了:"学校马上要开大会了,你是重点发言,连个稿子都不写怎么行?赶紧写吧。"

"我思想认识不上去,实在写不出来。"

军代表拿他也没办法,时间又紧,为了交差,只好说:"这样吧,我们找个人替你写,你到会上去念,这总行了吧?"

"这可以。但你们写完了得让我过过目。"

于是军代表找了个会写文章的人,替彦涵起草检查稿。代笔人辛辛苦苦写完了,然后拿给彦涵过目。彦涵看了一遍,也不说话,拿起笔就在上面哗哗哗地删。

代笔人忙说:"哎,这些内容都挺重要的,怎么都删了?"彦涵也不抬头,仍旧挥动大笔:"你看看,这都写了些什么呀。你不要玩弄文墨嘛,把我丑化得太不像样子。再说,这也太长了,下面的人要睡觉的。"

代笔人苦笑,只好由他去了。

彦涵就拿着别人写的稿子,到全校大会上作检查。检查之前,大会主持人先让"黑画家"们一个个亮相,念到谁的名字,谁就得应声答"到",站起来,让大家认识认识,还得自报家门:我是谁谁谁。其实,全校里谁不认识这些人呢?不过是故意要在众人面前羞辱他们罢了。有的人没经过这种场面,亮相的时候,低着头,满脸羞辱色,声音也很低弱。

彦涵满不在乎,念到他的名字时,他拉着长声,底气十足地答了一声"到",然后站起来,挺胸抬头,身子向四周转了转,以照顾全场观众,这才自报家门,嘴角还带着一丝不易觉察的笑。

经过多次运动,他早已不在乎什么面子不面子了——在这样一个肆意侮辱人格的年代,太要面子,就没法活了。

大会上作检查的有三个人,都是有代表性的人物:老画家代表李可染、被打倒的领导代表吴作人、右派代表彦涵。

李可染七十多岁了,又有病,步履蹒跚地走上台,哆哆嗦嗦地打开稿子,念了没几句就坚持不住了,被人搀下去,由他的夫人接着念,念了四十分钟。吴作人也念了三十分钟。都很认真。轮到彦涵了。他大步流星走上台,把稿子往讲台上一放,随手把扩音器往旁边推了推,使它离自己远一点儿,然后就嘟嘟嘟地念起来。他念得非常快,一口气念好几句,也不管标点不标点,一个劲儿地嘟嘟嘟,快得像挺机关枪。

台下直喊:"听不清,念慢点!"

他装作没听见,继续嘟嘟嘟。心想,就是要让你们听不清。

台下人急了,又喊:"慢点慢点!叫你念慢点儿!"

他抬起头,装傻:"什么?噢,慢点,好好,我念慢点儿。"

念了没几句,又快起来,于是台下又喊。如此几次,没一会儿,稿子念了一大半。念到后来,他也不管下面喊不喊了,一直念下去。快到最后了,又有人递上条子:太快,听不清!你念慢点好不好?

彦涵把条子一揉,抬起头,说了句:"念完了。"

把稿子一卷,大步流星下了台。总共念了十五分钟。走回座位的时候,他听到过道边上有人嘟囔:"他妈的,都检查了些什么呀,一句也没听清!"又听毕成说:"咳,可以了,可以了。"彦涵心里暗暗发笑。

有传闻说,按照江青和王曼恬等人的计划,批"黑画"的规模还要大一些,"黑画"要拿到全国各地去巡回展览,《人民日报》要发表大块文章。文章都写好了,后来却没了动静。

据说,是毛主席讲了话。毛主席说,猫头鹰就是睁只眼闭只眼的嘛!国画就是黑的嘛,你们知道吗,国画还有泼墨呢。不管传闻是真是假,反正运动的声势渐渐小了。但是,对于"黑画家"们还是要处理的。如果就这样无声无息地收了摊儿,那算怎么回事?

于是,中央美院根据上面的旨意,决定让彦涵和黄永玉等人到大连造船厂去,接受工人阶级的批判。因为他俩在报纸上点了名,而且戴上了"黑画家"的帽子(有些人虽然画了"黑画",但没戴帽子),工人们都憋足了劲,要对他俩面对面地进行批判,点名要他俩到大连去。

黄永玉通过后门关系,弄了张病假条,去大连的事,免了。彦涵受此启发,也跑到医院去,想弄张病假条,却没检查出有什么大病,只是血压高一些。但是给他看病的邵大夫却很痛快给他开了一个星期的全休假条。后来又连着帮他开了两张。

其实,邵大夫并不认识彦涵,但知道他,看过他的版画,也看过"黑画"展览。彦涵拿着这些病假条,拖了三个星期,一直拖到其他去大连的人都走了,最终也未去大连。

不久,王琦从大连写信给彦涵,讲述了造船厂批判"黑画家"们的情况,并告诉他,因为他和黄永玉没有去,工人们很失望,觉得背靠背地批判实在不够劲儿。

躲过初一,躲不过十五。批"黑画"运动收场之后,彦涵被下放到北京北郊的朱辛庄农场,分配在果园里劳动改造。彦涵已年近六十,农场并不指望他干什么活,让他到果园,主要是作为"复辟潮流"中的活靶子,供群众批判。

每天大家上工后,先在地头边上批判他十五分钟,然后再干活。这叫现场批判会。批判的时候,彦涵就弯腰站在地头,一言不发,任职工们指鼻子指脸地吼叫。批也批不出什么,无非是报纸上那些话。十五分钟后,批判结束,他跟着大伙一起干活。他总觉得这事有些滑稽,像是演戏,而且浪费时间。

开始的时候,大家觉得新鲜,十五分钟又是占用工作时间,坐着开会总比站着劳动要舒服,所以还能说些个报纸上的词句。批了几天以后,大家觉得总是那一套,又总是批一个人,就有些腻烦了,再加上在劳动中发现这个"黑画家"人挺不错的,便没了先前的劲头,批判会经常冷场。

现场批判会,本来是为了应付上面而做的表面文章,弄成这个结果,领导上觉得与其让大家干坐着耗时间,还不如下园子干点儿活,于是草草收了兵,弄得有点儿虎头蛇尾。活靶子没用了,彦涵便被派到农场的伙房里去烧火。

"黑画"的事,后来也就不了了之。

十七　封　杀

彦涵在朱辛庄农场烧了几个月的火,一九七五年初,调回中央美院,被编入了"老年班"。所谓"老年班",就是把一些老教授,包括画了"黑画"的老教授,编在一起管起来,除了政治学习,无事可做,等于停止了这些人的工作。"老年班"不用天天上班,彦涵就闭门在家搞创作。

一个朋友听说彦涵从农场回来了,悄悄来看他。朋友一进门,就看到墙上挂着一幅画,是"黑画"展览会上的那幅《渔汛图》。不过不是原作,是彦涵从朱辛庄回来以后重新画的。朋友不免有些吃惊,刚刚批判完,竟然把它挂出来,似乎有点明目张胆。

1976年，北官房28号。彦涵的蜗居，只有九平米。从五十年代初开始，彦涵就住在这里，一直住了二十八年。虽身处陋室，却刀耕不辍。

彦涵看出了朋友的吃惊，笑着说："我不怕，我不承认这是'黑画'，他们不让挂在宾馆里，我就挂在家里，看他们把我怎么样，反正我已经是'黑画家'了。"

朋友难得来，彦涵弄了一瓶酒，就着一包花生米，边喝边聊。彦涵不由谈起今后的创作打算，滔滔不绝，神采飞扬。

朋友似有不解，说："怎么，你还要画呀？"彦涵有些奇怪："为什么不画？现在有时间了呀。"

朋友看看他，吞吐地问："你……你没听说？"

"听说什么？"

"女班主早已下令，今后不准再发表你的作品了。"

女班主是指王曼恬，人们私下里都不叫她名字。

"噢？我还没听说。怎么回事？"

朋友告诉他说，"黑画"展出期间，王曼恬曾在美术馆召集过一次座谈会，她在会上宣布："彦涵一九五七年就是右派,多年来一直没有改造好,现在又出了事。对这样的人,今后永远不许他再发表作品,也不能参加展出。"

这是几个月以前的事了,彦涵因为在农场劳动,所以不知道。关于参与"黑画"一事的处理问题,彦涵一直以为,对他该批判的也批判过了,该劳动的也劳动过了,事情也就算了结了吧。没想到,并没完,还要剥夺他今后发表作品的权利。看来,这回对他是要彻底打倒,永远封杀啊!

他不在乎地笑了一下,说:"没什么了不起,她下她的令,我画我的画,她总不能把我的手也绑起来吧,哈哈哈……来,喝酒。"

"老彦,听说你和她以前很熟,是吗?"

彦涵点点头。他和王曼恬在延安时就很熟,王是鲁艺美术系的第三期学员,和他可算是校友。解放后,王到了天津,当了领导。她丈夫是著名诗人鲁黎,和彦涵是很好的朋友。五十年代时,彦涵每次去天津,必定要去看他们夫妇。一九五五年,鲁黎被打成胡风反革命集团分子,她和丈夫离了婚。其实,王和丈夫的感情很好,离婚是出于政治的选择。彦涵后来去天津时,还曾看过她,是鲁黎带他去的。"文革"开始后,王飞黄腾达,招进北京,掌管了美术界的生杀大权。又因是主席的亲戚,说话直达天庭,其影响力大大超过实际职务。而此时的彦涵,早已是破鼓万人捶的角色,与她基本上没什么来往了,下放农场劳动后,关系便完全中断。王在"四人帮"倒台后,被隔离审查,后自杀于家中。孙犁小说《王婉》,写的当是此人。这是后话。

"老彦,你是不是……找她谈一谈?"

"为什么要找她?"

"毕竟是老熟人,这或许能改善一下你的处境。"

"不不不,我宁可一辈子不发表作品,也绝不干拍马屁的事。"

"所以你就老挨整。你还看不出来吗,不管是反右,还是批'黑画',如果上面有人替你说句话,你也不至于总是被人折腾来折腾去。"

彦涵禁不住笑起来:"老兄,咱们这个国家,二十多年来,哪一天不在折腾人?想不被折腾也办不到。实话跟你说,我是越折腾越结实,折腾一回,就等于进了一回太上老君炉。我现在可以说是炼得刀枪不入。让他们折腾吧,反正就是那么回事了。别的都是瞎扯淡,踏踏实实搞些作品才是正格的。我现在是躲进小楼成一统,管他春夏与秋冬啊。"说完哈哈笑起来,举起酒杯,一饮而尽。

朋友走后,彦涵独自默想,他与王并无个人恩怨,甚至曾是朋友,何以下此狠手?只有一个解释:实在是政治使然。

彦涵知道,王曼恬就是美术界说一不二的班主,她的话就是圣旨。今后,要想发表作品或是参加展览,是不可能了。但是,他绝不屈服,他要继续创作。

实际上,彦涵从一九七二年回到北京以后,除了完成宾馆画任务之外,便开始了已经中断了六年的创作。特别是七三年到七四年上半年,他抓住生活相对安定、时间也比较充裕的机会,创作了大量的木刻。

其中内容之一,是有关战争题材的作品,如《爬雪山》、《过草地》、《飞夺泸定桥》、《通过敌人封锁线》等。这类作品看似是对历史的回忆,实际上,他是借此表达对现实的思考——文化大革命把大批的老干部、老红军、老八路打倒了,也把个人崇拜推向登峰造极的地步,他对此愤然不平,厌恶至极。他要用作品告诉人们:中国革命的胜利是无数革命先烈共同奋斗的

飞夺泸定桥　1973年

结果,那些被打倒的老干部、老红军、老八路,曾为中华民族的解放事业流过血、卖过命,他们的功绩光照千秋,是任何人抹煞不掉,也贪占不了的。

即便是在朱辛庄农场烧火期间,他的创作也没有停止过。他烧火的地方在地下室,里面阴暗潮湿,整日不见阳光,只点着一个十五瓦的灯泡。但那里也有难得的好处——没什么人来,清静,正合彦涵的心思。每天一上班,他先把地下室打扫干净,生好炉火,然后静坐炉前,一边照管炉火,一边吸烟、思考、构思,画面一旦成形,便随手画在速写本上。有时忘了带速写本,便撕开香烟盒,画在香烟盒的背面。《通过敌人封锁线》的草稿,就画在香烟盒上。

更多的内容,则是鲁迅小说的插图。七二年回到北京后,彦涵开始重读鲁迅,认真思考鲁迅小说的思想价值

左　鲁迅小说《孔乙己》
　　插图　1973年
右　鲁迅小说《阿Q正传》
　　插图　1974年

与现实意义。鲁迅的伟大,不仅在于表现了中国人民的悲惨命运,更在于揭示了造成这些悲剧的根本原因。对于吃人的封建礼教,鲁迅深恶痛绝;对于人民的愚昧无知、苟且偷安,鲁迅哀其不幸,怒其不争。彦涵觉得,鲁迅在四五十年前说过的许多话,都像是针对今天而言说的;鲁迅笔下的许多人物,依然活在今天的各个角落,而且香火不断。经历了多年的政治运动,特别是经历了"文革",他越来越认识到,在中国,封建势力依然十分强大,几乎无处不在,人们饱受其害,却浑然不觉。因此,也就越发觉出鲁迅的伟大。

于是,从七三年开始,他便为鲁迅小说作插图,横遭封杀之后,更是沥血经营:《阿Q正传》、《祝福》、《狂人日记》、《孔乙己》、《药》、《白光》、《头发的故事》、《辫子》、《酒楼上》……他借助鲁迅小说,寄托自己的情感,并将自己对现实的思考,以及对人性的感悟,融入其间。他明明知道无处发表,却坚定地刻下去。

1974年,彦涵蜗居门前。因为屋子太小,不见阳光,创作只能在露天进行。

直到三十年后,二〇〇五年,在中国美术馆举办的"彦涵艺术研究展"上,这些插图才正式展出。中国美协插图艺委会专门举办了"彦涵插图艺术研讨会",所有与会专家都对这些插图给予了极高的评价,认为它是中国插图艺术中最优秀的篇章之一,在中国插图史上占有重要地位。

封杀之后,彦涵

彦涵的绝大部分作品,就是在这样的环境里创作出来的。

除了木刻之外,还把相当多的精力放在了国画上。他在一九七二年重拾国画,是为了完成好宾馆画的任务,后来没了任务,却画得更加起劲。画山水花鸟,偶尔也画人物,并潜心钻研国画的气度神韵、布局谋篇、笔墨技法。他的这股劲头,很大程度上是批"黑画"批出来的。你说山水花鸟是"黑画",我偏偏不服气,偏偏要画,不但要画,还要画出名堂,而且还要有所突破。

一九七五年,虚岁六十的彦涵,在北官房二十八号那间低矮狭小、终年不见阳光的小屋里,开始创作木刻组画《道路》。他想通过自己的经历,反映一代知识分子的坎坷命运。

在那张伤痕累累的桌子旁,贴着他抄录的巴尔扎克的一段话:我所有的最好的灵感,往往来自最为忧愁最为悲惨的时刻。

十八 探 日

彦涵整日闭门创作,基本足不出户。因其另类身份,也极少有人登门。

这样的日子很孤独,但他喜欢孤独。对于搞艺术的人来说,孤独是不可缺少的,有孤独才有思考——思考人生,思考艺术。他的许多创作灵感,正是在孤独之中产生的。对他来说,孤独,有时就是一种幸福。

他也偶尔出门,去看朋友,常去看的是冯雪峰。他和冯雪峰五十年代就认识,后来皆成右派,朋友们远离而去,两人同病相怜,住得也近,开始有了来往。"文革"开始以后,彦涵进"牛棚",去农场,冯雪峰也去了干校,便断了联系。一九七二年,彦涵从农场回到北京,冯雪峰也回到人民文学出版社,安排在鲁迅著作编辑室,校订《鲁迅日记》。彦涵便又常去看他。有时是为鲁迅小说插图,向他请教一些问题,有时纯粹是聊天儿,关起门来说些心里话。

鲁迅是他们经常谈到的话题。冯雪峰讲了许多他与鲁迅交往的事情。讲他一九三六年奉毛泽东之命,从陕北保安去上海了解文艺界情况的事;讲他住在鲁迅家里,鲁迅与他的许多谈话;也讲了鲁迅对他说的因腹背受敌、不得不横着身子作战的苦恼……

这些情况,冯雪峰曾写进一份很长的材料里,是"文革"中作为交代材料写的。这份材料复写了好几份,他自己留下两份,其中一份送给了彦涵。那是一份珍贵的文史资料,对于研究鲁迅,研究三十年代上海文艺界的宗派斗争,甚至研究数十年来党内在文艺方面斗争的来龙去脉,都有重要的价值。

也谈到过一九五七年的事。冯雪峰曾说起过他被划为右派时的一件事。一九五七年整风开始后,毛泽东让冯雪峰汇报人民文学出版社的整风情况,冯雪峰说,群众发动不起来,意见提得不多。毛泽东批评他说,那是领导发动得不够,要继续发动,让大家敢于提意见。冯雪峰回到出版社后,便在群众大会上号召大家给领导提意见,首先从他开始。他高声疾呼:"你们要向我开火,有仇的报仇,有冤的报冤!"为了贯彻毛泽东的指示,把群众发动起来,真是把心都掏出来了。不料,后来上面有领导说,冯雪峰公开号召群众向党开火,号召群众对党要有仇的报仇,有冤的报冤!

说起一九五七年被打成右派的事,冯雪峰曾痛苦而又无可奈何地说:"根子还在三十年代啊……"

提起这些往事,两人时常相对无言。说什么呢?当年将别人打成右派和反革命的人,如今大都又被别人打成了反革命,有的至今还关在监狱里。唉,几十年来,人们为何总是打来打去?究竟中了什么邪?

一九七六年的一月,彦涵去看重病的冯雪峰。那时,冯雪峰已经做了第三次胃癌切除手术,身体十分虚弱,走路都很困难,解手就在屋里拉起的布帘后面。尽管如此,他却挣扎着伏案写作,写一些关于鲁迅研究方面的书信或文章。

冯雪峰说:"哦,你来得正好,我正有事情想请你帮忙。"他告诉彦涵,他准备写一篇鲁迅与珂勒惠支版画的文章,可是手头资料不全,想请彦涵帮忙收集一下,尽快寄给他。

彦涵立刻说:"好,我回去马上办,一两天内就寄给你。"又说:"雪峰同志,你要爱护自己的身体呀,不要太拼命啊。"

冯雪峰苦笑笑:"唉,我的来日恐怕不长了,许多事情还没来得及做呢,我得抓紧时间哪。"目光里隐藏着深深的遗憾。

"雪峰同志,你不要这么想……"彦涵看着他瘦弱的身体,不知该怎样安慰。他知道,冯雪峰一直有一个心愿,写完那本关于太平天国的长篇小说,还想写一本关于鲁迅的书。看样子,都无法完成了。冯雪峰第三次手术后不久,癌细胞又扩散了,已经严重到说话失声了。

沉默了一会儿,冯雪峰突然说:"前些天,我给中央写了一个报告。"

"噢？什么内容？"

"关于我的党籍问题。别的问题我都没有说，我也不想说了。过去的是是非非、恩恩怨怨就让它过去吧。"冯雪峰身心疲惫地说，"我死前的最大心愿，就是希望能重新回到党内。报告已经递上去了，不知道中央会不会批准。"他的脸上带着一种孩子般的真诚，又带着一丝老人的无奈。

彦涵心里很感动。一个人为了他所追求的理想，虽然屡遭陷害，伤痕累累，却不计荣辱，不改初衷，执意追求到底，这需要怎样的思想境界，又该忍受怎样的精神痛苦啊！

聊了一会儿，彦涵看冯雪峰疲倦的样子，便起身告辞。

"请等一下。"冯雪峰叫住他，吃力地打开放在门口的一个木箱子，从中拿出一本画集。这是一本德国女画家珂勒惠支的版画集，线订，宣纸画页，蓝色封面，已经有些年头了。

冯雪峰告诉彦涵，画集里面的作品全是鲁迅先生收集的，于一九三六年亲自编辑、自费印刷出版的。总共印了一百零四本，每一本鲁迅先生都亲自用毛笔写上了编号。三十本卖到了国外，其余的全都送了人。一九三六年，冯雪峰离开上海时，鲁迅先生送了他两本，一本是送他本人的，另一本请他转送毛泽东。他照办了。转送毛泽东的那本，编号85，冯雪峰的这本编号86。

彦涵打开画册，上面果然有"86"两个字样，一看就是鲁迅先生的笔迹。

冯雪峰对彦涵说："你是位版画家，这本画集，送给你最合适。留个纪念吧。"

临别时，彦涵紧握着冯雪峰的手，说："雪峰同志，你要多多保重。"冯雪峰微笑着点点头。

第二天，彦涵就把冯雪峰要的资料整理好，寄了出去。

一个星期后，彦涵忽然听说：冯雪峰去世了！他立即匆匆赶到冯雪峰家。人去屋空，他寄给冯雪峰的那封信，还放在桌上。冯雪峰的儿子冯夏熊告诉他说，这是他父亲收到的最后一封信。

彦涵默默拿起那封信。信已打开,但拟中的文章,还未来得及动笔……

冯雪峰追悼会的前一天晚上,已经很晚了,冯夏熊突然来到彦涵家。他手里捧着一个骨灰盒,请彦涵在父亲的骨灰盒上刻几个字。这几个字是:一生信奉马克思主义　诗人。

这是中央对冯雪峰一生的评价。他至死也未能回到党内。

彦涵爽快地答应了,对冯夏熊说:"我连夜刻,明天一早你来吧。"

彦涵在刻这些字的时候,心情沉重而又充满了深深的敬意。唉,一个参加过长征、蹲过国民党监狱、身上布满酷刑留下的伤疤、虽屡遭迫害却对他所信奉的理想始终忠贞不渝的人,就这么悄悄地走了,带着诸多的遗憾走了。

他刻得非常精心,一直刻到下半夜才刻完,然后涂上金粉——是真正的金粉。他一生中,在骨灰盒上刻字,只有这一次。

第二天,他去八宝山参加了冯雪峰的追悼会。有二百多人为冯雪峰送行。大家都默默无语。天空罩着阴云,下着小雪,飘飘洒洒,如泣如诉。

从八宝山回来后,彦涵仍沉浸在沉痛之中。他打开冯雪峰送给他的诗集,默默读着。其中一首,是写于一九六三年的《探日》:

　　夸父欲探日出处,
　　即行与日竞奔波。
　　直朝旸谷飞长腿,
　　不惜身躯掷火涡。
　　饮尽渭黄不止渴,
　　再趋北泽死其阿。
　　英雄建业多如此,
　　血汗曾流海不过。

探日 1983年

彦涵被这诗句感动了。探日,是冯雪峰的写照,也是中国知识分子的写照。他心里燃烧起来,脑子里渐渐形成一幅画面:一个满怀真诚与渴望的人,在空中腾飞,他张开双臂,扑向熊熊燃烧的太阳……题目就叫《探日》。

数年之后,为了纪念冯雪峰,他把这个画面刻成了木刻,赠给了诗人的老家——浙江义乌的冯雪峰纪念馆。他还画了一幅同样画面的油画,一直挂在家中的画室里。

十九 丙辰清明

一九七六年三月,彦涵应中国历史博物馆的邀请,为博物馆创作巨型版画《明朝苏州织工暴动》。他每天要去博物馆画画,每天要经过天安门广场。寒冬未尽,草木未发,广场上冷清而沉闷,一如国人压抑的心情。那时,周总理刚刚去世不久,四人帮愈加倒行逆施,人们无不为国家的命运忧心忡忡。

三月底,清明节前夕,彦涵发现,广场上忽然热闹起来。每天,成千上万的人,不顾政府种种禁令,聚集广场,自发悼念周总理。人民英雄纪念碑前,堆满了层层叠叠的花圈、花篮;冬青树矮墙,汉白玉栏杆,缀满了朵朵白花,篇篇诗文,如落雪一般;广场上,到处是慷慨激昂的演说,矛头直指祸国殃民的王张江姚。

彦涵预感到一场风暴就要降临。他几乎每天都去天安门广场,尽管政府三令五申地阻止,尽管有便衣警察偷偷拍照,仍然照去不误。那些充满悲愤的演讲,那些用血和泪写成的诗篇,那汪洋大海一般的人群,令他热血沸腾,好像又回到了风起云涌的抗日救亡时代。

白炎有些担心,劝他说:"不要再去了,怕是要出事呀!"

"不,我必须去,这种场面不去看看,太可惜了。"

白炎知道拦不住,说:"那你戴上口罩吧,免得被他们拍下来。"

"我不怕,悼念总理何罪之有?再说,这么多人,他们抓得过来吗?"

白炎不放心,陪他一起来到广场,来到人民英雄纪念碑前。彦涵对人民英雄纪念碑怀有特殊的感情。纪念碑上那块《胜利渡长江》浮雕的画稿,就是他设计的。当年,为了再现解放军胜利渡江的壮观场面,他在离纪念碑不远的工棚里,翻阅过无数的资料,三易浮雕画稿,将那个伟大的历史场面,凝固在了画笔下,镶嵌在了纪念碑上。

一九七六年清明节前的天安门广场,在彦涵看来,同样是伟大的历史场面。人海花山,如干柴烈火。彦涵看见一个青年人,攀上了纪念碑,在众人的帮助下,把四块标语牌挂在了纪念碑上。上面赫然写道:

> 红心已结胜利果,
> 碧血再开革命花。
> 倘若魔鬼喷毒火,
> 自有擒妖打鬼人!

人群中爆发出一片热烈的掌声和喝彩声。

彦涵望着广场上群情激愤的场面,对白炎说道:"这简直就是一场五四运动啊!我要刻一幅画,一定要刻一幅画!"

还没想好刻什么,震惊世界的"四五事件"发生了!

四月六日一早,彦东从外面跑回来,告诉他说,天安门出事了!四月五日晚上,政府出动了五万多民兵、三千多警察,还有五个营的卫戍区部队,包围了天安门广场。他们手持木棒和铁球,见人就打、就抓,跑出广场之外的人也不放过。甚至有人只是下了夜班,从广场边上路过回家,也遭到殴打、逮捕。这一切,都是关闭了广场上的灯光之后,在黑暗中进行的。暴行结束后,开来水车,连夜冲刷了整个广场……

彦涵听了,悲哀、愤怒,整整一天没出门,一支接一支地吸烟。他决定要为四五运动刻一幅画,一幅大尺寸的木刻,表达人民的意志,反对镇压民主的暴政。晚上,酝酿成熟,操笔开干。

家里却找不到大尺寸的木板。学校有规定,领取木板,得先送审画稿。他的画稿不可能送审,也不可能去领木板。

他翻箱倒柜,总算找到一块三合板,只是木纹太粗,不宜细刻。他在木板上加了胶,涂上油,增加硬度,算是解决了问题。

创作在每天深夜里进行。白天,他得到学校去,参加所谓的"天安门广场反革命政治事件"的学习班,他沉默不语打瞌睡。晚上回家,关起门来,挥刀不止。

毕竟年已花甲,眼力不济,刻到精细之处,往往要借助放大镜。他的创作速度非常快,只用了三个晚上,便完成了版画《丙辰清明》。

画面中央,是一个被高高举起,镶有周总理遗像的大花圈,后面是无数的花圈、挽联,层层叠叠,如山如海。总理遗像下,簇拥着千百万的人民群众,工人、农民、战士、干部、学生……人们胸前的白花,臂上的黑纱,脸上的泪珠,悲愤的目光,紧握的拳头,犹如沉默的火山。于无声处听惊雷——沉重的画面上,似有闷雷隆隆滚过……

画面里,有一个戴眼镜的知识分子模样的人。熟悉彦涵的人,一看便知,那是画家自己。

当天晚上,彦涵便把《丙辰清明》挂在了墙上。白炎吃了一惊:"天哪,现在到处追查天安门事件,你这不是惹事吗,还是摘下来吧。"

彦涵说:"没关系,不会有人到咱家来的。即便有人来,也一定是好人,绝不会出去说的。这画是民心所向。"

白炎还是不放心:"万一呢?万一学校来个搞追查的怎么办?"

彦涵说:"那好,咱们白天不挂,晚上挂。"

接着,又是两个紧张的夜晚,他刻了鲁迅小说的插图《明天》:儿子死了,母亲在哭泣。刻完这两幅作品时,天安门事件发生刚刚五天。

天安门事件发生不久,美院领导召集院里的一些画家开会,彦涵也被叫去了。

一位造反起家的领导传达上面的指示,说是要搞一批揭露天安门反革命事件的美术作品,准备到各处展览。中央美院也分到了指标,负责创作一组版画。组画的具体内容,领导上事先已经找人定好,会上只是布置任务,谁谁画这张,谁谁画那张,当场指定下来,要大家回家分头去画,尽快交稿。

分给彦涵的那一张,是画群众观看诗词和花圈的场面。上面早已定调,要从"这是一起反革命政治事件"的角度来画。

彦涵当然不愿意画,扪心自问,数十年来,搞一点应景之作,还是有的,但他从未搞过违背良心的作品。如何看待天安门事件,是一个大是大非的原则问题,他绝不充当镇压群众的吹鼓手。但是,又不能硬顶着不画。那位造反起家的院领导,在会上杀气腾腾地说,这是硬任务,谁不画也不行,谁不画就是政治立场有问题。

彦涵就拖,拖了一个多星期,也不动笔。

那位院领导催得很紧,一天学校开会,见了彦涵就问:"搞得怎么样啦?"

彦涵说:"正在考虑,还没画呢。"

院领导满脸不悦:"你彦涵一向是快手,这回怎么这么慢!"

彦涵说:"我没有去过天安门,没有具体感受,画不出来呀。"

院领导狠狠瞥了他一眼:"对你来说,这还不是手到擒来的事!还需要什么感受?按着我们布置的内容画就得了嘛。"又说:"你可要抓紧搞哇,过几天,我们要审查你的画稿。"

彦涵知道拖是拖不过去了,但是,他绝不会按着他们的意图画。回到家里,思索良久,画出了草稿。画面上,一群人在围看诗词和花

307

圈;所有的人都是背影,看不见脸。所以这样画,是因为脸上的表情不好处理。如果是悲痛的,像《丙辰清明》那样,审查肯定通不过;如果按着上面的要求,是"怒火高万丈",自己通不过。想来想去,最好的办法是画背影,至于脸上是何种表情,让人们想象去吧。

画面构图,人群是重心,在画面右侧;几条长长的人影,从左下方投过来,穿过空白处,一直压在群众的身上。那几条阴森森的人影,明眼人一看,就会想到镇压群众的刽子手。

稿子刚画好,院领导就来到彦涵家里,还带着院里的一位画家,审查画稿来了。他们看得很仔细,翻来覆去地看,如搞政审。院领导原先也是搞画的,他在那几条阴影上盯了好半天,问:"画这些黑影是什么意思?"

彦涵早有准备,说:"说明画外还有很多人嘛。"

院领导连连摆手:"去掉去掉,这几个黑影没有多大意思。"

彦涵说:"去掉了,这里就空了,画面不好看。"

院领导连连摇头:"没关系,艺术不是主要的,现在要的是政治。"同来的那位画家说:"这样吧,老彦,我们替你找个人,帮你再加工一下。"说着便把画稿折好,要带走。

"不不不,不就是去掉黑影吗,还是我自己来吧。"彦涵连忙把稿子拿过来。他明白,他们找人加工,肯定按他们的意图改,然后说是彦涵搞的。他们要用老画家撑门面。这简直是在糟踏自己的名声。

院领导不好强行,说:"那好,你抓紧时间,尽快刻出来。我们很快派人把木板送来。"

没过两天,梨木板送到了家里,有好几块。彦涵苦思冥想,应该如何对付。

还未想出办法,七月二十八日凌晨,忽然山摇地动,发生了唐山大地震。地震也波及到了北京。这一震,把院领导们给震晕了,都忙着搭地震棚,顾不上催谁画画了。

彦涵便又拖下去。没拖几天,院领导又派人来催了。彦涵嘴上答应马上搞,来人一走,两脚却迈向了黄永玉家。黄永玉也分了任务。彦涵想看看黄永玉搞了没有,如果也没搞,他就继续往下拖,法不责众啊。

到了黄永玉家,黄永玉已经刻完了,还是套色木刻,正在一个颜色一个颜色地印制,绳子上晾了不少半成品。

"老黄啊,我还没动呢,你搞那么快干什么?"

"咳,就这点事,弄完就完了。"

"老黄,我看还是稳着点,将来,还不知道是怎么回事呢。"

黄永玉看看彦涵,顿有所悟,马上说:"对,不搞了,收,收!"喊里咔嚓,把绳子上的那些半成品,全都扯了下来。

彦涵后来又问了其他几个人,也都没怎么弄。经过这些年的折腾,大家已经有所醒悟,不再盲从上面的旨意了。

到了八月底,领导又派人催问,彦涵说:"现在地震闹得人心慌慌的,顾不上搞哇!"

事情拖到九月份,毛主席逝世,人们忙着搞悼念活动,院领导催得也不是很紧了。到了十月份,领导再也不催了,因为"四人帮"倒台了。没过多久,那位造反起家的院领导,也下了台。

画展最终也没搞成。彦涵白白得了几块梨木板,都是上好的木板。

一九七七年,全国举办美术展览,彦涵送展的唯一作品,就是《丙辰清明》。当时,天安门事件还未平反。后来,他把这幅画赠给了"周恩来纪念馆"。

二十　春　潮

文化大革命终于结束了。

彦涵心情舒畅,被压抑了多年的创作激情,如地火岩浆一般喷发出来。国家百废待兴,经济建设终于成了大事。他为此欢欣鼓舞,创作了一大批有关的版画,如《炼铁厂》、《炼油厂》、《钢铁的臂膀》、《炼钢工人》、《拖拉机手》、《上班去》、《驰骋在祖国大地上》、《耀眼的早晨》……

但是,他的境遇并没有因为"文革"的结束,而得到根本改善。他仍然拿二十年前被划为右派时的工资。这个工资是他划为右派之前的一半,几次调整工资都没有他的份。

全家仍然住在两间九平方米的小平房里。儿子彦东已经结婚了,并且也有了儿子,住其中一间,他和白炎住另一间。这间九平方米的小屋,既是卧室,又是工作间、客厅。一张双人床和一张桌子,占去了大半个空间,其他地方则被瓶瓶罐罐、笔墨书籍塞得满满当当,冬天再安上取暖的炉子,简直连转身的地方都没有了。一九七六年唐山地震以后,他在床上搭了个木架子,上面搁上木板,好似一个小阁楼。以后没有地震了,阁楼也没拆掉,因为上面多了一块面积,可以堆放杂物。他几十年来的作品,统统放在上面。他就在这拥杂的环境之中,捉刀挥笔。木刻的尺寸小,在桌上即可完成;倘若是画大幅国画,人与画之间要有较大距离,他就不得不退到门外了。他戏称自己是"斗室翁",还为小屋刻过一幅画,题目叫《门窗、楼阁、天地、上下》。

许多到过他家的人,都为此惊讶。书法家田原为小屋写过两个字:蜗壳。诗人吕剑还写过一首诗送他,前几句是:

> 斗室无窗光影昏,
> 谁信画家类囚人。
> 局促如斯敢锥立,
> 嶙峋瘦骨能直身。
> 春风未到唯自誓,
> 怀抱天地不知贫。

儿子彦东考大学时,仍然像当年的彦冰一样受阻。彦东从农场回到北京以后,一边工作一边自学,一九七七年底,全国恢复高考,他报考了中央美术学院。他考得相当不错。那次招收十名新生,他考了个第八名。第十一名都录取了,他却落榜。原因是没有通过政审这一关。

一些外国同行到了北京,想见见彦涵,却被有关部门搪塞、阻挠。一切问题的症结所在,皆因为他是右派,摘帽右派仍是右派。右派是被划入另册之人,仍然处处被社会歧视。

彦涵明白,要想彻底改变困境,就必须把头上那顶帽子拿掉。他也明白,这件事解决起来非常困难,领导是绝对不会主动给他解决的,一切要靠自己去争取。

一九七八年二月的一天,天上下着鹅毛大雪,他独自在后海边上走来走去,思考着该如何向上面申诉,以便从根本上解决他的右派问题。这个问题,他已思考过很多次。在干校劳动时的一九七一年,在邓小平重新上台后的一九七五年,在"四人帮"倒台后的一九七七年,他都思考过。每次,他都想得很细:怎样申诉?申诉以后能不能解决?解决不了会有什么后果?会不会说他搞翻案?这些,他都反反复复想过。但是,最终没有采取行动,他觉得还不到时机。

现在,中央对"文革"中的冤假错案已经开始平反,虽然还未涉及到一九五七年的问题,毕竟有了开端,说明执政党已经有了纠正自己错误的勇气。他觉得时机到了,应该立即申诉。当然,这要冒一定的风险,因为眼下,还没人敢提为右派改正的事。人们在许多敏感的政治问题上,还心有余悸,弄不好,原来的帽子没拿掉,再戴一顶新帽子也说不定。

他在雪地上来回走着,终于做出决定:申诉!豁出去了,反正也是趴在地上了,与其永久地趴在地上,不如拼力往起拱一拱,或许能够拱起来。再说,这次拱不起来,大不了还趴着,以后再往起拱。

当天夜里,他写了一份申诉报告,要求对他被划为右派的问题进行复查。第二天,他把报告送交给了文化部党组。

报告递上去不久,有一天,彦涵见到了新上任的文化部长黄镇。当年,彦涵在一二九师工作时,黄镇是师政治部副主任,与彦涵很熟,一九四二年五月反扫荡时,曾在一起突围。谈起当时的情景,两人十分感慨。

聊了一会儿往事之后,彦涵说起被划为右派的事,黄镇听了十分惊讶,说:"怎么把你也打成右派了?"

彦涵说:"偏偏就打了嘛。"

黄镇说:"现在正搞冤假错案平反,你的问题也应该解决。这样吧,你先写份报告。"

彦涵说:"报告我已经写过了,交给部里了。"

黄镇告诉他说:"这方面的事情,由刘复之副部长负责,你可以直接找他,我也会对他说的。"

彦涵心里有了底,对问题的解决,越加有了信心。

过了一段时间,他忽然接到一个电话,是刘复之的秘书打来的,通知他说,刘副部长要和他谈谈。彦涵明白,报告有了反应,很是兴奋,按约定时间到了文化部。

刘复之已在办公室里等候他了。他和刘复之也是熟人,同在一二九师政治部工作过,还在一个屋子里住过一段时间。那时,他俩都二十几岁,一别三十六七年,都老了,但基本模样没有变。刘复之也是刚上任不久,是文化部常务副部长。两个人很随便地坐在沙发上聊起来。

刘复之说:"你的报告我看过了,这是文化部收到的第一份要求解决右派问题的报告。"

"你看了是什么意见?"

"替你解决,一定要替你解决,第一个就替你解决。"

"怎么解决?"

"改正,彻底改正。"

"谢谢,非常感谢。需要我再写什么材料吗?"

"不需要再写了。不过,要等一段时间,你不要急。"

"二十年我都等了,我不急。"

"那好,你等候消息吧。"

"我的问题就这样了,现在,我要替别人讲几句话。"

刘复之稍稍愣了一下,问:"谁呀?你要替谁讲话呀?"

"江丰。"

"噢,江丰啊。"刘复之沉吟了一下,"江丰的问题,现在还没有考虑。"

"他可是个好人哪!"

彦涵就把江丰的情况详细介绍了一遍,然后说:"把江丰划为右派,实在是冤枉好人,他也应该改正。"刘复之一边听,一边点头。

彦涵知道,作为美术界头号大右派的江丰,他的问题解决起来,要比自己困难得多。尤其难办的是,"两个凡是"的观点仍在盛行,即:"凡是毛主席作出的决策,我们都坚决维护,凡是毛主席的指示,我们都始终不渝地遵循。"美术界很多人都知道,毛主席批评过江丰,这就给问题的解决带来相当大的难度。

不过,彦涵对这一点早已想过,认为毛主席对江丰的批评只是口头上的,并没有形成文字。他请刘复之的秘书拿来《毛泽东选集》第五卷,翻到总结一九五七年反右斗争的那篇文章,然后对刘复之说:"你看,毛主席在这里点了一些人的名字。江丰是当时美术界所谓的最大反党集团的头目,可是毛主席并没有说他是右派。这说明毛主席对江丰所谓的问题,并不认为有多么严重。"

刘复之很兴奋,既然毛泽东没有说江丰是右派,那么解决江丰的问题,就不存在不可逾越的鸿沟了。

刘复之点点头:"好,江丰的问题我们要考虑。"

这时,彦涵又说:"还有一个人。"

刘复之笑了:"还有谁呀?"

"冯雪峰。"彦涵又把冯雪峰的情况说了一遍,说了冯雪峰与鲁迅的交往,还讲了三十年代上海的宗派斗争情况,最后说:

"他也是个大好人哪。临死的时候,还要求重新回到党内,说是过去的一切都不管了,只要能让他重新入党,他就满足了,可惜,这一点要求也没有得到满足他就死了。他是应该改正的呀!"

刘复之点点头,说:"他的问题也要考虑。"

彦涵非常高兴,说:"我希望他俩的问题,能和我的问题一同解决。"

刘复之说:"要考虑,要考虑,不过你的问题要先解决。"

从刘复之那里出来,彦涵信心十足,高兴得连车也不坐了,索性迈

春潮 1978年

开大步,走回家去。路上,两边的树木已经吐出嫩绿,远远看去,一顶顶的树冠上,像浮着一朵朵绿色的云彩。

哦,春天悄悄地来了! 彦涵心里充满了喜悦。他预感到,一个重大的社会变革就要到来! 那个就要到来的变革,如同春潮一般,汹涌澎湃,不可遏止。他已经听到了远远海潮的声音,闻到了海风的气息,就像他小时候在海边上所感受到的一样。

没多久,五月十一日,《光明日报》发表了特约评论员的文章:《实践是检验真理的唯一标准》。这篇文章的观点从基本理论上,否定了"两个凡是",立刻引起一场全国性的关于真理标准的大讨论。

就是在这样的一个春天,彦涵怀着内心的狂喜,创作了版画《春潮》:波浪滔滔,春潮涌动,一群海鸥展开钢刀般的翅膀,迎着高耸的浪尖,欢叫飞翔……他像刻刀下的海鸥一样,张开双臂,大声欢呼春潮的到来。

也就在这样的一个春天,彦涵有了一个想法:举办一个个人画展,为即将到来的春潮鼓与呼。可是,谁会为一个右派举办画展呢? 冰河虽然开始解冻,右派仍是冻土地带,谁愿意惹这个麻烦?

这天,彦涵家里来了一个年轻人。年轻人叫关乃平,以前在延庆县插队,现在回城了,在西城区文化馆搞美术。其父亲是著名水彩画家关广志。五十年代初,关广志困难时,曾得到过彦涵的帮助。关广志去世后,其夫人常对关乃平讲:"我们不能忘记帮助过我们的朋友,你要常去看看你彦伯伯。"

关乃平时常来看望彦涵,也聊些艺术上的问题。这次两人又聊起来。聊到兴头上,彦涵从床顶上搬下一个个木盒子,把保存在里面的各个时期的作品,一一拿给关乃平。

关乃平虽然看过彦涵不少作品,但如此系统地看,还是第一次,许多作品从未见过。令他惊讶的是,彦涵自五七年被划为右派后,竟在逆境中创作了那么多作品,约有三百多幅。这需要多么顽强的毅力啊!

还令他惊讶的是,过去,他只知道彦涵是著名的版画家,没想到他的国画也功力深厚,别具特色。关乃平还发现,打倒"四人帮"之后,彦涵的创作风格有了很大的变化,充满了浪漫气息,令人耳目一新。

关乃平看完这些画,情绪有些激动,很认真地说道:"彦伯伯,我想替您办一个个人画展,您看好不好?"

彦涵看看他,说:"这当然好,可是,我的情况你也许……"

关乃平说:"这个您不用管,我去给您操办。"

小伙子确实能干,他先找到西城区文化馆领导,提出要给彦涵举办个人画展的想法。事情偏偏那么巧,文化馆的领导是一位老太行,曾在晋东南的鲁艺分校学习过,当然了解彦涵,他当即拍板同意。

接着,关乃平又到处奔波,联系展览场地,最后得到景山公园领导的大力支持,同意在景山公园的大殿里举办画展。事情进行得很顺利,几乎没费太大周折。

一九七八年十月,《彦涵个人画展》在景山公园正门的大殿里如期举行。展品有一百多幅,有版画,也有国画,少部分作品是战争时期的,大部分是建国以后的,其中有五幅一九七四年的"黑画"。打倒"四人帮"以后的作品,所占比重更多一些。

画展开幕后,每天观众络绎不绝。从一九五八年起,彦涵整整二十年没怎么露面了,但很多观众依然记得他,记得他的作品。尤其那些上了年纪的人,怀着久别重逢般的感情,在那些他们熟悉的和不熟

1978年,中央美院成立"年画、连环画系",彦涵任第一任系主任。前排左起:冯真、彦涵、江丰、贺友直;后排:杨先让、刘千及学生们。

悉的作品前,流连忘返。观众留言册上,写满了赞誉之词,还有诗,为他丰富的人生经历和充满激情的作品,为他在逆境中顽强不屈的创作精神,感到由衷的敬佩。

彦涵的许多老朋友老同事,还有他的许多学生,都看了画展,表示了由衷的祝贺:宝刀不老!令人振奋!

蔡若虹也去了。蔡若虹在"文革"中受到了冲击,"文革"后官复原职,仍在美协当领导。蔡若虹看了之后,很是感慨,对彦涵说:"老彦哪,确实不错,没想到哇,祝贺你呀。"

展览会上,有三幅画稿十分惹人注目,即人民英雄纪念碑《胜利渡长江》浮雕的设计画稿。一九五三年,还在中央美院教书的彦涵,参加了人民英雄纪念碑的浮雕设计工作。当时,中央调集了以中央美院为主要创作力量的画家和雕塑家,组成了美术创作组。组长是文物局局长郑振铎,常务副组长是雕刻家刘开渠和彦涵。刘开渠负责雕刻方面的组织工作,彦涵负责画稿设计的组织工作。彦涵担此重任,是郑振铎点的将,认为他有丰富的战争生活经验,是负责组织画稿设计的最佳人选。

纪念碑上有八块浮雕,正面的一块,是《胜利渡长江》。因其重要,郑振铎指名由彦涵设计。雕刻者则是刘开渠先生。

为了把握好作品的总体基调,彦涵起草画稿时,心里一直哼唱着《中国人民解放军军歌》,"向前,向前,向前"的激昂的旋律,化为飞扬的线条,最后凝固在气势磅礴的画面上。他前后画了三稿,最后采用了第二稿。

一九五六年,纪念碑的八块浮雕全部完成。一九五八年,整个纪念碑胜利竣工。彦涵此时已被划为右派,于是,他的名字便从纪念碑浮雕的创作者名单中,被彻底删除。

与他一起被删除的还有另外四个人:《太平天国》的浮雕设计者李宗津,浮雕雕刻者王炳召,《五四运动》的浮雕设计者冯法祀,《八一南昌起义》的浮雕雕刻者肖传玖。其原因,也因为是右派。

纪念碑浮雕是集体创作,其中包括八位画家和八位雕塑家,都是五十年代著名的艺术家。但是在署名问题上,最后只剩下了刘开渠一人。历史真相就这样被掩盖了。没有人站出来,说出事实真相。久而久之,在人们的印象中,刘开渠先生成了纪念碑浮雕的总体设计者和创作者。

一九七八年,当《胜利渡长江》浮雕的设计画稿,在彦涵画展上第一次公开展出时,许多观众,尤其是中老年观众,脸上不禁露出受蒙多年、方知真相的惊讶表情,并对画家油生敬意。

画展本来一个星期,在观众不断要求下,展期一再延长,最后展出了二十一天。展览还没结束,各省市请彦涵去举办画展的邀请,便接连不断。

一个右派能举办个人画展,且受到如此热情的欢迎,让彦涵真切地感受到,政治气候变了,一个变革的时代正轰然到来,恰似滚滚春潮。因此,《彦涵画展》也可名之为《春潮画展》。

二十一　平　反

　　十二月中旬,彦涵正要去大连办画展,李伯钊打来电话,告诉他说,杨尚昆从山西回到北京了,有时间过来见见面。

　　此前,李伯钊曾找过彦涵,她写了一部描写长征的小说,请彦涵为它刻插图。当时,杨尚昆还没有住处,暂时住在西直门的中组部招待所,彦涵便到招待所,看望杨尚昆和李伯钊。

　　杨尚昆不在家,李伯钊马上让儿子去叫。没一会儿,杨尚昆兴冲冲地回来了,他一把抱住彦涵的肩膀,亲热地叫道:"彦涵哪,老同志了,老同志了!"三十多年没见了,大家一见如故,互相询问彼此的情况。

　　杨尚昆正准备恢复工作,精神极好。他兴致勃勃地说:"刚才他们找我谈了,要把文化大革命抄家的东西退还给我。我告诉他们,先把我的皮大衣给我。天冷了,我要穿皮大衣了!"

　　彦涵很兴奋。杨尚昆是"文革"中最先被揪出的一个,现在解放了,所谓的彭罗陆杨反革命集团,也就不存在了,这又是一个好兆头。

　　杨尚昆问到彦涵的情况,彦涵就把这些年的情况说了一遍,特别提到了一九五七年的事。杨尚昆好像不大清楚他被打成右派的事,说:"当时你怎么不找我呀,我给他们打个电话,说一下就完了嘛!"

　　当时,如果彦涵找了杨尚昆,以他的中央办公厅主任的身份,替彦涵说上一句话,事情很有可能是另外一个样子。彦涵当时也确实想过找他,但考虑再三,最终没有找。

　　"我倒霉的时候不能找首长。我不愿意给首长添麻烦,不好意思。"

　　"哎,这有什么关系,打一个电话嘛!"杨尚昆说,"不过,这件事你不要着急,很快会得到解决的。中央马上要开十一届三中全会了,一些重大历史问题,这次要有很大的变化。"

他告诉彦涵,他回北京,就是准备参加十一届三中全会的。彦涵明白,杨尚昆所说的"一些重大历史问题",除了文化大革命之外,也包括一九五七年的反右和一九五九年的反右倾机会主义。他马上想到了彭德怀,想到了那幅《彭德怀将军在抗日最前线》。

"杨主任,你还记得我在太行时,刻的那张彭总的像吗?"

"当然记得,你还送给过彭总一张嘛。"

"我后天要去大连办画展,彭总的那张像能不能挂出来?"

杨尚昆略略想了一下,说:"晚几天。晚几天,彭总的问题就要见报了,等见报那天你再拿出来。"果然,《彦涵画展》在大连开幕的第三天,报上发表了为彭德怀平反昭雪的消息。这是中共十一届三中全会做出的决定。会议还纠正了过去对陶铸、薄一波、杨尚昆等人的错误结论。

彦涵兴奋异常,想把《彭德怀将军在抗日最前线》挂到展览会上。可是,他早就没有这幅木刻原稿了,连印刷的也没有。一九五九年庐山会议之后,彭总木刻像成了禁品,五十年代初出版的《彦涵木刻选集》,也因印有彭总木刻像而成禁书。"文革"时,出版社把库存书中的彭总木刻像,全部撕下销毁了。

幸好,帮他举办画展的大连美术出版社的美编张家瑞,还存有一本完好的《彦涵木刻选集》。张家瑞立即将彭总木刻像翻拍成照片,然后放大印制出来。彦涵亲自把它挂在展览会上,并在彭总像前照了相。

彭总的像一挂出来,立刻有许多观众围在像前,久久伫立。有的老人眼含泪花,对着彭总的像深深鞠躬……

画展在大连是一个星期,然后去沈阳。画展快要结束时,沈阳鲁迅艺术学院院长张望赶到了大连,亲自迎接彦涵去沈阳。

就在这时,彦涵忽然接到一封电报,是中国美协打来的,上面只有五个字:请立即返京。他兴奋地对张望说:"看来我的问题要解决了!我现在要马上回北京。真是抱歉,沈阳我去不成了。"

张望说："这是大事,头等大事！老彦,你走你的,展览的事全包在我身上了。"第二天,彦涵便匆匆飞回北京。

彦涵一到北京,美协的副秘书长老阚就进了家门。老阚和彦涵住一个院,负责美协的复查工作。老阚告诉彦涵,文化部把他的申诉报告转给了美协,美协党组对他的问题进行了讨论。

时间过去了二十年,现在的美协领导,仍是当年的美协领导,其中包括蔡若虹。当年,他们将彦涵划为右派,今天又要来改正,这等于承认他们搞错了。这对他们来说,并不是一件容易的事。尽管如此,事情还是顺利地通过了。

老阚说,对你的问题,美协党组一致同意,推翻一九五七年的错误结论,给予改正。

"就是说……平反?"彦涵问。

老阚点点头:"可以这么说。"

老阚说:"老彦,我现在要代表美协复查工作小组,给你写一份改正的结论,想征询你的意见。打电报请你回来,就是为了这件事。你看怎么写好?"

彦涵想了想,说:"这样吧老阚,请你先写个草稿。原则是实事求是,推翻一切不实之词。"

老阚说好,就请了假,闷在家里起草改正结论。

老阚非常认真,一千多字的结论,翻来覆去写了好几天。彦涵夜里出来上厕所,看见老阚家的窗户上,还映着他埋头写字的身影,心里很感动。

老阚写完,又来找彦涵,征求他的意见。

大概是一九五七年那薄薄的一纸结论,在头上一压就是二十年,让彦涵深知那张纸的分量有多重,因此对老阚写的改正结论,格外看重,一字一句看得非常仔细。

彦涵看完之后,对老阚说:"基本可以,但我希望再加上一段,就是对我参加革命以来的表现,做一个全面的鉴定。"挨整多年,被人整怕了,彦涵觉得有个全面结论,今后至少可以保险一些。

老阚说:"对,对。"

于是又改了一回,交美协党组讨论。美协党组一致通过,盖上了美协的公章。老阚拿着盖了美协公章的改正结论,请彦涵在上面签字。

彦涵又仔细看了一遍,接过老阚递过来的钢笔,在上面郑重地写下了"同意"两个字,签了名,并写上了日期:一九七九年一月二十五日。

他把笔还给老阚,声音有些低哑地说了一句:"老阚,谢谢你……"老阚也有些动情,看看他,拍拍他的手,然后走了。

紧接着该过春节了。彦涵意外地收到了一张请束——文化部邀请他参加在人民大会堂举行的春节联欢晚会。

他换上多年不穿的毛料中山装,兴致勃勃地来到人民大会堂。这是二十一年来,他第一次以受人尊敬的身份,出现在公开场合里。

台湾厅里,聚集了许多知名的艺术家、画家、作家和诗人。他看到了艾青,看到了丁玲……握手,聊天,好多年不见了,大家都老了,眉眼上却闪着年轻人的喜悦……大厅里放好了纸墨笔砚,让画家和诗人们一显风采。彦涵画了一幅国画,就是他曾经刻过的那幅《春潮》。笔意潇洒,激情飞扬。黄镇站在一旁看着,翘起拇指,连连称好。

第二天,中央电视台的《新闻联播》播放了这个画面。《人民日报》的新闻报道里,也特别提到了彦涵和他的《春潮》。彦涵想,这或许就是为他公开恢复名誉吧。

彦涵以为,美协党组在他的改正结论上盖了章,自己也签了字,他的问题就算彻底平反了。于是,就等着恢复党籍,恢复待遇,安排工作。可是等了十多天,却没有什么动静。

他不明白是怎么回事,就去问老阚。老阚向他解释说,中央组织部来了个指示,要把文联系统的艾青、彦涵、郑野夫三人的材料送到组织部,现在材料已经送去了。

老阚说:"你们三个人的改正问题,要由中央组织部决定。"彦涵一听,心里犯了嘀咕,会不会上面又出了什么变化呀?又一想,不会的,哪能老折腾呢!再说,由中央组织部管,更好,站得高,看得远。

又等了一个星期,还是没有什么消息。他有点急了,画画也塌不下心来,便跑到文化部落实政策办公室去询问。一个上了年纪的女同志接待了他。女同志很热情,安慰他说:"你放心好了,不会有问题的,只是履行一个组织手续问题。中央组织部现在非常忙,需要平反的人太多了,你再耐心等一下。"

彦涵说:"请你打个电话催一下好不好,我已经等了二十一年了!"

女同志很理解地笑了笑,正要打电话,通讯员匆匆走进来,把两个卷宗交给她。

女同志拿起一看,立刻兴奋地叫道:"来了!彦涵同志,你的材料来了!中央组织部来的!"

彦涵朝卷宗上一看,果然,其中一个写着自己的名字,另一个写着郑野夫的名字。他的心几乎都要跳出来了,迫不及待地问:"现在可以打开看看吗?"

女同志说:"当然可以。"

于是当即打开彦涵的卷宗。里面正是中国美协写的改正结论,上面有中央组织部的批示:

同意你们对于彦涵同志错划为右派的改正结论。恢复党籍,恢复原工资级别,公开恢复名誉。

中共中央组织部
一九七九年二月十七日

彦涵看罢,缓缓抬起头,声音有些嘶哑地说:"我等了二十一年,头发都等白了,等的就是这个结论。谢谢你们,谢谢你们。"

他用力地握了握那女同志的手。女同志眼圈有些发红地说:"这

么多年了，不容易呀，彦涵同志，祝贺你。""谢谢，谢谢。"

当晚，彦东特意上街买了瓶好酒，全家人——彦涵、白炎、彦东、彦东的爱人，还有咿咿呀呀的小孙子，聚在一起吃饭祝贺。彦涵喝了好多酒，喝得非常痛快。

彦东也喝了不少，望着父亲花白的头发，想起许多辛酸往事；现在虽然平反了，父亲却老了。想到这些，不禁感叹道："爸，这二十一年，你能挺过来，不容易呀，损失的东西太多了……"

彦涵哈哈一笑，说："儿子，不要那么想。不管怎么样，这二十一年，我没有虚度，我搞了三百多张木刻，还有那么多国画。这是最让我感到欣慰的。假如我虚度了，什么作品也没搞出来，白吃了二十一年的饭，现在平反了又能怎么样？那才是最大的损失呢，是永远无法补回的损失。"

彦东望着父亲，眼里闪出泪花，举起杯来，说："爸，为您这三百多张作品，干杯！"全家人一起举起酒杯："干杯！"

1979年，彦涵带领"年画、连环画系"的学生们，到敦煌进行考察。

二十二　劫后重逢

接到平反通知的第二天，彦涵便去了江丰家。他要把自己平反的消息，第一个告诉江丰。自己虽然平反了，但江丰还没有，他要帮着江丰尽快平反。

二十一年来，江丰的日子并不比彦涵好过。一九五七年以后，他被下放农村劳动，"文革"中又挨了一通批斗，然后被弄到了天津郊区的五七干校。从干校回来后，没处可去，就被街道居委会管起来，每天给退休的老头儿老太太读报纸，中央美院每月发给他一点生活费。"四人帮"倒台后，中国美术馆把他要去，做些整理资料的工作。

彦涵突然来访，让江丰非常激动。为了避嫌，少惹麻烦，两个人除了"文革"初期，在批斗台上，曾以喷气式的姿势打过照面之外，已经好多年没见了。劫后重逢，说起二十多年来的风雨坎坷、世态炎凉，互相一阵感叹。

感叹过后，彦涵便和江丰谈起一九五七年的事。他问江丰："你向上面打了报告没有？"

江丰说："没有打。"

"你怎么还不打？"

江丰顾虑重重地说："能解决吗？我听别人传，现在有些舆论说，江丰是毛主席批评过的，性质严重，不可能平反。唉，这些年苦头吃够了，我怕打了报告，再惹出麻烦，等等看吧。"

"你还等什么？江丰同志，这件事你不要不动，不要因为五七年，吓得连话都不敢讲了。告诉你，我现在已经平反了！"

江丰惊讶得呆了一下，好像不大相信："真的吗？"

"这还能假吗？现在，我的党籍、工资、级别全都恢复了。"

"是吗?"

江丰认真地看看彦涵,信了,马上振奋起来,急急地问:"那我的问题……"

"民不讼,官不理,你自己要主动打报告。直接打给中央组织部。"彦涵便把自己的平反过程讲了一遍。

江丰听了,信心大增,说:"打报告,马上就打。"

说完,又有些为难:"事情过去了这么多年,手头连个旁证材料也没有,怎么写呢?"

彦涵似乎早有准备,说:"我给你带来份材料,你一定用得着。"说着从口袋里掏出一份材料。

这是一九五七年,文化部召开的美术界整风座谈会的发言记录。那次会议的发言记录,后来刻印成册,发言者人手一册。文化大革命中,许多存有发言记录的人怕招灾惹祸,都偷偷烧了。彦涵非但没烧,还手抄复写了几份,分几处藏起来。这份记录很厚,足有五六万字。

江丰很惊讶,说:"我的那份早没了,没想到你还留着。"

彦涵翻动着材料说:"这是历史呀,现在用得着了。你看,这里面几十个人都在替你说话,你还犹豫什么?你把它抄下来,直接交给中央组织部,这就是旁证。"

江丰更有信心了,说:"好,我马上就打报告!我先看看材料。"

彦涵说:"你抄完,还要还给我。这上面好些发言的人,都被打成了右派,他们也不会保存的。我相信,这份材料在他们平反中,会起一定作用的。"

彦涵走后,江丰和老伴儿昼夜加班,抄完了材料,连同申诉报告,一同交给了中央组织部。

彦涵是所谓的江丰反党集团中第一个平反的,在美术界也是最早平反的一个。彦涵平反以后,给美术界,尤其给中央美院其他被打成右派的人,以极大的鼓舞,纷纷要求平反。那份材料,江丰抄完后,彦涵又给了中央美院,为他们平反提供证明。

彦涵平反后,许多朋友、同事见了他,都纷纷表示祝贺。但是,当年把他打成右派的美协领导,见了彦涵,却从来不提此事,更没有一句道歉的话,好像世上从来就没有发生过这件事。

平反十几年后,终于有人道歉了。道歉者是当年美协的秘书长华君武。一次,人民大会堂有个活动,华君武和彦涵都参加了。华君武十分真诚地对彦涵说:"老彦,过去,我在许多事情上,是对不起你的。今天,我要向你郑重地道歉!"

彦涵摆摆手:"那是运动嘛。"

那时,华君武和彦涵都已是八旬老人了。

转眼春天过去了。初夏的一天,彦涵正在院里刻木刻,江丰突然来了,他是坐小汽车来的。下车时,彦涵看到了,笑着说:"坐汽车来的?"

江丰一脸的兴奋:"坐汽车来的,从文化部来的。"

彦涵说:"我猜到了,你的问题解决了。"

"解决了,解决了!刚找我谈完。从文化部出来,我连家还没回呢,就直接到了你这儿,我要第一个告诉你。"

"快,屋里坐,屋里坐。"

彦涵赶紧收拾起东西,引江丰进了屋子。两个人在小屋里谈了好久。说起二十一年的坎坷,不胜感慨,恍如隔世。

江丰动了感情,对彦涵说:"唉,当初为了我,你和许多同志都跟着遭到不幸,每回想起来,总让我感到欠了大家一笔债……"

彦涵连忙摆手:"江丰同志,你不要这么讲,我当时不过是讲了几句公道话,后来弄到那种地步,我实在是没有想到。"

江丰说:"我可能要回美协了。"

彦涵"噢"了一声,说:"那你们又要在一起共事了。"彦涵指的是蔡若虹。

江丰笑着说:"过去的就让它过去吧,现在不是讲朝前看吗?大家还是朝前看吧。"

彦涵说:"是啊,来日无多,抓紧时间干点事吧。我现在只想画画,如果身体不出大毛病,再画二十年没问题,而且要出新。"

江丰说:"压了你这么多年,现在平反了,你应该出一本大的版画集。"

"我也有这个想法。从一九三九年到一九七九年,整整刻了四十年,出本像样的画集,也算是对以前的一个总结。"

"好,要搞就搞得大一些,选它一二百幅。"

"江丰同志,那就请你来写序言,你看怎么样?"

"没问题,我来写,过几天就给你。"

两个人聊得正起劲,来了一位不速之客——人民美术出版社的田郁文。田郁文是彦涵五十年代初的学生,当时还是位班长,现在也五十多了。两个人起码有二十年没见面了。

彦涵非常高兴,立即替田郁文和江丰互相做了介绍,然后问田郁文:"什么风把你吹来了?"

田郁文有些不好意思地说:"二十多年了,一直想来看看彦先生,可是……"

彦涵忙说:"理解理解。"

"听说彦先生平反了,一是来表示祝贺,二是这么多年了,彦先生不能发表作品,现在我们想为彦先生出一本版画集。"

彦涵一听,笑起来,说:"这可太巧了!我和江丰同志正谈出画集的事,江丰同志还要为我的画集亲自写序言呢!"

田郁文说:"那太好了,江院长最了解彦先生,由江院长来写序言再合适不过了。"

江丰马上对田郁文说:"对彦涵这样卓有成就的老画家,你们应该替他好好出本画集,出得厚一些,多选些作品。"

田郁文大包大揽,说:"没问题,一切都由彦先生决定,我们照出就是了。"

彦涵看看田郁文,说:"你有这么大权力?"

田郁文笑笑说:"基本说话算数吧。"

"你现在是出版社的……"

"社长。"

"怪不得呢!"

彦涵和江丰都禁不住笑起来。

三个人聊了好久,还看了彦涵许多画。彦涵十分兴奋,说起今后,兴致勃勃,话语滔滔,人也好像年轻了许多。这是一个晴朗的夏日,阳光从门外照射进来,在他鬓发斑白的头上跳跃闪烁……

彦涵平反之后,冷清多年的小屋忽然间变得热闹起来。老朋友们来祝贺,过去的学生来拜访,美术青年们来求教,报刊来约稿,记者来采访,外地来人邀请他去办画展,甚至海外的学者、画家,也七绕八绕地找到这所低矮的小屋。

彦涵一概热情接待,只是时间赔不起,他要抓紧时间画画。于是写了个牌子:"工作时间,请勿打扰",白天挂在门外,晚上摘下来。

一天晚上,有人敲门。屋门打开,一位衣着有些邋遢的老者站在门口,一个三十岁左右的年轻人搀扶着他。

彦涵足足愣了几秒钟,怎么也认不出来者是谁,猛然间,惊喜地大呼一声:"哎呀,又然同志!你这是从天而降啊!"手忙脚乱地把李又然让到了屋里。

李又然,就是当年在沙城,要给毛主席写信推敲标点的老诗人。彦涵自一九五九年离开沙城后,已经整整二十年没有见到他了。此时,李又然已年过七十,老态龙钟,步履蹒跚,是由儿子搀扶来的。

坐下以后,李又然一边和彦涵说着话,一边急急忙忙掏口袋,最后掏出了一个信封,放在桌上,说:"老彦哪,我今天是来还你钱的。"

彦涵愣了:"什么钱?"

"在沙城的时候……"

彦涵想了想,明白过来,顿时哭笑不得,郑重地说:"又然同志,你没有借过我的钱,那钱是我送你的。"

"不,是我借你的。"李又然非常认真,"我借你的每一笔钱,都一一记在我的小本子上。其他人的,我也都一笔一笔有账。"说着,真就掏出一个小本子,翻给彦涵看。本子上密密麻麻写满了一行行名字、数字、日期。

彦涵心里一阵发酸,说:"老兄哎,你这是干什么?都是老同志,老朋友了,我那不过是尽一点朋友之力呀。"

"不不,借钱要还,一定要还。以前我还不起,整整二十年,我都还不起,时间太长了。现在我平反了,有工资了,我得还,一家一家还,还要加上利息,连本带利一起还。"

彦涵几乎呆住了,说:"利息?又然同志,你……你这是说到哪儿去了?这钱,我绝对不要。"

"你一定要收下。"李又然执拗而动情地说,"老彦哪,我欠你的绝不是几个钱,这是情啊,是朋友之间真正的情,这个情我用多少钱也买不来,也还不清的呀!"

"又然同志……"

"好吧,老彦,咱们是患难与共的朋友,咱们不说还,就算是我的一点心意吧,你如果不要,我于心不安哪……"说着,李又然的眼睛湿润了。

彦涵点点头:"好吧,你的心意我收下了。"

李又然高兴了,说:"老彦哪,今天我来,一是还债,二是喝酒。"说着从手提兜里拿出一个纸包,打开,是只烧鸡。

彦涵赶紧起身,到外面木板搭的小厨房里,看看有什么菜没有。可翻了半天,什么也没有翻到,只找出一瓶酒。

李又然说:"有酒,有鸡,这就很好,咱们主要是说说话。"于是,两个人就这么一瓶酒加上一只鸡,手撕嘴啃,边吃边喝边聊,二十年的酸甜苦辣,尽在其中……

二十三　衰年变法

右派帽子没了,顶顶桂冠便落在彦涵头上,什么全国文联委员、美协书记处书记、版画协会副主席,头衔不少。工作也恢复了,聘为中央美院

1980年,彦涵搬入新居,创作激情四射,并开始"衰年变法"。

终身教授。各地纷纷来函来人,邀他去办画展,去讲学,参观游览,写生画画。就在他平反的当年,彦东顺利地考上了中央工艺美院的研究生。房子也解决了,彦涵按照副部级待遇,住进了复兴门外的高层公寓楼,并终于有了一间画室兼客厅。可谓今非昔比,鸟枪换炮。

但是,磨难结束了,苦恼却来了。进入八十年代以后,彦涵清醒地看到,随着时代的变化,人们的审美观念也在变化,与战争年代乃至六七十年代相比,有了明显的不同。他必须适应这个变化,否则就会落伍。另外,他也明显地感觉到,他的许多想法,如果还用过去的创作路数,已经很难表现了。他必须从根本路数上来个改变,不能重复自己,更不能重复别人,他必须独辟蹊径,走一条自己没走过,别人也没有走过的路。

这等于向自己挑战。在别人看来,他早已功成名就,他在中国版画史上的重要地位,已无可撼动,他只要按着以往曾给他带来许多荣誉的创作路数走下去,就会不断赢得新的荣誉——在同时代的版画家中,还有几人能够保持旺盛的创作势头,新作迭出呢?

不幸的是,他这个人太不安分了,人生也好,艺术也罢,他总是不安于现状,总是追求新的目标。过去的运动那么折腾他,他都没有停止过对艺术的追求,现在条件好了,就更不会满足已有的成就,靠着老本儿安度晚年了。于是,整天,整天,他满脑子想的,就是如何改变以往的创作路数。

其实,他的创作路数,从一九七八年就开始改变了,其标志就是《春潮》。与以往的作品相比,《春潮》变化极大,简洁、明丽、浪漫,有很强的装饰性,还有点儿国画的味道。无法说清这是一种什么变化,但确确实实有了变化,好似另人所画。

《春潮》只是一个开端,在此后的两年里,他刻了很多很多写意式的版画作品,无论形式、语言,还是技法、色彩,都呈现了新的面貌:热情奔放,青春洋溢,很有现代感,又富形式感。报刊上不断有人写文章,赞扬他的版画有了新的突破。

他却觉得,突破得不够,他的一些想法,仍无法得到很好的表现。他要寻找一种能表达他内心真实思想、感情,乃至情绪的形式。为此,他彻夜不眠,苦苦思索。

就在这时候,一九八〇年,他和余本、黄永玉应菲中友好协会邀请,去菲律宾访问,同时举办他们的"三人画展"。菲律宾曾是西班牙的殖民地,而西班牙又出过戈雅、毕加索这样伟大的画家,所以菲律宾的艺术受西方影响很深,西方艺术要比本土艺术繁荣得多。彦涵三人在马尼拉参观了一些博物馆,还应邀到十几位菲律宾画家的家里做客,参观他们的画室和私人陈列室。

这一参观不得了,彦涵仿佛经历了一场地震,一场艺术上的大地震。他第一次看到了各种各样的现代形式的作品,有绘画,有雕塑。这些作品,没有通常所见的具象,有的甚至看不出是什么东西,让人琢磨不透。但是,你不能不承认它们的美,那是一种新奇的、超现实的美。它们好像并不想告诉你什么,但是却有种说不清的魔力,吸住你的目光,抓住你的情绪,让你愉悦,让你回味,引起你的共鸣。有的作品不光形式美,还透出一种哲学意味。这是现实主义作品所难以表达的。

彦涵惊讶得几乎呆住了:现代作品原来竟有这么大的艺术魅力!还让他惊讶的是,菲律宾画家的观念非常开放,没有条条框框,也没有前怕狼后怕虎的顾虑,想怎么画就怎么画,完全按着自己对世界和艺

1980年,和菲律宾的画家们进行艺术交流。

术的理解来创作。一定是这样——彦涵猜想道,否则,不可能产生那么多的奇思妙想,创造出那么多的表现形式,形成那么多的风格流派。

面对这些令人眼花缭乱的作品,彦涵思绪纷乱,想了很多很多。过去,我们老说资产阶级艺术是腐朽的、没落的,现代派艺术更是乱七八糟、乌烟瘴气,几十年来,大家都唱这个调子。可是它究竟腐朽在哪里,又没落在何处?绝大部分人都没有见过。没有见过,就品头论足,妄下定论,实在可笑又可悲。

现在终于见到了。这不是很美很好么?

离开博物馆,他还在想,不是讲艺术要为人民服务吗?资本主义社会从文艺复兴到现在,艺术家们创造了那么多的伟大作品,不也是贡献给了人类吗?这算不算为人民服务?

回到宾馆,躺在床上,他仍激动不已。多少年了,我们一提创作,就是现实主义,而排斥其他的创作方法。现实主义确实是一种好的创作方法,但并不是唯一的方法,我们不能画地为牢。人家的形式和方法那么多,我们为什么不可以吸收过来,用在我们的创作里?我们过去的路子太窄了。我们不能老是传统传统传统,不能老是抱着过去的一套不放,现在应该好好改变一下观念了。过去是关门主义政策,没办法,现在既然看到了,人家的好东西就摆在面前了,如果还不去接受,那就太愚蠢了。

坐上回国的飞机,他仍思绪不断,想今后的创作路子怎么走。他已经模模糊糊看到了那条路子,那就是大胆地把现代艺术的东西拿过来,好好咀嚼,认真消化,变为自己的营养,进而化为自己的艺术。至于这艺术,是什么主义什么流派,就不管它了,只要能够更好地表现自己所要表现的东西就行。其实,主义也好,流派也罢,还不是人创造出来的?

他为自己这个想法吓了一跳。如果是这样,几乎等于从头来呀!他已经六十五了。六十五了又怎么样?才刚刚步入老年嘛。许多有成就的大画家,不就是在晚年锐意求新,施行变法的吗?

回到家里,咔嚓一下,他把抽了四十多年的烟戒了。又咔嚓一下,酒也戒了。既然要大干一场,那就要有个好身体。

他铺好纸,提笔蘸墨,写下四个大字,贴在墙上:衰年变法。

两年过去,彦涵的画风大变。

主要是形式上的变化,结构、语言、色彩、技法,几乎来了个彻底的更新换代。他的创作过程,就是寻找和提炼美的形式的过程。甚至,他常常是在生活里发现了一种美的形式,然后才有了作品。比如《少女与海豚》,一个少女骑在海豚身上,迎着海浪飞驰,少女和海豚都被变形为"S"形,而浪花变形为一个个圆点,呈现出几何图形,很美。还有《泰山挑夫》,山与人、石阶与挑筐,全呈棱角分明的板块状,而飘动的云彩则是椭圆形,圆方相托,黑白相映,极富装饰性。

即便是自传体的木刻组画《生活》与《大嫂》,也摒弃了完全的写实,把浪漫的、写意的、现代的、象征的、比喻的、夸张的、变形的等等创

333

少女与海豚　1982年

1982年,在大宁河上写生。

作手法,杂糅一起,使得作品风格新奇,个性飞扬。

这些作品展出后,许多人都很惊讶。熟悉他的,几乎不大相信是他搞的——变化太大了;不知道他的,还以为他是个年轻人——一个老人怎么会有如此年轻的心态!

这仅仅是个开始。一九八二年,彦涵率团去日本,出席内山嘉吉捐赠作品的展览会开幕式,并参加中日版画家的学术交流会。这次让他难忘的,是参观箱根的"雕塑之森"。

日本有钱,从西方买进了许多世界著名雕塑家的作

1982年，彦涵率中国版画家代表团访问日本，在内山嘉吉先生家里作客。

品，包括现代雕塑，米隆的、罗丹的、布德尔的、马月尔的，全是原作。"雕塑之森"在风景区里，数百座铜雕、石雕以及各种材料的雕塑，错落有致地分布在绿草茵茵的山坡上，或是碧波粼粼的湖水中，与湖光山色交相辉映，与大自然融为一体，和谐、宁静而浪漫。置身其间，给人的最大感受就是一个字：美。

彦涵又一次受到震撼，引起他关于形式美的诸多思考。

接着，一九八三年，他又去了一趟美国，率团参加"中国现代国画巡回展"开幕式。他抓住机会，又是猛一通参观，看了许多著名的美术馆：亚洲博物馆、大都会博物馆、现代艺术博物馆、古根汉姆博物馆、华盛顿国家美术馆。和美国一比，他在菲律宾和日本所看到的，不免有点儿小巫见大巫了。

在这些博物馆里，从文艺复兴时期的传世精品，到流派纷呈的现代杰作，藏品之丰富，水平之高超，对彦涵来说,实在是前所未见。现代作品自不必说,即使是古典作品,过去虽然看过不少,但是看画集与看原作相比,效果相差甚远,感受大不相同。几乎每到一处,他都看得两眼发直,放光,迈不动脚步。陪同他的旅美画家陈逸飞等人,不得不经常提醒他:"彦先生,抓紧时间往下看,后面还有更精彩的。"

岂止精彩,简直可以说是辉煌,辉煌至极!他惊讶,恍惚,甚至有点疑惑:人类怎么会有这么高的才智?怎么会有这么丰富的想象力和创造力?

回到北京,和家人说起美国之行,仍兴奋不已,慷慨激昂:"再不能背着过去的包袱走路了。一个搞艺术的人,二三十岁时就这么搞,七八十岁了还这么搞,有什么意思?如果是那样,趁早告吹,退出艺术舞台。"

说着说着,从椅子上站起来,像在课堂上演讲:"一个艺术家,晚年在艺术上的成败,就看他对新的东西能不能吸收,能不能消化,能不能把它们变为营养,铸成新的艺术。一定要变,大胆地变,艺术观念要变,思维方式要变,创作方法也要变!"听得彦东也热血沸腾。

一晃,又是四年过去了。这回,变化就更大了,变得愈加奇异、浪漫。

在延安的时候,艾青就对彦涵说过:"我发现你的作品不光是现实主义的,里面还有浪漫主义的东西。"这话,说到了彦涵艺术气质的本质。他骨子里就是个浪漫的人。但是,过去提倡的是现实主义,他想浪漫却一直浪漫不起来,现在,他的浪漫天性终于可以发挥了。

大概是被束缚得太久了,这一发挥不得了,简直上天入地,遨游四方,没了边际。他让树木长上眼睛,让人长上翅膀,让展翅的鸟儿长有人的面孔;草木常常是蓝色的,像是童话世界里的精灵;梦境常常具有现实感,而现实又常常带有梦幻色彩,让人分不清哪是现实哪是梦幻;他让人和鱼一起游动,与火共同起舞。画面完全是变形的,甚至是抽象的。有时,他会把物象简化成一种符号。

他已彻底告别了写实主义。创作题材也变了,变得更加广泛,大至宇宙星辰,小到一片树叶、一只眼睛,古往今来,梦幻世界,自然千种,人间万象,几乎无所不容,皆能入画。

他画了很多的鸟,画了很多的鱼,冲天跃海,自由自在;也画了云中的奔马,欢腾的浪花,远航的风帆,无拘无束的大海,豪情奔放的舞蹈,这些,很容易引起人们关于自由的联想。

他画的鸟被打伤了翅膀,羽毛凌乱,鲜血滴染,却依然勇敢飞翔,让人想到自由获得的艰难,勇者却绝不放弃。

他画了很多的树,小树,老树,朦胧奇异,让人能从少女一般妩媚多姿的小树身上,感受到生命的美好;又从伤痕累累的老树身上,体味到生命的艰辛与伟大。

他画人世间的爱,画男女之间的爱,画母女、父子、祖孙之间的爱,画更为广泛的人类之爱,让人感受到真情的温暖。

他画了许多人物,钟馗、箭公、李慧娘、鲁迅笔下的狂人,画了人的奇奇怪怪的各种面孔,让人从中反思历史,洞察人性。

所有这些主题,彦涵都是借助了他奇异、浪漫乃至具有抽象意味的形式,才得以获得深刻的表达。

受伤的翅膀　1985年

树人　1986年

在《力之美》中，他让一对充满青春活力的男女手拉手地旋转，形成彼此对称而又相互吸引的平衡势态，这就使得爱情的主题有了一种哲学意味。《两半和一体》，则让人更能直截了当地领悟到阴阳互补的道理，以及爱对社会的平衡作用。

《重叠的面孔》，画的是两副重叠在一起的面孔，表情截然不同。与此相似的，还有一幅《形与影》，画了台前与台后两副不同的面孔，都揭示了人的善与恶的两重性。假如用写实的方法来表现，几乎是不可能的。

有一幅版画《向大海握手》，是彦涵刚从美国回来后创作的，构思产生于回国途中的飞越太平洋的飞机上。画面上，一个站形似"人"字的人，面对辽阔的大海，高举紧握的双手，向着彼岸大声呼唤。

刻出之后，刚刚在家里挂起来，法国著名抽象派画家吉诺来访，当这位蓝眼珠

向大海握手　1983年

的法国老人，看到这幅画时，竟然激动得有些发狂，一把抓起彦涵的手，高高举在空中，一面用力晃动着，一面哇啦哇啦说着法语。用不着翻译，彦涵从他的动作中就已经明白，他完全读懂了这幅画的意思，那就是友谊，全人类的友谊。彦涵握着吉诺的手，也使劲晃动起来。

吉诺离开北京那天，彦涵到机场送行。吉诺已经过了安检，却突然转过身来，把两只手紧紧握在一起，又高高举过头顶，冲着招手目送的彦涵使劲晃动，就像《向大海握手》画的那样。

还有一幅《长城》,套色版画,没有任何背景,弯弯曲曲,像小孩折纸一样,折成长城形状,极为洗炼,极有情趣。他让彦东看,问:"像什么?"

彦东说:"像彩带,一条美丽的彩带。"

"想到了什么?"

已是中央工艺美院老师的彦东,端详良久,说:"长城是古代的军事设施,这里的长城已经没有了抵御的含义,它变成了纽带,一条友谊的纽带。这是象征、比喻,现实主义做不到。"

彦涵又问:"是不是看着很简单,很容易,好像不需要什么绘画基本功,也可以画出来?"

彦东说:"看着简单,但是能想到这么画,却是极不简单的。这是大巧若拙、举重若轻的奇思妙想!"

彦涵很得意地笑了。彦东领悟到的,正是他想要达到的。

二十四　巴黎,巴黎

巴黎,一直是彦涵心中的一个梦。

年轻的时候,他就梦想,有了机会,一定要到巴黎留学深造。机会来临,他却放弃了,义无反顾地投身于抗战。此后,战争连年,运动不断,巴黎成了遥远而缥缈的梦。步入晚年之后,国门渐开,彦涵旧梦重燃,想去巴黎走走看看,以开阔视野,充实艺术营养,却一直没有机会。八十年代初,出国,还是一件不大容易的事,几次去法国的机会,都没有轮上他。

一九八七年初,彦东以访问学者的身份,到巴黎美术学院深造。他深知父亲的心愿,便想借此机会,让父亲来一趟巴黎,也算帮助父亲圆了旧梦。尽管初到巴黎,人疏地生,语言还未过关,生活也十分窘

339

迫,彦东却把父亲来法之事,当成头等大事,锲而不舍地进行多方联系。最终,在法国壁毯艺术家沃尔曼诺夫先生的帮助下,以"法中文化交流协会"的名义,邀请彦涵到巴黎参观访问,并举办个人画展。

彦涵飞抵巴黎那天,刚好是一九八七年七月七日。五十年前的七月七日,抗战爆发,从此改变了他的人生轨迹;而四十九年前的七月七日,他正在武汉,不顾四舅阻劝,决意要去延安,从此与巴黎错过,踏上了另外一条人生之路。在经历了半个世纪磨难之后,梦想终于变成现实,彦涵的兴奋与感慨,可想而知。

到达巴黎的当天下午,彦涵顾不得倒时差,只是中午在旅店里小睡了一会儿,便迫不及待地开始了参观考察。据说,巴黎大大小小的博物馆,足有上百个,而他的签证时间只有一个月,因此,只能从美术方面,选择一些最主要的场馆来参观。彦东考虑到了这一点,在父亲到达巴黎之前,就已制订好了一个详尽的参观计划。

几乎每天一大早,彦涵就在儿子的陪同下,兴致勃勃地钻进博物馆,直到晚上关门了,才恋恋不舍地出来。中午随便买份快餐,坐在外面的长椅上,边吃边休息腿脚,然后又情绪振奋地接着参观。三十天里,他参观了差不多四十个博物馆。还不包括塞纳街上那些大大小小的画廊。

在所有的博物馆里,最让彦涵感兴趣的,一个是蓬皮杜艺术中心的现代美术馆,一个是毕加索美术馆。尽管这些年,他已看过许许多多光怪陆离的现代美术作品,对此早已不存陌生,但是当他置身于这两个场馆时,犹如进入了一个魔幻世界,还是被深深震撼了。与古典绘画千篇一律的模式完全不同,现代派的每一位画家,都张扬着极其强烈的艺术个性,代表着各种主义,五花八门,异彩纷呈。

尤其是对毕加索、米罗、杜庇非等人的作品,彦涵心怀崇敬。当他站在这些大师们的作品面前,凝神细观的时候,就会感到有一股神秘的力量,直击他的灵魂深处,一下子激活了潜藏在意识中最为深刻的东西。他从他们的作品里,看到了最为原始的艺术动力,看到了最为质朴的心灵表达,看到了几乎推向了极致的想象力和创造力。彦涵惊奇地发现,西方的现代美术,在精神气质和艺术观念上,有许多方面是与自己相通的。这一发现,让他欣喜若狂,恰如遇上了寻觅多年的知音,大有相见恨晚之感。

几乎就在短短的数天里,彦涵的艺术观念发生了一个颠覆性的改变。于是乎,过去所有的绳索顿时脱落,过去所有的困惑突然消散,身上顿觉一片轻松,面前豁然开朗。

参观现代美术馆时,彦涵曾指着满壁的抽象画作问彦东:"儿子,你说实话,对于这些作品,你到底是喜欢,还是不喜欢?"

彦东认真地想了片刻,回答说:"还是不大喜欢。"

彦涵听了,略略摇头道:"看来,你还差得远哪。"

见彦东有些不解,便指着墙上的一幅作品,做了简要的解读。那是米罗的一幅巨大的超现实主义油画,上面是大面积恣意涂抹的黑色色块,与其形成强烈反差的,是大片激荡飞扬的红色,恰如跳动的火焰。

彦涵说:"从这幅画上,我能体会到,米罗的超现实主义创作,是源于他最初的"心理影像",这是他创作的原始动力。而在创作过程中,他对最初的"心理影像",采取了完全不加修饰的态度,直情径行,无拘无束,摒弃了任何虚伪的东西,非常地真诚,真诚得能让人看到画家内心的隐秘世界。"又说:"这里几乎所有的作品,都有两个重要的特点,一是没有任何约束的想象力,二是不加任何修饰的表现力。这或许是现代艺术最为本质的东西。现在看来,创作过程中的自我约束和过于修饰,实际上是对社会功利的屈从,这必将导致艺术的虚伪化。"

彦涵的这些话,让彦东感到有些惊讶。他没有想到,已过古稀之年的父亲对现代美术,会是这样赞赏;更没有想到,父亲的艺术观念,竟然如此新锐。仅此一点,他就感到,父亲已经不虚此行了。

参观活动刚刚开始,彦涵便迫不及待地开始了新的艺术尝试。为此,他特地跑到塞纳街的美术用品商店,买了一本厚厚的速写本。每天晚上,一回到旅店,便在上面开始勾画。

彦涵父子下榻的旅店,是位于巴黎十九区的大家族饭店,一个双星级的小饭店,古老而陈旧,有股十九世纪法国文学的味道。房间很小,只有一张窄窄的单人床,彦东便睡在地板上。白天,父子俩马不停蹄地跑了一天,晚上回到旅馆里,彦东早已筋疲力尽,很快就进入了梦乡。

这时候,彦涵便悄悄打开速写本,把白天参观时脑子里不时迸发出来的那些艺术灵感,飞快地画成一幅幅草图。夜深人静,他的思维极其活跃,各种各样的奇思妙想,有如电光石火,噼噼啪啪,不断地在脑海里闪现。他就像一个机警敏捷的猎人,飞快地移动着笔尖,把转瞬即逝的精灵们,一一捕获在速写本上。

这些草图,一改从前画法,全部以抽象或半抽象的形式,真实地记录下他最初的"心理影像"。在这里,他摒弃了一切虚伪,用笔狂放不羁,随心所欲;而且不加任何修饰,线条恣肆,没有丝毫犹豫,更无刻意之笔,完全挣脱了以往的束缚。在这个几乎疯狂的勾画过程中,他从纷乱的线条与块面中,越来越体验到了"抽象"的美妙,体验到了"直情径行"的力量。

显然,他是在探索一种新观念下的创作模式,以期获得一种最精粹、最本质的艺术形象。

整整一个月,几乎每天夜里,彦涵都在灯下拼命勾画,如痴如狂,且快乐无比。说来让人难以相信,彦涵夜夜伏案灯下,睡在地板上的彦东竟然毫无觉察。直到有一天,彦涵突然病倒。

又是肠胃出了问题。或许是连日劳累的缘故,他食道管里的"裂孔疝"突然翻转过来,将整个食道完全堵塞,无法咽食。一连数日,几乎滴水不进,即便强忍下咽,也会立即吐出来。情急之下,彦东拿出他全部奖学金,要送父亲进医院。彦涵坚决不肯,说:"再坚持一下,实在不行了,就回国治疗。"他知道,儿子在国外很难,不忍心再给儿子增加负担。幸好,休息了两天之后,彦涵的食道突然奇迹般地通了。直到这时,彦东才知道父亲夜夜伏案勾画草图。

许多年后,已是中央工艺美院教授的彦东,在研究父亲晚年的艺术变法时,曾多次提到大家族饭店里的那些草图。因为,一九八七年七月那些个兴奋而快乐的夜晚,在简陋而陈旧的小旅店里,彦涵正是通过那些草图,完成了他艺术上的"蜕变",并改变了他此后的整个艺术创作。

在巴黎举办个人画展,是彦涵多年来的心愿。此次巴黎之行中,也终于如愿以偿。七月二十一日,《彦涵画展》在国际艺术城开幕。

国际艺术城是法国外交部所属的一个国际性艺术中心,位于塞纳河畔。整个艺术城是一座庞大的灰白色五层大楼,楼内设有若干"沙龙",法方将其中最大的一个,给了《彦涵画展》。

开幕式上,嘉宾纷至。彦涵当年杭州艺专的老师吕霞光,和他的法国夫人马德兰也来了。吕霞光早年留学巴黎国立美术学院和比利时皇家美术学院,曾教过彦涵一段短时期的水彩课。抗战期间,在郭沫若领导下的武汉三厅,做过美术科的科长。抗战胜利后,与夫人重返巴黎,是著名的旅法华人画家。后来弃艺从商,成了巴黎最大的华人古董商,也是著名的古董鉴赏家、收藏家。两年前曾出巨资,买下国际艺术城的一个画室,捐赠给了中国美术家协会,专供来法学习的中国画家使用。而且,凡是来画室进修的画家,临走之时,他都会以不菲的价格购买他们的一张画,实际上是一种变相的资助。彦东来法留学,曾多次受到邀请,到吕霞光家中作客,让身处异国的他倍感温暖。

此次彦涵在巴黎举办画展,吕霞光极为热心,鼎力相助。从展出的场地、日期的确定,到请柬的印制、寄发等细节的处理,都一一参与策划,乃至亲力亲为。为了找到一家合适的印制请柬的工厂,已经八十多岁的吕霞光,竟不辞辛苦地奔走于巴黎的大街小巷之中。

开幕式上,来得最早的,是彦涵的杭州国立艺专同学朱德群夫妇。当年,艺专避难西迁到江西贵溪时,借住在一所教堂里,因战火阻隔,彦涵与舅舅失去了联系,经济来源中断,曾与两个同学合伙买了一个砂锅,每天蹲在教堂的门洞里煮粥喝。这两个同学,一个是吴冠中,另一个就是朱德群。朱德群在一九四九年去了台湾,后来又到法国深

1987年7月21日,彦涵画展在巴黎国际艺术城开幕。法国著名现代派画家吉诺先生(右三)和彦涵的艺专老同学、著名华裔画家朱德群(右一)到场祝贺。

造,并定居在法国,成为著名的法籍华人画家。开幕式还没开始,彦涵就陪着朱德群夫妇先看画。

这次展出的,除了各个历史时期的代表性作品外,相当一部分是衰年变法后的作品。随着脚步的移动,朱德群脸上的表情变得越来越兴奋,还没有看完,就停下来说:"彦涵,我要对你说真话。"

彦涵说:"咱们是老同学了,你当然得说真话。"

"那好,让我告诉你。"朱德群非常认真地说,"尽管我早就听说了你在美术上的成就,可是今天亲眼一看,还是大大地出乎我的想象。一句话,你的画称得上是世界水平的!"

"老兄,你过奖了吧?"

"不,我在法国待了几十年,看过的画展不计其数,我自信我的判断力。真的,老兄,相信我的话。我说你的画称得上是世界水平,没有任何吹捧的意思,我们之间用不

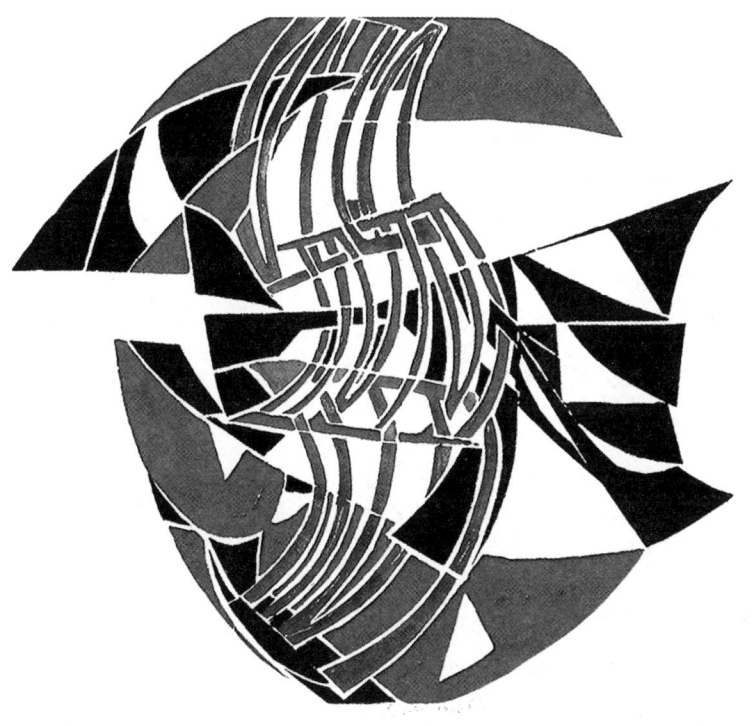

亦鱼亦鸟　1989年

宇宙之光　1991年

着这个。我只想告诉你,你的路子走对了,我真为你高兴!"

朱德群握住彦涵的手,用力地摇晃着。又说:"今天来的人,大都是行家。他们很快就会向你证明,我的话是对的,没有丝毫夸张。"

果真就如朱德群所言。开幕式过后,大家一边参观,一边发表观感。法中友好协会有个叫布瓦西埃的先生,看过展览之后,一个劲儿地向彦涵祝贺,祝贺中带有一丝歉意。

当初,彦东为父亲来法举办画展之事,曾通过朱德群找过他,遭到婉拒。布瓦西埃说:"我们更希望邀请中国的年轻人来这里。"话中透出对彦涵年龄的顾忌。在他看来,凡是上了年纪的中国艺术家,都是陈旧和保守的。但是在他看过展览之后,他发现自己错了,完完全全地错了。展会上的作品,其观念之新锐,想象力之丰富,情感之浪漫,活力之充沛,技艺之高超,令他吃惊不已,甚至有些难以置信。

布瓦西埃先生对彦涵感慨地说道:"没有想到,您的作品竟是这样地年轻!"许多法国同行也没有想到。

埃莱娜·居果夫人是个版画家,她站在版画《水乡的回忆》面前,简直被迷住了。作为行家,她深知,用木刻表现水的波光是相当困难的,而彦涵却表现得极为出色,达到了一种随心所欲、炉火纯青的完美境界,令她十分钦佩。

她对彦涵说:"你的艺术功力是别人可望而不可学的,没有几十年的经验,无法达到如此高超的地步。"她当场买下了这幅《水乡的回忆》。

以前曾在彦涵家里见过面的那位吉诺先生,依然热情如故,冲着彦涵比比划划,滔滔不绝:"彦涵先生,你的画实在是太妙了,里面既有东方的东西,又有西方的东西,而且结合得非常美妙,但从整体上看,还是中国人搞的。"又说:"你的画非常有力度,让人有种说不出的感动,艺术语言也很新,技巧又那么娴熟,实在了不起。你的艺术是属于我们这个体系的!"

彦涵听了,没有马上回应,显然对吉诺的最后一句话不大认同。他笑笑说:"吉诺先生的话,你说出了一个道理,那就是不论是东方还是西方,所有的'美'都是人类共通的。"

画展举行了十天,《欧洲时报》和法国电视台都做了详尽的报道,称它是中国人在巴黎举办的最成功的一次画展。

展览期间,彦涵仍然每天去看博物馆。面对大师们的作品,他仿佛置身于群峰耸立的大山之中,看到了各个流派的大师们,怎样攀上了一座座几乎让后人无法逾越的高峰,看到了他们攀登时坚韧的毅力和天才的智慧,也看到了他们攀登的各种经验和五花八门的技巧。他不断提醒自己:人类艺术的伟大成就,如同宽广的江河,浩瀚的大海,你不过是一滴水珠,不管取得任何成就,都没有丝毫满足的理由,你要不断地进取!

一个月的时间很快就流过去了。

彦涵回国时,彦东到戴高乐机场送行。说起此次巴黎之行,彦涵既兴奋又感慨,说:"唉,我来得太晚了……如果我早一点看到这些,我的作品肯定比现在的还要好。"

彦东问:"您后悔吗?"

彦涵说:"这个问题不是一两句话就可以说清楚的。如果当年我就到了巴黎,我相信,我在艺术上可以获得更大的成功。我的同学朱德群、赵无极就是证明。但我也不后悔,因为我有我的价值。我的成就在中国,它已经成为中国历史的一部分,这是别人无法代替的。"

1996年,中国美术馆,彦涵从艺六十年回顾展。

彦东又问:"假如您当年真的到了巴黎,您会怎样做?"

彦涵说:"假如真是这样,我不会刻意追求什么中西合璧,我很可能用现代艺术的方式,与世界的同行们对话。"

这话,说得雄心勃勃。彦东明白,父亲的话,不仅是对以往的假设,更是对日后的宣言。他预感到,父亲日后的创作,必有重大变化。他太了解父亲的性格了。

彦涵说这话的时候,刚过完七十一岁的生日。

二十五　像烟花一样迸裂开来

七十一岁以后,彦涵的画风再次大变。

画面上,没有了具象,只是一些几何形状的色块、线条,或穿插,或放射,或交错,或扭曲,或缠绕,如天马行空,恣意纵横。还反复出现各种符号标记,月牙形的,眼睛形的,三角形的。这是彦涵所特有的符号标记。

1999年,彦涵创作《要和平,不要炸弹》,反映了他晚年的和平主义思想。

他的画,变成了抽象、半抽象的形式。油画、国画、版画全都如此。

白炎看彦涵在纸上胡涂乱抹,忍不住笑他:"你呀,现在简直就是一个疯子!"

他哈哈大笑:"搞艺术嘛,就得有股疯劲,过去是想疯却疯不起来,现在终于可以疯了,那就疯个痛快!"

框架里的苹果　1987年

空间　1987年

对于抽象画，彦涵有自己的理解。他的画案上总是放着一些巴掌大小的卡片，他会把脑子里随时闪现出来的一些想法，随手记在卡片上，类似语录，他称之为"谈画录"。时间长了，卡片积攒了厚厚一摞，里面就有一些是关于抽象画的。

迸裂 2004年

其中一张说：抽象画有它的社会基础和各种艺术动态的参照，它并非是和一切事物孤立无关的产物。它是从对许多事物的体察中得来的。它包含着意识的活动、感情的勃发、视觉的刺激、神秘的幻境，甚至包含有美好的魅力和发人深思的力度。又有一张说：艺术直观现象的美，只是有限的表象层次的美。深层的美，难于直观的美，常常是最高层次的美。

彦涵的抽象，只是表现形式，形式的背后，却是对现实、历史、人生、人性，乃至宇宙的冷静而深刻的思考。这是彦涵骨子里的东西，一辈子都是这样，想抹都抹不掉。看一下他晚年的几幅油画代表作，就会明白。

《坍塌的墙》，是幅半抽象作品，作于一九九九年。一道禁锢的墙土崩瓦解，落花流水，象征着自由的思想冲破牢笼，保守的秩序终被打破。令人想起那道著名的柏林墙，想起中国的改革开放。进而使人想到，冲破各种禁锢，让思想自由飞翔，这是不可阻挡的历史潮流。

同一年，他还画了一幅《两种命运》。一条宽宽的几何彩条斜插画面，直冲云端，暗喻某些人官场得意，青云直上,浮华人生;而其背后,是一根被扭曲却坚挺的黑色的柱子,顶天立地,象征着另外一种人生——肩当责任,忍辱负重,不屈不挠。他们是社会的中坚,国家的栋梁。此画象征着两种人生,两种命运,令人深思。

到了二〇〇四年,彦涵再次发挥了这一主题,画了《曲柱》和《曲立》,象征着中国有骨气的知识分子在逆境中挺立,在重压下崛起,面对厄运,永不低头,用不灭的信念支撑着民族的希望。这也是彦涵的自画像。

《红色的概念》,作于二〇〇一年。炽烈的红色色块涂满整个画面,间或露出几块黑色。反差强烈的画面,似乎在传达一种哲理:任何事物都存在着正反两个方面;同时还会叫人产生另一种解读:华丽的外衣掩盖不住黑暗的内里。

对于社会的腐败,彦涵深恶痛绝,一九九九年,他画了《天尺》,以极为简洁的造型,象征在茫茫的苍天之上,高悬着一把巨大的尺子,它衡量着人世间每一个人的灵魂与品行,并终将对那些腐败者进行末日的审判。

在此之前,他画过一幅同样主题的彩墨画《天目》,严厉的"尺子"变成了冷峻的"眼睛",表达了对权贵腐败的蔑视,不由叫人想起"横眉冷对千夫指"的名句。

还有一幅《敞开的窗户》,作于二〇〇七年。这是一幅半抽象作品,两扇敞开的窗户虽然紧靠在一起,里面却空无一人。作品影射了当今社会中,人与人之间的冷漠无情。整个画面呈蓝色色调,越加透出冰冷漠然。但是透过冰冷的画面,你能感到画家火一样的心,尽管此时,彦涵已是九十一岁的老人了。

晚年以后,彦涵一直想以"文革"为题材,搞一幅大的作品,给那段历史一个交代。这个想法一冒出,便萦绕心头,再也挥之不去了。

作为那段疯狂岁月的亲历者,对于"文革"给中华民族造成的巨大灾难,他刻骨铭心,不堪回首;作为一个有责任感的画家,他要用自己的作品警醒世人,反思历史,启迪良知。

关于这件事,他曾对彦东说过这样一段话:"一九三七年,德军轰炸了西班牙的小镇格尔尼卡,炸死炸伤很多平民百姓,将小镇夷为平地,毕加索立即画了不朽的《格尔尼卡》,以此控诉法西斯的罪恶,对战争给人民带来的灾难表示了巨大的悲哀和同情。中国的文化大革命过去了几十年,却鲜有画家去表现,很多人都忙着去画风花雪月,去画商品画,去赚钱。这是画家对历史的失职。一个画家如果游离于重大的历史事件之外,那就是一个没有责任感的人。

大约是二〇〇二年的时候,他刻了一幅《浩劫》,写实风格,表现的是红卫兵焚书的破坏场面。他不大满意,便封存起来,不再示人。

他觉得,"文革"是人类历史上一场规模巨大的浩劫,影响了中国社会各个领域,包括政治、经济、军事、文化,方方面面,无一幸免,仅以"焚书"这一具体事件来概括"文革",显然远远不够。他想画的"文革"作品,应有高度的概括性和史诗性。

《浩劫》虽不理想,却给了彦涵一个重要的启示。那就是,"文革"的内涵太复杂,规模太浩大了,选取任何一个具体的场景,都难以表现"文革"的全貌,就像一面镜子,再大,反映出的世界也仅仅是一个侧面。他需要的不是镜子,而是一粒水珠,水珠是圆的,再小,也会映出整个世界。关键是要找到那粒水珠。

一晃,到了二〇〇六年,那粒水珠却迟迟不肯出现,彦涵感到了时间的紧迫。这一年,他已经整整九十岁。而且此前,严重的冠心病曾导致他两次大面积心肌梗死,心脏日趋衰竭。彦涵预感到生命留给他的时间不多了,他必须争分夺秒,在有生之年完成这件作品,不然,他就不会坦然地离开这个世界。

这年夏天的一个周末,彦涵住在彦东家里。彦东在西郊买了一所农家小院,每个周末都会开车把他接来住上一天,一是全家团聚,二是让他暂离画室,休息一下。就在那个夜晚,他又一次想到了那粒水珠,苦苦思索,夜不能寐。

他忽然想到,"文革"是人类历史上的一场灾难,倘若把历史比作浩瀚无垠的天空,那么天空就不仅会有白云悠悠,也会有乌云滚滚。想到这里,似有一道闪电从脑海里划过,让他一下子看见了苦苦寻找多年的那粒水珠!

那粒水珠,便是乌云。乌云翻滚,乌云蔽日,乌云压城城欲摧,乌云笼罩中国大地,乌云压在人民心头……滚滚的乌云,不就是"文革"的最好的象征,也是"文革"最好的形象吗?

彦涵兴奋不已,彻夜未眠。第二天一早,便急不可待地让彦东把他送回西郊鲁谷的家中。一到家,他便钻进画室,迅速勾画出了乌云的草图。

接下来,却遇到了麻烦。"文革"从开始到结束,中间跨越了十年,用一个静止的画面很难表现这个跨越。彦涵再度陷入困境。但是,经过几个彻夜难眠的夜晚之后,他最终又走出了困境。

很有可能,是连环画帮了他的忙。因为他曾是连环画的创作高手,深知连环画具有时间连续性这一特点,所以才自创了一个独特的绘画形式——"联画"。所谓"联画",按着彦涵的解释,就是将两个不同时间段的场景联接在一起,形成一幅组合式的画面,以完成时间上的跨越。

彦涵的这幅"文革"作品,就用了"联画"的形式。一个场景是乌云翻滚,遮天蔽日,代表"文革"开始;另一个场景是电闪雷鸣,乌云被击碎,代表"文革"结束。

为了明确作品的含义,也为了使两个场景有机地结合在一起,他在画面中间加注了一个横向标题:"1966—CHINA—1976",以此引导人们追问:在那段时间里,中国究竟发生什么?又何以发生?

彦涵真正完成这幅作品时,已是这年的十月,恰好是"文革"结束三十周年。他放下刻刀,如释重负。

彦涵差一点儿就无法完成这幅作品。因为,在完成《中国1966—1976》之前,他曾濒临过死亡,甚至已经升入了"天国"。所幸他只是转了一圈,又重回人间。

2005年，彦涵重病期间，原日军战俘、后参加八路军的前田光繁（右），到医院看望老朋友。

彦涵晚年患有严重的冠心病。二〇〇五年八月，他在协和医院接受心脏除颤起搏器安装手术。手术的时候，意外情况发生了。正当两根导管进入了心脏，医生准备安放球囊时，彦涵突然神志不清，语言含混，额头大量冒汗，身体躁动不安，血压猝然升至二〇五。

这是生命指征的危象。医生立刻决定放弃手术，撤出导管，紧急施救。推回病房后，彦涵又出现了失语、失忆，医护们出出进进，忙了几天，人才清醒过来。

当彦涵能够开口说话时，他向全家人讲述了手术中发生的一件离奇的事情。手术刚开始的时候，彦涵的神志还很清醒，他能清楚地感觉得到，左肩被打开了一个洞，接着有导管沿着颈部进入了胸腔，很慢。就在这时，一件匪夷所思的事情发生了。

没有任何时空过渡，完全是在突然之间，他的眼前一片明亮，仿佛到了另一个世界。在那里，他看见了过去的自己。

他看见学生模样的自己,正坐在西湖边上画画;又看见自己头顶烈日,行走在去延安的黄土路上;接着,他看见自己在太行山的木刻工场里,手握刻刀,不停地刻着木刻;忽然,眼前一片战火,他看见自己躲在残墙断壁后面,飞快地画着战地速写;画着画着,速写本上的画面变成了"豆选"的草稿,他明白,他又回到了当年土改的大河村;接着,一切都安静下来,他发现自己正在一间小房子里,神情忧郁地刻着只有火柴盒大小的木刻,他认出,那是在沙城的怀来报社;然后,他看见自己弯腰九十度地站在台上,脖子上挂了个大牌子,上面的名字被打了一个很大的叉;再然后,他看见自己正在人民大会堂里挥毫作画,画一只海鸥凌空展翅;再再然后,他看见自己站在了巴黎的街头,站在了毕加索、米罗的画前……

这一切,就像电影镜头一样,一幕一幕,非常清晰。他一生最主要的经历,都按着时间的顺序,在画面中一一展现。一遍过后,又重复了一遍。许多场景都是他在画画,有的干脆就是作品的画面。他疑惑地想,我已经到了天国吗?

正这样想着,忽然,死去多年的母亲出现了!母亲还是过去的样子,穿着带大襟的衣服,脑后梳着发髻。接着,他的家人也都出现了:白炎、彦冰、彦东、儿媳、孙女、孙子,全家人都围在了他身边,最后,父亲也来了。

他知道,最后的时刻到来了。他跪了下来,展开双臂,把全家人紧紧地搂在了一起。气氛宁静,安详。

他感觉到,他身体里只剩下最后一口气了。他明白,是生是死,就在这最后一口气里。

这时,他心里升起一个念头:我就这么死了吗?不,我不能死,我一定要挺住!他紧紧搂住亲人们。他明白,只要一松手,他就再也见不到他们了。

"彦老!彦老!"一个声音从很远很远的地方传过来。

"彦老!彦老!"声音近了,像从空中飘洒下来。

他恍惚明白,是护士在喊他。他想回应,却无力开口。

2006年7月29日,彦涵美术馆在连云港市落成。

接着,他感觉到心脏里的导管被拔了出来。于是,眼前的一切都消失了。

他到天国转了一圈,又回来了。

当彦涵讲完这段离奇的经历后,全家人都被惊呆了。孙子彦风,已是二十多岁的小伙子了,竟拉着爷爷的手呜呜地哭起来。

彦涵安慰家人说:"我不怕死亡,也不怕面对末日审判,因为我一生没有做过对不起人民的事,我问心无愧。"

数月之后,彦涵决定再冒风险,安装心脏起搏器。这次,终于成功。他越加珍惜时间,整日挥笔作画,新作依然不断,其中就包括《中国1966—1976》。

时间到了二〇〇八年七月二十九日。这天是彦涵九十二岁生日,却不料,由胆结石引起突发性胆管炎,将他送进了医院,进行紧急抢救。更要命的是,胆管炎又迅速引发了心力衰竭,接着又引发了呼吸衰竭和肾衰竭。

医院下达了病危通知。他的身上插满了大大小小的管子,手脚也被"约束带"捆住。他时而昏迷,时而清醒,身体极其痛苦。

彦东强忍泪水,伏在父亲耳边,大声说道:"爸爸,我知道您现在非常痛苦,但是您一定要挺住,全家人都等着您活着从这里出去。等您出去后,还像以前一样,我们一起去吃汉堡包,好吗?"

彦涵微微点点头,想说什么,嘴里却插着呼吸机的管子,无法开口。他的手微微晃了晃,做出写字的样子。彦东立刻明白,父亲有话要说,连忙把一支圆珠笔塞到他手里,又拿起一张病历纸放在他手下。

全家人都围过来。彦涵的手摸索着,颤抖地在纸上写下三个大字:老八路。屋里一片肃然。

一个星期后,彦涵又一次奇迹般地脱离了险境。

出院后,他又一次拿起了画笔。并且,动手整理了几十年来他随手勾画的草图,一共厚厚的十一册,彦涵称之为艺术随笔。他的许多作品,都能从中找到最初的影子,找到他的创作"密码"。

二○○九年,彦涵因心脏问题再次住进医院。此后,再没有离开医院。他的身体太虚弱了,已经到了千疮百孔的地步。

半年后,他因白内障,双目几乎失明。一个画家,眼睛看不见,痛苦可想而知,他多次要求医院为他做白内障切除手术。考虑到他的年纪和身体状况,医院认为风险太大,劝他放弃手术。

彦涵恳求医生说:"我愿意冒这个风险。如果我的眼睛不能复明,不能让我继续作画,对我来说,活着已经没有意义了,那就是生不如死。"话说到这个地步,医院只好答应。

二○一一年三月,他以九十五岁的高龄,做了白内障切除手术,而且很成功。彦涵又重见光明。于是,单间病房变成了画室,他又开始整天作画了。

但是,只画了一个月,他又被发现了肝癌,而且到了晚期,他的身体终于被病魔击垮了。他再也无法作画了,这是让他最为痛苦的事。

他画了一辈子,一直画到九十多岁,够精彩的了!

彦涵讲述当年的故事。摄于1988年,彦涵家中。右为本书作者。

本书作者看望病中的彦涵。摄于2010年11月18日,北京协和医院。

不久，他又严重失声，完全说不出话来。在他彻底失声前，他曾用尽力气，对身边的孙子说道："你要一辈子做个好人。"这是他生前说过的最后一句话。

二〇一一年九月二十六日，彦涵耗尽了生命的最后一滴心血，静静离去。昔日高大的身躯，又小又瘦，像个婴儿。

二〇〇五年的时候，彦涵画过一幅巨型彩墨画《迸裂》。几何式的线条在画的中心迸裂，呈放射状向周围散开，五彩缤纷，灿若晚霞。

画这幅作品时，他在一张卡片上写道："我将在我生命的最后时刻，像烟花一样迸裂开来，留给人世最后的美丽和辉煌。"

他做到了。真正做到了。

二〇一一年八月十八日　改毕于北京
二〇一一年十月二十八日　定稿

后　记

　　从想写这本书,到写成现在这个样子,一算,中间竟然隔了三十多年。

　　一九七四年冬,我因妻妹与彦东恋爱,认识了彦涵,并从此成为他家的常客。那时,他还戴着"右派"和"黑画家"的帽子,刚结束了农场的监督劳动,整日闭门读鲁迅,刻鲁迅小说插图,以排遣心中的愤懑。我常在星期天去看他,看他的版画,听他讲版画后面的故事,由此,又引出他对许多往事的回忆。我为他的传奇经历而感动,也为他的遭遇而不平,更为他逆境中的不屈而心生敬意。一九七八年,形势好转,便萌生了写写彦涵的念头,而且下定决心,要写成一部厚厚的书,一部反映当代知识分子命运的书!

　　这谈何容易!那时,我还在部队,对于写作,尚处学步阶段,充其量算个文学青年。但决心已定,便一条道走到黑了。于是开始了写作前的准备:采访,收集材料,补充知识,看书,练笔。完全是利用业余时间,零打碎敲,断断续续。一准备就是十几年,不敢轻易动笔,生怕写糟蹋了,真正动笔的时候,已经是一九九二年下半年了。一写又是三年,改来改去,到一九九六年出版的时候,我已经整整五十岁了。

　　书出来了,回头再读,发现很多遗憾。屠岸先生在座谈会上说:书是好书,很有分量,就像一块墩实厚重的钢坯,可惜的是,有些粗糙,缺少打磨。这句话像钉子一样,钉在我的记忆里。

　　近些年,偶尔翻看一下,发现的问题更多,便更觉惭愧。

　　感谢王培元先生,去年年底,他打来电话,说他正编"人与岁月"丛书,想把此书收入其中,问我是否要改动。

事实上,我几乎是重写了一遍。调整了结构,删掉了一些章节,补充了一些内容,又如秋风扫落叶一般,删掉了许多的废话,让文字干净利落些,免得浪费读者的时间和宝贵的纸张。尽管如此,仍有许多不尽如人意之处,但那实在是功力不及所致了。

之所以如此看重此书,并且一根筋地反复折腾,是因为彦涵太值得一写了。

他活了九十五岁,一生都是一个真正的战士。在残酷的战争岁月,他一手拿枪,一手握笔,为着民族的独立解放而战,为着正义与理想而战,满怀激情地记录了那个伟大的时代。在漫长的厄运面前,他从未屈服,虽然被打趴在地,却依然挥刀不止,为了人格的独立与灵魂的自由,向着现代封建专制发出勇敢的呐喊。他的苦难经历,折射出了一代中国知识分子的命运。他的史诗般的作品,代表了一个时代的美术精神。他把鲁迅提倡的版画的战斗精神,提高到了一个难以企及的高度。他的使命感,他的骨气,他对自由的追求,他对艺术的探索,在同时代的画家里是少有的,而在这个物欲横流、精神迷失的时代,就更显珍贵了。

能为这样的人写传,是一种荣幸。

在完成书稿的一个月后,接到彦涵辞世的消息。阴差阳错,没能赶上参加他的追悼会,我在他的灵堂前,与先生作了最后的告别。

狂草一般飞扬的白发,凝望着远方思索的目光——墙上的彦涵,依然生气勃勃,依然傲骨不屈的样子。

我默默无语。彦涵九十多岁时还在创作,也许他是他的那个时代里,艺术生命最为长久的画家。彦涵走了,一个美术时代结束了。以后,很难再有他那样的画家了。没有那样的环境了。想想,真是不知该为这个时代庆幸,还是该为这个时代悲哀。

去年的这个时候,我去医院看他,带去一首写给他的旧体诗。那时,他的眼睛几乎已经失明,我便念给他。他听了很高兴,马上让人贴在病房的墙壁上,贴在一进门就能看见的地方。他老了,天真得像个小孩子。我想,他是希望来看他的朋友们,能看到这首诗,让朋友们知道别人是怎么评价他这一生的。他对自己这一生,是很引以为骄傲的。现在,我把它抄录下来,希望他的在天之灵能够听到:

千劫百难不屈身,
寸木长宣默耕耘。
刀底史诗凝血火,
笔端豪气卷风云。
衰年变法求新意,
广宇神游化墨痕。
人过九旬犹赤子,
丹青漫舞自由魂。

二〇一一年十月二十九日